BRASIL!
LÍNGUA E
CULTURA

TERCEIRA EDIÇÃO

Writing Manual and Language Lab Manual

TOM LATHROP
AND
EDUARDO MAYONE DIAS

Drawings by
HAL BARNELL

Cover by
JACK DAVIS

LinguaText, Ltd.

We reversed Jack Davis' textbook cover for the workbook to highlight Gustavo Kuerten and Christian Fittipaldi (along with the Xingu Indian and Dom Pedro II). Jack said it was OK.

Copyright © 1992, 1993, 1998, 2002 by LinguaText, Ltd.
270 Indian Road
Newark, Delaware 19711 USA
Phone: 302-453-8695, 800-784-4938
Fax: 302-453-8601, 800-784-4935
e-mail: LinguaText@juno.com
http://www.LinguatextLtd.com

ISBN: 0-942566-35-1

THIRD EDITION

The ancillaries to this book include an audio program
(ISBN: 0-942566-36-4), available free to schools; an instructor's
manual (ISBN: 0-942566-37-8) and key to exercises (ISBN: 0-942566-38-6),
available free to instructors.

PRINTED IN THE UNITED STATES OF AMERICA

PREFÁCIO

Both the Writing Manual and Language Lab Manual are contained in this volume. Each lesson starts out with exercises to be written, followed by what you need to do for lab work.

In the Writing Manual, exercises bear the same number as the structural sections in the textbook, and page numbers in the manual refer to the pages that the section occupies in the textbook. Some writing manuals in recent years have included a key to the exercises in the back of the book. We feel this is counterproductive and have not done that here. Your instructor may choose to distribute the answers.

The textbook is filled with lots of natural language. We have used a similar technique in this Writing Manual since not all words in every exercise will be known to you. These new words will mean what you think they have to mean. This is obviously a challenge, but we think it'll pay off.

The lab program that accompanies *BRASIL! Língua e Cultura* starts with a pronunciation exercise, each one dealing with one major sound responsible for the typical North American accent in Brazilian Portuguese.

There is then a series of grammatical exercises. Some are fully oral, some are fully written, and some are part-oral and part-written. Some of them are accompanied by drawings so that you can answer questions based on them which are confirmable by the tape. No exercise seen in the textbook or writing manual is duplicated in the lab program, so you will always be doing something fresh in the lab.

Ending each lesson is a comprehension text, based on or continuing the cultural information from the book's lesson, and a dictation (given without any indcation of the punctuation).

The exercises for this Internet/Intranet third edition have been newly recorded digitally in Brazil. Voices for the audio program are from São Paulo. Aline Ferraz, a recent graduate of the Theater Arts program at the University of São Paulo, is the female voice, and Vinicuis Andrade of the Faculdade Cásper Líbero—a well known Communications college—is the male voice.

T.A.L. AND E.M.D.

CONTENTS

Nome_____ Date_____ Aula_____

LIÇÃO 1—CADERNO DE TRABALHO
A UNIVERSIDADE BRASILEIRA

1. O que é isto?, pp. 1 - 8.

1. Use **um** or **uma** before each of the following words:

____ rapaz	____ coração	____ viagem	____ legume
____ casa	____ liberdade	____ caderno	____ cinema
____ lápis	____ envelope	____ carro	____ senhor
____ caneta	____ pasta	____ flauta	____ porta
____ mapa	____ hospital	____ giz	____ invenção
____ chave	____ mar	____ palácio	____ identidade

3. Uso da preposição DE: posse ou origem, pp. 10-13

3a. Complete the following sentences according to the model. You must always use **de, do, da, dos** or **das**. Remember that Portugal, Israel and Cuba do not take the definite article.

MODELO: Guga [Gustavo Kuerten] (Brasil) Guga é do Brasil

1. A professora (Argentina) _____

2. Este rapaz (Portugal) _____

3. O artista (Filipinas) _____

4. A pianista (Itália) _____

5. Fidel Castro (Cuba) _____

6. Esta secretária (Estados Unidos) _____

7. O futebolista (México) _____

8. A psicóloga (Holanda) _____

9. O cientista (Israel) _____

Copyright 1993, 1998, 2002 by LinguaText, Ltd. **LIÇÃO 1** 1

10. Meu dentista (Japão) _____

11. Ghaddafi (Líbia) _____

12. Meu amigo (Nigéria) _____

13. Esta artista de cinema (China) _____

14. Meu diretor (Venezuela) _____

15. Esta aluna (Rússia) _____

16. O piloto (França) _____

17. Saddam Hussein (Iraque) _____

3b. Complete with **do** or **da:**

1. O livro _____ professora é interessante.

2. A capital _____ Espanha é Madri.

3. O carro _____ Doutora Olga é um Porsche.

4. Robert é _____ Canadá.

5. O número de telefone _____ Universidade é 243-8175.

6. A chave _____ casa é grande.

7. A secretária _____ diretor é brasileira.

8. Isto é o dicionário _____ Paulo.

9. A recepcionista _____ hotel fala italiano.

10. Uma produção importante _____ Brasil é o café.

5. Expressões úteis para a aula e para a vida diária, pp. 16-18

16-17

5a. Look at the list of expressions on pp. ~~18-19~~ and answer the following questions:

O que diz [*What does (someone) say*]

1. a professora quando entra na aula?

_____

2. você quando encontra [*meet*] um amigo na universidade?

_____

3. o professor quando você pergunta [*asks*] como ele vai?

_____

4. você quando não compreende o professor?

_____

5. você quando a professora pergunta qual é a capital de Ruanda-Burundi?

_____

6. o professor quando você responde que Shakespeare é o autor de *Hamlet*?

_____

7. o seu amigo quando você diz "obrigado"?

_____

8. você aos seus amigos quando as aulas terminam?

_____

9. mamãe quando recebe um presente de você?

_____

10. você quando não sabe como se diz *armadillo* em português?

_____

11. você à professora quando não tem oportunidade de apresentar a lição de casa?

_____

12. você quando o professor fala muito rapidamente?

_____

5b. Assume that today is Monday, the tenth of the month. Complete the following sentences using the correct names for the days of the week:

1. Hoje é _____, dia dez.

2. A consulta com o dentista é _____, dia treze [*13*].

3. A festa é _____, dia quinze [*15*].

4. A prova de português é amanhã, _____, dia onze.

5. O vestibular é _____, dia catorze [14].

6. O concerto é _____, dia doze.

7. O piquenique é _____, dia dezesseis [16]

5c. Write in full. Use E or MAIS (+), MENOS (), VEZES (x), DIVIDIDO POR (÷), and SÃO (for plural numbers) or É (=) (for 1).
MODELO: 2 x 3 = 6 Duas vezes três são seis.
                5 - 4 = 1 Cinco menos quatro é um.

1. 5 x 2 = 10
_____

2. 3 + 3 = 6
_____

3. 9–8 = 1
_____

4. 8 ÷ 2 = 4
_____

5. 3 x 3 = 9
_____

6. 5 –3 = 2
_____

7. 6 + 2 = 8
_____

8. 9 ÷ 3 = 3
_____

5d. Scott is very bad at math. Here are some calculations he made. Write CERTO or ERRADO after each, and correct those that are wrong.

1. Quatro vezes dois são oito. _____

2. Três vezes dois são sete. _____

3. Oito menos seis são três. _____

4. Cinco e cinco são dez. _____

5. Três vezes três são seis. _____

6. Oito dividido por dois são cinco. _____

7. Sete menos quatro são quatro. _____

8. Quatro e cinco são sete. _____

9. Nove dividido por três são três. _____

10. Oito menos seis é um. _____

INSTANTÂNEOS BRASILEIROS—O BRASIL

O Brasil conta com [has] numerosas universidades federais, estaduais e privadas. A população universitária é aproximadamente de 700.000 [setecentos mil] estudantes. As universidades brasileiras são relativamente modernas. A Universidade Federal do Rio de Janeiro, por exemplo, foi [was] estabelecida em 1920 [mil novecentos e vinte]. O calendário acadêmico das universidades brasileiras é diferente do calendário das universidades norte-americanas. No Brasil o ano escolar tem dois semestres. O primeiro semestre inícia-se [begins] em março e termina em julho. O segundo semestre inicia-se em agosto e termina em dezembro.

Answer the following questions. Use **sim** (*yes*) or **não** (*no*) for your answers whenever necessary.

1. Com que tipo de universidades o Brasil conta?

_____

2. A população universitária é numerosa?

_____

3. As universidades brasileiras são relativamente recentes?

_____

4. A Universidade Federal do Rio de Janeiro foi estabelecida em 1820?

_____

5. O calendário acadêmico brasileiro é idêntico ao calendário acadêmico norte-americano?

_____

6. O calendário acadêmico brasileiro tem três trimestres?

_____

7. O primeiro semestre inicia-se em abril?

_____

8. O segundo semestre termina em novembro?

_____

Um problema de palavras cruzadas

Please feel free to use a Portuguese-English and/or English-Portuguese dictionary to solve these crossword puzzles.

1	2				3	4		5	
	6		7		8			9	
10			11	12				13	
14						15			
16			17			18			
19					20	21			
22				23				24	
		25		26			27		
	28								

Horizontais:

1. A ____ é a Universidade de São Paulo
3. Jornais, rádio e televisão constituem a ____
6. As iniciais da Organização Palestina de Libertação são ____
8. ____ é uma cidade no Norte do Brasil
10. As iniciais do escritor Eduardo Prado são ____
11. A primeira sílaba de **Iara** é ____
13. Você ____ entende?
14. ____ é uma cidade no estado da Bahia
16. No Brasil se usa pouco ____ —se usa mais **você**
17. As iniciais da República Argentina são ____
18. Na lanchonete Scott conversa ____ dois colegas
19. Scott não é baixo, é ____
20. Uma conhecida agência norte-americana de informações é a ____
22. A primeira sílaba de **Roberto** é ____
23. O oxigênio não é um sólido, é um ____
26. A primeira sílaba de **Irma** é ____
27. A ____ é a Pontifícia Universidade Católica
28. A ____ é uma extensa região no Norte do Brasil

Verticais:

2. ____ (duas palavras) é a maior cidade do Brasil
4. O ____ é a letra entre o **E** e o **GÊ**
5. Palavra latina que significa **a mesma coisa.**
7. Eu tenho um ____ de português
9. **USP** e **Universidade de São Paulo** são a ____ coisa
10. **Está** é uma forma do verbo ____
12. As iniciais do Automóvel Clube americano são ____
15. A ____ é uma famosa firma americana de produção de discos
20. O restaurante Maison de France não é barato, é muito ____
21. A primeira sílaba de **isto** é ____
23. A professora escreve com ____ no quadro negro
24. Você tem seu lápis e ____ caneta?
25. Belo Horizonte é ____ Minas Gerais
27. O valor de ____ é 3,1416

EXERCÍCIOS SUPLEMENTARES

A. Diálogo—Scott chega no Brasil

Read the following dialogue. The words you don't know mean what you think they have to mean:
Scott Davis desembarca no aeroporto «Tom Jobim», no Rio de Janeiro. Então ele toma um táxi para o hotel.

 SCOTT: Boa tarde. Hotel Copacabana-Sul, na Avenida Nossa Senhora de Copacabana, por favor.
TAXISTA: Pois não. Tem bagagem?
 SCOTT: Sim, uma mala.
TAXISTA: Entre, por favor.

*O motorista parte [**leaves**] em direção a Copacabana.*

TAXISTA: Você é americano?
 SCOTT: Sou, sim.
TAXISTA: Mas o seu português é excelente.
 SCOTT: Não é, não.
TAXISTA: Que nada!

*Um ônibus atravessa [**crosses**] em frente do táxi.*

TAXISTA: Idiota! Você imagina? O trânsito no Rio é terrível!
 SCOTT: É. Tem muitos acidentes aqui?
TAXISTA: Tem, sim.

*O táxi chega [**arrives**] em Copacabana.*

TAXISTA: A Avenida Nossa Senhora de Copacabana é esta. O hotel é ali.
 SCOTT: Tudo bem, obrigado. Quanto é?
TAXISTA: São vinte e oito [28] reais.
 SCOTT: Aqui tem. Tchau!

The following statements are all wrong. Correct them.

1. Scott Davis é um estudante canadense.

_____

2. Scott desembarca no aeroporto de São Paulo.

_____

3. Scott toma um ônibus para o hotel.

_____

4. O hotel de Scott é o Hotel Othon Palace.

_____

5. Scott não tem bagagem.

_____

6. O motorista considera que o português de Scott é deficiente.

7. O motorista do táxi considera que o motorista do ônibus é extremamente inteligente.

8. O motorista considera que o trânsito no Rio é magnífico.

9. O táxi chega ao hotel de Scott, na Avenida Atlântica.

10. Scott paga dez [10] reais ao motorista.

B. Mapa de Orientação da USP

Below are items referred to on the map. You'll need some of them to do the exercise on the next page. Under the map itself are more items that will be useful for the exercise.

1A — Escola de Comunicações e Artes
3E — Depto. de Engenharia de Minas
4 — Faculdade de Arquitetura e Urbanismo
6 — Faculdade de Economia e Administração
7 — Faculdade de Educação
8B — Depto. de História e Depto. de Geografia /Instituto de Geografia
8 — Faculdade de Filosofia, Letras e Ciências Humanas/Administração
9B — Hospital Veterinário
10A — Deptos. Ortodontia e Odontopediatria /Estomatologia
11 — Instituto Astrômico e Geofísico/Depto. de Meteorologia
12A — Depto. de Biologia e Depto de Botânica

16 — Instituto de Geociências/Administração/ Depto. Geologia Econômica e Geofísica Aplicada
17 — Instituto de Matemática e Estatística
20 — Instituto Oceanográfico
21 — Instituto de Pré-História/Museu de Arqueologia e Etnologia/IEB—Instituto de Estudos Brasileiros
25 — Casa da Cultura Japonesa
34 — Hospital Universitário
35 — Posto do Correio
37 — Farmácia Universitária
B — Secretaria Geral
C — Anfiteatro de Convenções
E2 — Parque Esporte Para Todos
H3 — Restaurante Central
M — CRUSP Conjunto Residencial

Look at the USP map and the information from the previous page. Then write the number of the building where you could do the following things:

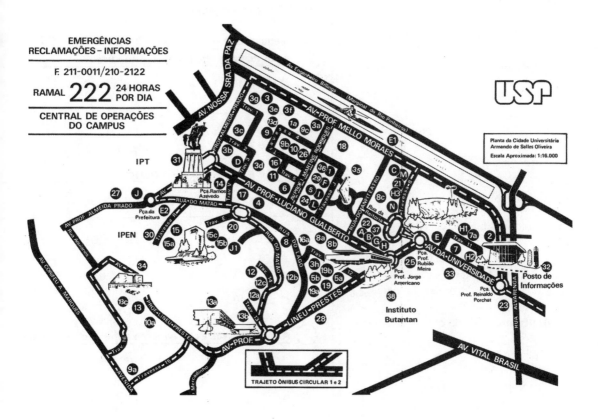

1. assistir a [*attend*] uma convenção _____
2. estudar filosofia moderna _____
3. consultar um ortopedista _____
4. estudar cultura japonesa _____
5. apreciar exemplos de folclore _____
6. estudar oceanografia _____
7. conversar com um professor de cálculo___

8. vacinar seu buldogue ___
9. jogar basquete ___
10. matricular-se na USP ___
11. comer uma pizza ___
12. comprar aspirina ___
13. estudar violino ___
14. visitar um amigo no CRUSP ___
15. estudar finanças ___

LIÇÃO 1   9

C. Prática para o Vestibular

Look at this section of a **vestibular** and mark the correct answer:

1. Esta prova é parte de um exame de
   a. pós-graduação
   b. doutorado em História
   c. seleção para admissão à
      universidade

2. Esta seção consiste na prova de

   a. geologia
   b. matemática
   c. português

3. O autor desta prova é

   a. a Professora Frida Menascé
   b. Albert Einstein
   c. o meu professor de cálculo

4. As perguntas 01, 02 e 03 se referem a

   a. logaritmos
   b. equações
   c. progressões aritméticas

5. Este vestibular é para alunos

   a. brasileiros
   b. italianos
   c. australianos

MATEMÁTICA

Prof.ª Frida Menascé

(1) A equação $(a - 1) x^2 - (a^2 - 2a + 2) x + a - 1 = 0$ onde é um número real e $a \neq 1$, tem raízes

a) $\sqrt{2}$ e $a - 1$ d) 0 e $a^2 - 2a + 1$

b) $a - 1$ e $\dfrac{1}{a - 1}$

c) 0 e $a - 1$ e) $\pm (a - 1)$

(2) Se a e b são as raízes da equação

$x^2 - 4x + m = 0$ onde $m \neq 0$, $\dfrac{a}{b} + \dfrac{b}{a}$ vale:

a) $\dfrac{m^2 - 1}{4}$ d) $\dfrac{16 - 2m}{m}$

b) 1

c) $\dfrac{1 - m}{m}$ e) $\dfrac{8 - m}{m}$

(3) A soma das raízes da equação $ax^4 + bx^2 + c = 0$ é:

a) 0

b) $-\dfrac{b}{a}$ d) $-\dfrac{b^2}{a^2}$

c) $-\dfrac{b^2}{a^2}$ e) $-\dfrac{c}{a}$

(4) Os vetores $\vec{PA}$ e $\vec{PB}$ têm o mesmo módulo. São dados A (0, e B (4,2). Se a soma das coordenadas do ponto P é 2, o pon P é:

a) $(-1,3)$ d) $(3,-1)$
b) $(-2,4)$
c) $(1,1)$ e) $(-3,5)$

D. Aulas e Cursos para o Vestibular

Look at these little ads and mark the correct answers:

1. Esta publicidade se refere a aulas de

    a. piano
    b. física nuclear
    c. línguas

2. As línguas que se oferecem são

    a. português, japonês, turco e russo
    b. inglês. alemão, italiano e espanhol
    c. coreano, holandês, finlandês e árabe

3. Vários anúncios oferecem aulas de

    a. conversação inglesa
    b. fonética inglesa
    c. sintaxe inglesa

4. É possível estudar alemão com aulas

    a. por televisão
    b. por correspondência
    c. em vídeo

5. O professor de italiano se chama

    a. Alberto
    b. Guido
    c. Cláudio

6. A professora de espanhol é

    a. paquistanesa
    b. nativa
    c. esquimó

AULAS E CURSOS

Inglês em empresas ou a domicílio. Preparo crianças p/escolas americanas. F.: 952-3477/258-9581.

Business English TOEFL - Conversação. Prof.ª especial. traduções técnicas/literárias. F.: 287-0617.

Inglês em local de trabalho, aulas p/iniciantes e executivos (esp. câmbio). Áurea, F.: 581-7105.

English conversation - Private or group. Engineer trained in the USA. Audiovisual. F.: 887-6741.

Nativo, prof. inglês - P/estudantes médios e avançados. Steve, F.: 958-3145.

Inglês em vídeo CNA - Curso completo Inglês Americano. 3 x s/juros. Ligue já 531-9433.

Fale Inglês em 12 dias - Intensivo de férias Wisard. Curso p/viagens, concursos e convenções no exterior. Conversação desde a 1.ª aula. Aprendizado garantido. 1.ª aula grátis. Wisard, 61-3962.

Prof.ª de inglês/port. p/estrangeiros. Aulas em companhia ou a domic. Cristina, 884-0088.

English conversation - Private or group. American native, Saturday also. Call F.: 887-1449.

Inglês c/prof. britânico. Conversação, gramática. Cursos p/profissionais. F.: 832-6801.

Formada em magistério e c/6 anos de curso no CCAA dá aulas de inglês a domic. F.: 949-9217.

Aulas/conversação - Inglês. Individual ou grupo em sua casa ou empresa. F.: 813-8152, Daniela.

Alemão - Alles gut! Lançamento. Curso em vídeo. Goethe Institut e Langenscheidt. F.: (011) 210-0462.

Alemão - Aulas indiv. ou grupo, partic. ou empresas. Cursos também p/crianças. F.: 61-8412.

Escola de Italiano no Jardim América. Vagas limitadas. Tratar c/Isa ou Cláudio, F.: 853-4591.

Espanhol - Aulas e traduções. Conversação rápida. Empresas/partic. Prof.ª nativa. 414-1629.

E. Livro de Comparação de Famílias

Mark the most appropriate answer:

1. Este livro está escrito em
   a. chinês
   b. turco
   c. português
   d. holandês

2. O tema do livro é
   a. a proliferação nuclear no hemisfério ocidental
   b. o sistema de irrigação no deserto do Negev
   c. uma biografia de Saddam Hussein
   d. uma comparação entre a família portuguesa e a família brasileira

3. Este livro pertence à área da
   a. geologia
   b. sociologia
   c. história da arte medieval
   d. religião

4. O livro foi publicado
   a. em Cuba
   b. no Panamá
   c. na Lituânia
   d. em Portugal

SECRETARIA DE ESTADO DA EMIGRAÇÃO
CENTRO DE ESTUDOS

**FAMÍLIA PORTUGUESA
E FAMÍLIA BRASILEIRA:**
paradigma europeu no mundo colonial

ALZIRA CAMPOS

PORTO
1985

LIÇÃO 1—LABORATÓRIO
A UNIVERSIDADE BRASILEIRA

Exercício I. Pronúncia: O *rr* brasileiro

The initial **r** in Brazilian Portuguese is pronounced like the English **h**. No wonder the American cab driver had no idea where this street was:

RED RIVER ROAD

The double **r** is always pronounced this way:

aberrante	irritação	incorreto
Andorra	correspondência	burro
irradiar	hemorragia	currículo

Initial **r** is also always pronounced this way:

rapaz	reação	russo
Recife	real	região
romancista	refúgio	rádio

Final **r** also has this pronunciation. It is practically inaudible, and sometimes isn't even pronounced.

horror	humor	pôquer
abajur *lampshade*	monitor	setor
altar	amor	mártir

A single **r** within a word before any consonant is also pronounced the same way:

bárbaro	parlamento	perfume
catorze	acordo	charlatão
perturbar	verbo	alarme

LIÇÃO 1

Vozes brasileiras—A preparação para o vestibular

You will hear the first **voz** from the lesson twice. Write the missing words.

A faculdade no Brasil é uma coisa muito elitista. É difícil fazer a faculdade _____ Brasil. Por dois motivos, primeiro, _____ é cara. Além da dificuldade financeira, a _____ tem o vestibular. O vestibular é _____ «provinha»—não, é uma prova _____! Tem um curso que se chama «_____» que prepara a gente para o vestibular—não para a *faculda-de*—para o *vestibular*.

Exercício II: O gênero do substantivo

Say the words given by the tape, but preceding them with the proper definite article (**o** or **a**). You will know some of the words, but you won't know some others. Those that you don't know follow the gender guidelines in the lesson. After you give your response, the tape will confirm or correct it, then you repeat the confirmed or corrected answer.

>   MODELO: (tape) aula
>   (student) a aula
>   (confirmation) a aula
>   (repetition) a aula

Vozes brasileiras—A seleção de cursos

You will hear the second **voz** from the lesson twice. It is transcribed in your manual, but some words are missing. Write the missing words.

A gente precisa fazer uma seleção de _____, ver o problema de _____ de horário. Os melhores classificados no vestibular _____ calouros têm a oportunidade de _____ a seleção primeiro, têm prioridade na _____ dos cursos.

Exercício III: O que é isto?
Look at the numbered drawings in each set and identify each item in the order asked by the tape. Again, after you give your response, the tape will confirm or correct it, then you repeat the confirmed or corrected answer.

>   MODELO: (tape) O que é isto. Number nine.
>   (student) É uma janela.
>   (confirmation) É uma janela.
>   (repetition) É uma janela.

Nome_____ Date_____ Aula_____

set A:

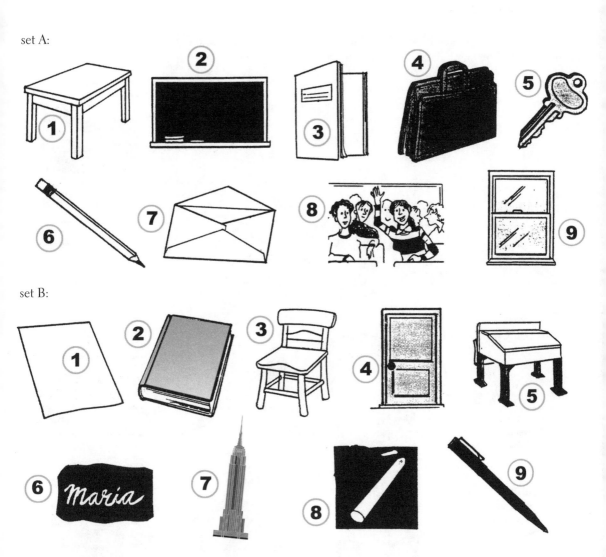

set B:

Exercício IV: É a aula de Maria

Using the drawings, first identify what the object is, then state whose object it is or what it pertains to as identified by the tag. Follow the model and be sure to repeat the confirmed or corrected response.

MODELO: (tape) O que é isto?
(student) É um giz; é o giz do professor.
(confirmation) É um giz; é o giz do professor.
(repetition) É um giz; é o giz do professor.

Written section:

1. _____

2. _____

3. _____

4. _____

Exercício V: Expressões úteis para a aula e para a vida diária

Look at the selections below and listen to the situations given by the tape. What should you say in each situation?

MODELO: (tape) You see your Portuguese teacher in the hall of the administration building. You say:

a. Obrigado.
b. Bom dia, professor.
c. Outra vez.

(student) Bom dia, professor.
(confirmation) Bom dia, professor.
(repetition) Bom dia, professor.

1.   a. Muito bem, obrigado.
b. Tudo bem?
c. Com licença.

2.   a. Não compreendo.
b. Desculpe!
c. Até logo.

3.   a. Vá ao quadro negro.
b. Boa noite.
c. Tudo bem, e você?

4.   a. Oi, pessoal.
b. Não sei.
c. Fale mais devagar.

5.   a. Escutem bem.
b. De nada.
c. Repita, por favor.

6.   a. Escute bem!
b. Está certo.
c. Tenho uma pergunta.

7.   a. Você me entende?
b. Como vai?
c. Tudo bem, e você?

8.   a. Como está o senhor, professor?
b. Desculpe!
c. Como se diz *marmelade*?

9.   a. Não faz mal.
b. Até amanhã.
c. Repita, por favor.

10.   a. Comece agora.
b. De nada.
c. Tchau!

Vozes brasileiras—Os primeiros dois anos da universidade

You will hear the third **voz** from the lesson twice. Some of the printed words below are different from those spoken. Circle them.

A gente tem todas as provas juntos durante os dois primeiros meses da faculdade. É o período do básico. A gente tem matéria de geografia geral. A gente tem um curso difícil de filosofia, de antropologia…, bom…, esse tipo de coisa, não relacionado diretamente com uma aula. Depois de oito anos a gente entra na sua especialidade, em turmas grandes.

Exercício VI: Ditado.

You will hear this dictation three times. The first time, just listen attentively. The second time, write what you hear during the pauses. The third time it will be read with no pauses so that you can verify your work.

_____

_____

_____

_____

_____

_____

LIÇÃO 2—CADERNO DE TRABALHO
O TROTE E O DIA DO CALOTE

1. Um verbo importante: TER, pp. 25-26

1a. Answer the following questions:

    1. Você tem um dicionário de português?

_____

    2. A professora tem um Cadillac?

_____

    3. Vocês têm aula de português à segunda-feira?

_____

    4. Esta universidade tem um bom time de futebol?

_____

    5. Você tem amigos no Brasil?

_____

    6. São Paulo e Campinas têm universidades grandes?

_____

    7. Nova Iorque tem museus famosos?

_____

    8. Você e seus amigos têm cursos difíceis?

_____

    9. Quantos cursos você tem este semestre/trimestre?

_____

    10. Quantas vezes [*times*] por semana vocês têm aula de português?

_____

    11. Tem muitos índios no Brasil?

_____

    12. Tem um hospital nesta universidade?

_____

1b. CERTO or ERRADO?

1. O Brasil tem enormes florestas. CERTO / ERRADO
2. O Mónaco tem armas nucleares. CERTO / ERRADO
3. O Japão tem colônias na África. CERTO / ERRADO
4. A Finlândia tem muitas plantações de café. CERTO / ERRADO
5. Os Estados Unidos têm universidades muito famosas. CERTO / ERRADO
6. O Canadá tem fronteira com os Estados Unidos. CERTO / ERRADO
7. A China tem poucos habitantes. CERTO / ERRADO
8. O Koweit não tem petróleo. CERTO / ERRADO
9. A Rússia tem dez milhões de habitantes. CERTO / ERRADO
10. A Grã-Bretanha tem magníficos castelos e palácios. CERTO / ERRADO
11. Tem muitos esquimós na África Central. CERTO / ERRADO
12. Tem muitos mexicanos no Sudoeste dos Estados Unidos. CERTO / ERRADO
13. Tem muitas catedrais na Itália. CERTO / ERRADO
14. Tem excelentes restaurantes na França. CERTO / ERRADO
15. Tem muitos elefantes no Alasca. CERTO / ERRADO

2. O adjetivo—a descrição, pp. 27-34

2a. Choose a suitable adjective from the adjectives at the bottom of this page to complete the sentences on the next page in a logical way. Make the adjective feminine or plural when necessary.

alto	burro	famoso	jovem
antigo	caro	feio	pequeno
baixo	chato	gordo	pobre
barato	difícil	grande	rico
bobo	engraçado	importante	sério
bonito	fácil	interessante	simpático
			velho

1. O apartamento do professor é muito _____
2. Daniela Mercury é uma cantora muito _____
3. Os filmes brasileiros são muito _____
4. O Santos é um time de futebol muito _____
5. Os meus amigos são todos muito _____
6. O meu computador é muito _____
7. O Carnaval do Rio é muito _____
8. O Coliseu de Roma é muito _____
9. Os Rockefeller são muito _____
10. A música americana é muito _____

11. A arte chinesa é muito _____

12. O meu curso de português é muito _____

13. As casas japonesas são muito _____

14. Os carros americanos não são muito _____

15. As pizzas da lanchonete são muito _____

16. Woody Allen não é muito _____

17. O Texas é muito _____

18. A lambada não é muito _____

19. Brad Pitt é muito _____

20. San Francisco é muito _____

2b. Correct the following sentences:

1. Os jóqueis são geralmente muito altos.

_____

2. Brasília é uma cidade antiga.

_____

3. Um Alfa-Romeo é um carro barato.

_____

4. Kobe Bryant é muito baixo.

_____

5. Os estudantes são geralmente ricos.

_____

6. A Rússia é muito pequena.

_____

7. Os produtos Gucci são usados pela gente pobre.

_____

8. Arnold Schwarzenegger é muito fraco.

_____

9. A 5ª Avenida em Nova Iorque é muito curta.

_____

10. Xuxa é uma artista italiana [= Lição 20].

_____

11. Britney Spears é muito velha.

_____

12. O McDonald's serve comida cara.

_____

2c. Complete with a suitable adjective.

1. A professora de francês é _____

2. O professor de biologia é _____

3. O chocolate é _____

4. A cocaína é _____

5. O exame é _____

6. Luciano Pavarotti é _____

7. Tony Blair _____

8. Sônia Braga é _____

9. Guga é _____

10. Julio Iglesias é _____

2d. Complete with the name of a color.
1. No dia de São Patrício usamos roupa _____
2. A cor associada com o comunismo é o _____
3. O presidente dos Estados Unidos reside na Casa _____
4. A febre _____ é uma epidemia terrível.
5. A África é o Continente _____
6. «O Danúbio _____» é uma música muito famosa.

2e. Change the adjective to make the sentence logical:
1. Salvador é uma cidade coreana.

_____

2. O elefante é um animal pequeno.

_____

3. Madonna é uma artista checoslovaca.

_____

4. Brasília é uma cidade muito antiga.

_____

5. O Canadá é uma país africano.

_____

6. A Casa Branca é um edifício novo.

_____

7. A orquestra sinfônica de Filadélfia é ruim.

_____

8. Um Lincoln Town Car é um carro barato.

_____

9. "Bom dia" é uma expressão japonesa.

_____

10. O Yugo é um carro magnífico.

_____

11. Um chiclete é um produto muito caro.

_____

12. Shaquille O'Neal é muito baixo.

_____

13. Al Pacino é um ator jovem.

_____

14. O hipopótamo é um animal norte-americano.

_____

5. Complete the following sentences with an article, the noun in parentheses and a suitable adjective.

1. Dona Cláudia é (professora).

_____

2. O Dr. Moacir é (médico)

_____

3. Juca é (carpinteiro)

_____

4. Marisa é (estudante)

_____

5. Gladys é (secretária)

_____

6. O Senhor Sousa é (funcionário)

_____

7. Luigi Ferrari é (barítono)

_____

8. Aparecida é (arquiteta)

_____

INSTANTÂNEOS BRASILEIROS—A USP

A USP é uma universidade importante. É também uma das mais prestigiosas do Brasil: tem excelentes professores, instalações modernas e numerosos laboratórios. O campus é enorme e muito atrativo. Os cursos oferecidos pela USP são muito variados: é possível estudar desde literatura portuguesa a computação eletrônica. Muitos alunos vivem no CRUSP (Conjunto Residencial da Universidade de São Paulo), uma moradia estudantil. Não muito distante da USP é o Instituto Butantã, onde se pode admirar uma vasta variedade de cobras e onde se realizam investigações sobre soros [serums] antiofídicos.

1. A USP é uma universidade de limitada importância?

_____

2. A USP é uma universidade famosa?

_____

3. A USP tem professores competentes?

_____

4. O campus da USP é grande?

_____

5. A USP oferece cursos variados?

_____

6. O que é o CRUSP?

_____

7. O Instituto Butantã produz soros antiofídicos?

_____

Um problema de palavras cruzadas

Horizontais:

1. **De + os** = ____
6. Um aluno do primeiro ano é um ____
8. O ____ Vermelho é entre a África e a Arábia
9. ____ são as duas últimas letras de **amor**
10. Os veteranos ____ o rosto dos calouros
13. ____ é um famoso jogador brasileiro de futebol
15. ____ é outro nome para animais ferozes
16. Quando pego o telefone digo "____!"
17. Os veteranos pintam o ____ dos calouros, né?
20. As duas primeiras letras de **América** são ____
23. As duas últimas letras de **mau** são ____
24. Os veteranos fazem os calouros mergulhar no ____
25. No Brasil tem um sanduíche que se chama ____
27. ____ é uma forma do verbo **haver**
28. A ____ de dois números negativos é também negativa
29. A abreviatura do estado de Pensilvânia é ____

Verticais:

1. ____ é sinônimo de **oferecer**
2. As duas últimas letras de **sol** são ____
3. Scott vai à festa acompanhado, não vai ____
4. O ____ é um ritual praticado nas universidades brasileiras
5. O ____ do Calote é uma tradição da USP
6. Por vezes os veteranos raspam o ____ dos calouros
7. ____ é o mesmo que **rezar**
10. O ____ é a letra que está entre o **O** e o **QUÊ**
11. ____ são as iniciais de uma associação de futebol americano
12. O oposto de **bom** é ____
13. O ____ é um estado no Norte do Brasil
14. **Os** em espanhol é ____
18. O plural de **tal** é ____
19. ____ Preto é uma famosa cidade colonial em Minas Gerais
20. A Torre Eiffel é uma construção muito ____
21. O feminino de **pai** é ____
22. A capital da Itália é ____
25. O ____ é um grau acadêmico americano
26. Nove menos oito é ____

LIÇÃO 2 25

EXERCÍCIOS SUPLEMENTARES

A. Look at this I.D. card and answer the following questions:

1. De que universidade é este cartão de identidade?

_____

2. O cartão tem a fotografia da aluna?

_____

3. Qual é o nome da aluna?

_____

4. Qual é o número de matrícula da aluna?

_____

5. Qual é a data do cartão?

_____

6. Luciana é aluna de graduação ou pós-graduação?

_____

B. Mark the correct answer:

1. Esta aula é de
a. mineralogia; b. música; c. alemão; d. cálculo

2. No quadro negro está
a. uma equação; b. a fórmula do ácido sulfúrico; c. um soneto de Shakespeare;
d. uma frase em alemão

3. O professor
a. é muito jovem; b. é bastante gordo; c. tem aspecto atlético; d. usa jeans e tee-shirt

4. Os alunos
a. não estão muito atentos; b. usam um dicionário alemão-português;
c. comem sanduíches; d. estudam a lição de arqueologia

LIÇÃO 2—LABORATÓRIO
O TROTE E O DIA DO CALOTE

Exercício I. Pronúncia: O *r* brasileiro

In English there is virtually the exact same sound as the Portuguese **r** between vowels and with some consonants—it's just spelled differently. The English equivalent of the Portuguese single **r** is the single or double **t** or **d** between vowels. When you repeat the English examples below, notice how the underlined letters sound:

ge<u>t</u> up	dea<u>d</u> end
a<u>tt</u>ic	chow<u>der</u>
ma<u>tt</u>er	fo<u>dder</u>
bu<u>tt</u>er	la<u>dder</u>

Now repeat the Portuguese words using the English sound of **t**'s and **d**'s that you already know:

editorial	restaurante	espera
para	barato	varia
cadeira	universitário	calouro

The single **r** after most consonants, such as those in the examples that follow, is also pronounced the same way:

brilhante	presidente	dentifrício
frito	professor	lúgubre
outro	sobre	imperatriz

Exercício II. O verbo TER

In this exercise, look at the list of people on the next page and what they have. The tape will ask who has a certain item, and you will answer using that person as the subject of the verb **ter**.

MODELO:　　(tape) Quem tem um carro novo?
　　　　　　(student) Eu tenho um carro novo.
　　　　　　(confirmation) Eu tenho um carro novo.
　　　　　　(repetition) Eu tenho um carro novo.

eu = **carro novo**

José = **casa no Rio**

nós = **amigos brasileiros**

ela = **caderno amarelo**

vocês = **família simpática**

eu = **bicicleta**

você = **apartamento em Ipanema**

Susana = **cinco dólares**

Vozes brasileiras—O tratamento do professor
Write in the missing words. The **Voz** will be repeated once.

«O senhor» só é _____ para um professor mais antigo, que já tem um certo _____ de respeitabilidade. Se o professor é mais jovem, e _____ mesmo o estilo do professor, mesmo que sejam mais velhos a _____ chama os professores de «você». Se o aluno é inibido _____ chama de «o senhor». E se o professor não gosta daquele tipo de _____, imediatamente fala "Me chama de «senhor»." Na escola _____ e na escola primária, aí o tratamento, _____ que, em geral, é de «o senhor» e «a senhora».

Exercício III. A forma especial: Tem
Using the drawing below, answer the questions using **tem**. Use complete sentences.

MODELO: (tape) Tem um livro na mesa?
(student) Sim, tem um livro na mesa.
(confirmation) Sim, tem um livro na mesa.
(repetition) Sim, tem um livro na mesa.

Written Section:

1. _____

2. _____

3. _____

4. _____

Exercício IV. O adjetivo

Restate the sentences, substituting the suggested noun for the one in the model. Remember to repeat the confirmed or corrected response.

> MODELO: (tape) A casa é branca—o edifício
> (student) O edifício é branco.
> (confirmation) O edifício é branco.
> (repetition) O edifício é branco.

Write the solutions to the last five:

1. _____

2. _____

3. _____

4. _____

5. _____

Vozes brasileiras—O trote de Gilberto

You will hear the **voz** twice. Circle the words below that don't correspond to what is said.

Chama-se «trote» e é para o veterano. Os veteranos pintam cabelo, pintam o rosto, o corpo e fazem a pessoa pedir champanha na rua. Na faculdade, os veteranos sabem que ele é novo, vão em cima dele e pintam o corpo. Isso passa durante a primeira aula. É fácil escapar. Depois não, tudo bem. Eu escapei. O calouro que sofre trote na universidade é porque os amigos—estudantes veteranos—sabem que eles entram na universidade.

Exercício V. Opiniões contrárias

You and your friend have different opinions about everything. Your friend makes a statement and you say the opposite.

MODELO: (tape) A aula é interessante!
                (student) A aula é chata!
                (confirmation) A aula é chata!
                (repetition) A aula é chata!

Write the last four items:

1. _____

2. _____

3. _____

4. _____

Exercício VI. A intensificação do adjetivo.

Write answers to the four questions asked on the tape. Make sure you use an intensification word in your answer.

MODELO: A Rússia é grande?

Sim, é muito grande.

1. _____

2. _____

3. _____

4. _____

Vozes brasileiras—O trote de Pedro

The **voz** will be said twice. This time there will be more than one word missing for you to write in.

Trote é a brincadeira _____ na universidade. Quando entra na universidade tem

_____. Eu tive sorte e escapei. Eu não fui nessa _____ em que

o pessoal que quer o trote espera as pessoas que _____. Eu fiz a matrícula

_____ e dizia que não era calouro. Então eu escapei. No trote, você

_____ algumas brincadeiras que humilham. Tem que _____

na rua—eles cortam o cabelo, _____ quase totalmente.

Exercício VII. «Você é estudante: é um estudante aplicado»

Answer the questions, following the model, using both the noun and the suggested adjective.

> Modelo: (tape) Alberto é estudante. É pobre?
> (student) Sim, é um estudante pobre.
> (confirmation) Sim, é um estudante pobre.
> (repetition) Sim, é um estudante pobre.

Exercício VIII: Texto de compreensão: O calouro e o trote

Listen to the comprehension text and write answers to questions asked about it.

1. _____

2. _____

3. _____

4. _____

Exercício IX: Ditado.

You will hear this dictation three times. The first time, just listen attentively. The second time, write what you hear during the pauses. The third time it will be read with no pauses so that you can verify your work.

_____

_____

_____

_____

_____

LIÇÃO 3—CADERNO DE TRABALHO
FAZENDO COMPRAS

1. Verbos do primeiro grupo: -AR, pp. 45-49

1a. Complete with a suitable verb form:

1. Meu pai _____ no City Bank.

2. Nós sempre _____ a fruta no supermercado.

3. Eles _____ piano muito bem.

4. Vocês _____ espanhol?

5. Este semestre eu _____ matemática.

6. Meus amigos _____ em Copacabana.

7. Ele _____ insulina todos os dias.

8. Nós sempre _____ com o cartão de crédito.

9. Elas _____ voleibol na universidade.

10. Você _____ sempre de trem?

1b. Answers the following questions:
1. Você fala italiano?

_____

2. Seu professor fala japonês?

_____

3. Seus amigos falam alemão?

_____

4. Vocês falam francês?

_____

5. Os australianos falam inglês?

_____

　　　　　　　　LIÇÃO 3　　35

6. Vocês jogam basquete?

_____

7. Os Mets jogam tênis?

_____

8. Você joga futebol?

_____

9. Guga joga voleibol?

_____

10. Os Cardinals jogam golf?

_____

11. Os seus amigos estudam russo?

_____

12. Você estuda filosofia?

_____

13. Suas amigas estudam literatura portuguesa?

_____

14. Os estudantes de medicina estudam anatomia?

_____

1c. Use the words in each column to form logical sentences. Choose the proper form of the verb.

1. A orquestra	FALAR	o crime
2. O presidente	TOCAR	francês e inglês
3. Os clientes	ADMINISTRAR	música de dança
4. Os canadenses	INVESTIGAR	no laboratório
5. O cientista	MORAR	com cheques
6. Os argentinos	JOGAR	a firma
7. Os futebolistas	TOMAR	o tango
8. Os detectives	TRABALHAR	caipirinha
9. O diretor	PAGAR	na Casa Branca
10. Os brasileiros	DANÇAR	no estádio

1. _____

2. _____

3. _____

4. _____

5. _____

6. _____

7. _____

8. _____

9. _____

10. _____

1d. Answer the following questions using the words in parentheses and the proper preposition.

1. O que Laura chama a Miguel? (**idiota**)

_____

2. Onde o bandido entra? (**banco**)

_____

3. Onde chegam os turistas? (**aeroporto**)

_____

4. O que os brasileiros chamam aos habitantes do Rio? (**cariocas**)

_____

5. Onde o médico entra? (**clínica**)

_____

6. Onde o trem chega? (**estação**)

_____

1e. Form complete sentences using the proper preposition after the verb:

1. os italianos / gostar / ópera
2. Papai / precisar / um carro novo
3. os estudantes / olhar / livro
4. o submarino / chegar / porto
5. o público / entrar / cinema

1. _____

2. _____

3. _____

4. _____

5. _____

2. O plural dos substantivos e dos adjetivos, pp. 55-57

2a. Write the plural form of the following words:

camarão _____

superior _____

responsável _____

habitação _____

alemão _____

espanhol _____

irmão _____

oração _____

tubarão _____

solúvel _____

incrível _____

salão _____

posição _____

fuzil _____

dor _____

limão _____

especial _____

coração _____

razão _____

coronel _____

missão _____

avião _____

vez _____

lápis _____

fóssil _____

impossível _____

civil _____

simples _____

senhor _____

jardim _____

viagem _____

hotel _____

comissão _____

batalhão _____

homem _____

luz _____

provável _____

mão _____

2b. Complete with a plural form. Use a dictionary to look up words you don't know. Use only words with irregular plural formations from this section!

1. Os problemas que não têm soluções são _____

2. São 50 pessoas: 25 mulheres e 25 _____.

3. O Ritz e o Hilton são exemplos de _____

4. Victor e Aida não são velhos. São _____

5. Bach e Wagner são compositores _____

6. Fale sério, não diga _____

7. Estes médicos trabalham em clínicas e em _____

8. Os uniformes da polícia não são verdes. São _____

9. Quem fala que as provas são fáceis? São muito _____

10. Juan e Carmen são de Sevilha. Eles são _____

11. Em Las Vegas tem espetáculos em muitos cassinos e _____

12. Na base aérea tem muitos helicópteros e _____

13. Ai, ai, ai! Depois do acidente tenho muitas _____

14. Isaura vai à padaria comprar dois _____

15. Eles não são italianos. São de Paris. São _____

16. Eu tenho duas irmãs e dois _____

17. O livro de português tem vinte _____

18. Estes filmes não são ruins. São muito _____

19. A Toyota e a Nissan são firmas que produzem _____

3. POR QUE? e PORQUE, p. 61

3. Find questions to fit the following answers.

1. _____?
Porque não tenho tempo.

2. _____?
Porque não temos dinheiro.

3. _____?
Porque tenho uma prova amanhã.

4. _____?
Porque lá é mais barato.

5. _____?
Porque é mais conveniente pagar com cartão de crédito.

6. _____?
Porque ela é francesa.

7. _____?
Porque um apartamento é menos caro que uma casa.

8. _____?
Porque eles precisam de ajuda.

9. _____?
Porque os carros japoneses são bons.

10. _____?
Porque tem muita cafeína.

4. Certas Expressões com Verbos, pp. 62-63

4a. Complete the following sentences using a form of **acabar de**.

1. Estamos muito fatigados porque _____.

2. Não aceito esse sanduíche porque _____.

3. Entrem no teatro em silêncio. O concerto _____.

4. Não pergunte isso ao professor. Ele _____.

5. São cinco horas. Papai _____.

4b. Complete the following sentences using a form of **voltar a**.

1. Este exercício está todo errado. É preciso _____

2. Esta linha aérea é horrível! Não _____

3. A comida da lanchonete me dá indigestão. Não _____

4. Ele não atende o telefone. Tenho que _____

5. Esses cosméticos são de má qualidade. Não _____

4c. Answer the questions with a form of **ter que**.

1. Por que você não vai à danceteria? _____

2. Por que vocês vão falar com a professora? _____

3. Por que sua mãe vai hoje ao supermercado? _____

4. Por que alguns estudantes trabalham depois das aulas? _____

5. Por que vocês não tomam um cafezinho agora? _____

4d. Complete the sentences with a form of **ter vontade de**.

1. Jorge é muito indolente. Ele nunca _____

2. Vamos ao cinema? _____

3. Já é muito tarde. Não _____

4. Marta tem um apetite excelente. Ela sempre _____

5. Esta noite vou visitar meus amigos. _____

5. «Vejo o professor Costa. Como vai, professor Costa?» pp. 68-69

Fill in the blanks with an article whenever necessary.

1. Aquele é _____ General Macedo. "Bom dia, _____ General Macedo."

2. _____ Senhor Soares entra no restaurante. "Esta mesa, _____ Senhor Soares?"

3. _____ Dona Elvira compra sapatos. "Paga com cheque, _____ Dona Elvira?"

4. _____ Padre Sousa encontra um amigo. "Tem missa hoje, _____ Padre Sousa?"

5. _____ Doutor Ferreira atende um paciente. "Tenho uma terrível dor de estômago, _____ Doutor Ferreira."

INSTANTÂNEOS BRASILEIROS—OS «JEANS»

Como outros povos, os brasileiros adoram jeans. Têm razão. O jeans é uma roupa para qualquer idade, para qualquer atividade e para qualquer classe social. Dura anos e anos e nunca parece velho. Mas o jeans é caro no Brasil: cerca de 40 dólares, mais ou menos o equivalente do salário mínimo do trabalhador brasileiro. Nos Estados Unidos custa uns 35 dólares e a renda *per capita* do americano é 35.040 dólares, enquanto que a renda *per capita* do brasileiro é 4.350

1. Você usa jeans? Por quê? / Por que não?

_____

2. Quanto custa um jeans no Brasil? É caro para os brasileiros? Por que você pensa isso?

_____

3. Por que razão o jeans é tão popular em todo o mundo?

_____

INSTANTÂNEOS BRASILEIROS— O MERCADO DAS PULGAS

Você precisa de comprar um presentinho para o aniversário de mamãe, não precisa? Só é questão de ir ao Mercado das Pulgas[*fleas*], em São Paulo. É no último sábado de cada mês. Aí você encontra um pouco de tudo. O que acha daquela aquarela [*watercolor*] com uma vista do ribeirão [*stream*]? Mamãe vai gostar, pode crer. E custa só dez reais. Ah, você não tem os dez reais? Então pode trocar os sapatos velhos que você não usa mais por um disco [*record*] antigo ou a vitrola de corda [*wind-up record player*] de vovô por uma porcelana inglesa. De qualquer jeito mamãe vai ficar contente. As possibilidades são infinitas no Mercado das Pulgas.

1. Existe um Mercado das Pulgas na cidade onde você mora?

_____

2. O que você pode comprar lá?

_____

3. Qual é a vantagem de ir ao Mercado das Pulgas?

_____

4. Quantas vezes por mês tem Mercado das Pulgas em São Paulo?

_____

5. É no primeiro domingo de cada mês, não é?

_____

INSTANTÂNEOS BRASILEIROS—
AGORA NO BRASIL: TELEVENDAS

Você pensa comprar um forno *oven* de microondas? Uma geladeira [*refrigerator*]? Um computador? Que tal um sanduíche de dois andares com hambúrguer, queijo, ovos mexidos e pepino? Então não precisa ir ao armazém ou ao restaurante. É sempre possível utilizar o sistema de televendas. É só discar um certo número e pronto.

As vantagens das televendas são óbvias. Para o comprador é a comodidade. Não é necessário sair de casa e é muito prático fazer compras nos domingos, quando as lojas por lei estão fechadas, e receber o produto num máximo de 48 horas. Para o vendedor há uma enorme redução de custos, agora limitados a pouco mais que os salários dos atendentes e à conta telefônica, assim como a possibilidade de operar ao domingo, o dia de maior pico.

As televendas orientam-se sobretudo para o comprador de maior poder econômico, que tem telefone em casa e pode pagar a pronto ou pelo menos em três ou quatro parcelas. Nem todos os produtos, contudo, são apropriados para vendas por telefone. O consumidor gosta de escolher em pessoa roupas, móveis ou objetos de decoração.

Não tem nada que fazer esta noite? Que tal um bom filme em casa? É só questão de pegar já o telefone e encomendar um videocassete.

Now write a short essay to answer this question.

O que você pensa do sistema de televendas?

_____

_____

_____

_____

_____

_____

Um problema de palavras cruzadas

Horizontais

1. No supermercado a fruta é um pouco mais ____
4. O açúcar e o arroz são vendidos por ____, não por unidade
6. Podemos comprar um quadro de Portinari numa galeria de ____
9. Na ____ vendem sempre pão fresco
12. ____ bem?
13. ____ é o mesmo que **lá**
14. Primeira e última letras de **Xavier**
15. Quando queremos comprar fruta e verduras podemos ____ à feira livre
16. Dois ____ é suficiente para fazer uma omelete para uma pessoa
18. Os verbos portugueses da segunda conjugação terminam em ____
19. ____ são as iniciais que significam **antes de Cristo**
21. ____ são a segunda e a terceira letras de **motor**.
24. As duas primeiras sílabas de **eloqüente** são ____
25. ____ é um prefixo que significa **animal**
26. Vovó não vai no supermercado, ____ prefere ir na mercearia
27. O oposto de **boa** é ____
29. ____ + **a** = **das**
30. Uma ____ é um doce
32. A empregada vai à feira comprar alface, ervilhas, espinafre e outras ____

Verticais

2. No *shopping* comprei um ____ para ouvir música no carro
3. As três últimas letras de **Sara** são ____
4. Marina não come muita carne, prefere ____
5. As iniciais de **sudoeste** são ____
7. As duas primeiras letras de **trem** são ____
8. No supermercado tem ____ de porco e de boi
9. Na padaria vendem ____ de queijo
10. As duas primeiras sílabas de **Álvaro** são ____
11. Os pratos brasileiros têm muitas vezes ____ e feijão
12. **Para** ____ é o mesmo que **para você**
17. Na mesa do restaurante tem geralmente ____ e pimenta
20. Scott gosta de ____ na lanchonete
22. Papai gosta de ____ café depois do almoço e do jantar
23. Na lanchonete Scott e Marina se sentam numa ____
24. A primeira e a última letras de **Europa** são ____
28. ____ lojas elegantes do centro os produtos são mais caros
29. A letra que está entre **Cê** e **É** é ____
30. As duas primeiras letras de **burro** são ____
31. ____ é o mesmo que **ali**

EXERCÍCIOS SUPLEMENTARES

Toda manhã tem café da mamãe.

Cafeteira Elétrica Arno. Prepara e mantém o cafezinho quente, com todo aroma e sabor.

Suco sem bagaço.

Centrífuga Arno. Transforma em suco os legumes, verduras e frutas, com separação automática do bagaço.

Limão, laranja, açúcar e afeto.

Espremedor de Frutas Arno. A maneira mais fácil de fazer sucos, com ótimo rendimento e jarra para servir à mesa.

A. Mark the most appropriate answer:

1. Mamãe foi no *shopping* e comprou três coisas:
   - a. um jeans, um par de sapatos e um suéter
   - b. um livro, uma caneta e uma pasta
   - c. uma cafeteira elétrica, uma centrífuga e um espremedor de frutas
   - d. sabonete, pasta de dente e perfume francês

2. A cafeteira elétrica serve para
   - a. fazer um café gostoso
   - b. resolver problemas de matemática
   - c. fotocopiar documentos
   - d. fazer omeletes de queijo

3. A centrífuga serve para
   - a. preparar uma boa feijoada
   - b. calcular rapidamente quantos são 3.456 vezes 258
   - c. transformar verduras e frutas em suco
   - d. traduzir automaticamente de inglês para português

4. O espremedor de frutas serve para
   - a. mamãe fazer sucos de frutas
   - b. preparar café com leite
   - c. transformar a voltagem de 110 para 220
   - d. programar o computador

LIÇÃO 3 45

B. Look at the coupon, fill it in (make up a Brazilian name and address) and answer the questions.

ASSINE
Veja
AGORA!

3 X R$96,00

Receba em sua casa durante um ano (52 exemplares) a revista mais lida e comentada do país.

Opções de pagamento (marque com um X):

☐ 3 pagamentos de R$96,00   ☐ 1 pagamento de R$280,50

Se preferir, autorize o débito do valor da assinatura em seu cartão de crédito.

Nome do cartão_____

Nº_____ Validade____/____
                                              mês   ano

Nome _____

Endereço_____

Bairro_____CEP_____

Cidade_____ Estado_____

CIC |__|__|__|__|__|__|__|__|__|__||__|__| Tel._____

Data ___/___/___ Assinatura _____

Preços válidos até 31/08/03. Após esta data você ainda poderá usar este cupom para fazer seu pedido. Neste caso, você pagará o preço vigente no mês em que colocar o cupom nos Correios.

NÃO MANDE DINHEIRO AGORA!

Preencha, recorte e coloque este cupom numa caixa coletora ou agência do Correio. Dentro de 4 a 6 semanas, você receberá seus exemplares.

Impr. Edit. Abril S.A.

BI55

1. O que é a *Veja*?

_____

2. Quantos exemplares por ano você recebe?

_____

3. Você tem que mandar dinheiro agora?

_____

4. Como você explica a diferença entre os dois preços?

_____

5. Você prefere pagar a assinatura de uma só vez ou por três vezes? Porquê?

_____

C. Choose the most appropriate answer:

1. O cartão de crédito mais aceite em transações a nível mundial é
   a. American Express; b. Visa; c. MasterCard

2. MasterCard detém
   a. 25% do mercado; b. 34% do mercado; c. 99% do mercado

3. Com um cartão de crédito você pode pagar
   a. na banca de jornais; b. na padaria da esquina; c. no Hotel Sheraton

4. Pagar com um cartão de crédito é prático porque você
   a. pode liquidar sua conta em dez anos sem juros; b. não precisa carregar muito dinheiro
   c. o pode usar na feira livre

5. Quando você perde seu cartão de crédito você deve imediatamente
   a. telefonar a papai; b. sentar-se e chorar; c. comunicar a perda à companhia

LIÇÃO 3   47

LIÇÃO 3—LABORATÓRIO
FAZENDO COMPRAS

Exercício I. Pronúncia: O *ti* e o *di* brasileiros

The letters **t** and **d** in Brazilian Portuguese are pronounced *ch* (as in **ch**urch) and *j* (as in **j**udge) before the vowel sound *ee*. Since final unaccented *e*'s are pronounced *ee*, any *t* or *d* that precedes a final *e* are pronounced that way:

Words ending in **-de**		Words ending in **-te**	
bon**de**	profanida**de**	ar**te**	recen**te**
convexida**de**	rebel**de**	Beiru**te**	reci**te**
gravida**de**	rivalida**de**	calo**te**	repe**te**

The vowel **i** is always pronounced *ee*, so a **t** or a **d** before **i** are also pronounced this way:

Words with internal **-di-**		Words with internal **-ti-**	
bio**di**nâmica	man**di**oca	ba**ti**smo	gó**ti**co
cafelân**di**a	mé**di**co	caó**ti**co	hermé**ti**co

When a **t** or a **d** are found before certain consonants (notably *not* **r**), Brazilians find the cluster impossible to pronounce without inserting the vowel sound *ee*. This also happens in the few cases when **t** or **d** end a word. It effectively adds a syllable to the words when spoken.

D when hard to pronounce		**T** when hard to pronunce	
a**dm**inistração	E**d**son	algori**tm**o	i**st**mo
a**dm**iração	ina**dm**issível	ari**tm**ético	Dumont

Exercício II. Verbos do primeiro grupo

An infinitive will be given, followed by a subject. Repeat the subject and put the verb in the corresponding form:

> MODELO: (tape) Estudar — eu
> (student) Eu estudo
> (confirmation) Eu estudo
> (repetition) Eu estudo

Vozes brasileiras—A feira brasileira

Write in the missing words. You'll hear the **Voz** twice.

A feira é uma _____ no Brasil. Tem muitas cores e vida, _____

_____ carnes e peixes frescos que são expostos de _____

cedo, e acaba _____ ao meio-dia. As donas-de-casa _____

que quanto mais cedo você chega, mais _____ são os produtos. As feiras estão em

todos os _____ um dia da semana. Também nas feiras vendem

_____ de beleza e _____ de criança.

Exercício III. Fazendo compras
Help out your friend who needs to buy several things in town by telling him what store to go to. Follow the formula of the model.

> MODELO: (tape) Preciso de um lápis.
> (student) Tem que comprar na papelaria.
> (confirmation) Tem comprar na a papelaria.
> (repetition) Tem que comprar na papelaria.

Written Section:

1. _____

2. _____

3. _____

Exercício IV. O plural dos substantivos e dos adjetivos
Say the plurals of these words ending in **-m**. We give the list of them here with meanings next to those you don't know or are not obvious.

armazém	origem *origin*	trem
bobagem	porcentagem	vantagem *advantage*
homem		viagem *trip*

Now, give the plural forms of these words ending in **-l**.

anel *ring*	farol *lighthouse*	mental
artificial	fiel	neutral
atual *current time*	fuzil *rifle*	papel

Now give the plural of the **-ão** words.

acordeão	criação *creation*	leão *lion*
administração	dragão	mão
alemão	edição	menção
aparição	eleição *election*	oração *prayer*

Vozes brasileiras—A padaria
Circle the words that are printed wrong. The text will be read twice.

A padaria é um sítio muito freqüentado no Brasil. Acho que brasileiro precisa muito de pão. Tem uma padaria em cada cidade. A padaria é um minimercado só para conservas de consumo rápido. O iogurte sempre é feito duas vezes ao dia, sempre bonzinho, e todo mundo sabe o horário da mercearia para comprar pão ainda fresco, que acaba de sair do forno. Brasileiro tem o costume de comprar pão. Se fala que brasileiro é criado no queijo e pão com manteiga, né?

Exercício V. Certas expressões com verbos
Rework these sentences with one verb into sentences with two verbs—a verb plus an infinitive. Each sentence will have its own cued verb.

> MODELO: (tape) Chegamos na aula—acabar de
> (student) Acabamos de chegar na aula.
> (confirmation) Acabamos de chegar na aula.
> (repetition) Acabamos de chegar na aula.

Written section:

1. **Ter que** _____

2. **Voltar a** _____

3. **Acabar de**_____

4. **Ter vontade de** _____

Vozes brasileiras—A inflação

Os bons supermercados usam caneta eletrônica _____. Mas na grande maioria dos caixas, _____ tem que bater o preço, coisa por coisa. _____ variam. Eles marcam o preço com uma maquininha de _____ preços. Normalmente tem uma etiqueta _____ outra—três, quatro—porque os preços mudam de semana _____. Antes do produto ser vendido já muda o preço três, _____. Os preços do pão, do açúcar, do _____ são controlados pelo governo. O preço só _____ quando o governo deixa.

Exercício VI. Texto de compreensão: Fazendo compras no Brasil
Listen to the comprehension text and write answers to the questions asked.

1. _____

2. _____

3. _____

4. _____

Exercício VII. Ditado.
You will hear this dictation three times. The first time, just listen attentively. The second time, write what you hear during the pauses. The third time it will be read with no pauses so that you can verify your work.

_____

_____

_____

_____

_____

_____

LIÇÃO 4—CADERNO DE TRABALHO
ASPECTOS DA SOCIEDADE BRASILEIRA

1. Quatro verbos importantes: IR, VIR, FAZER, VER, pp. 73-79

1a. Change the verb form according to the new subject.

Eu vou a um piquenique no domingo.

1. Glória_____

2. David e eu _____

3. Você e seu irmão _____

Eu venho à aula todos os dias.

1. Os professores _____

2. Ana Maria e eu _____

3. Você _____

Eu faço uma feijoada sensacional.

1. Minhas tias _____

2. Você _____

3. Teresa e eu _____

Eu vejo muitos filmes franceses.

1. Você _____

2. Os americanos _____

3. Nós _____

1b. Answer the following questions:

1. Você vê bem?

_____

2. Você vem de ônibus para a universidade?

_____

3. Você vai ao cinema esta noite?

_____

4. Você sempre faz seu dever de casa?

_____

5. Você vê muitos filmes de terror?

_____

6. Você vem à aula todos os dias?

_____

7. Você vai a uma festa no sábado?

_____

8. Você faz sua comida em casa?

_____

1c. Fill in the blanks with a form of **ir**, **vir**, **fazer** or **ver**.

1. Eu _____ ao teatro hoje à noite.

2. Eu _____ à aula de português três vezes por semana.

3. Eu _____ meu trabalho em casa.

4. Eu _____ meus pais todo fim-de-semana.

5. Eu _____ ao Brasil em dezembro.

6. Eu _____ agora do médico.

7. Eu _____ os exercícios do livro.

8. Eu _____ o Pão de Açúcar de minha casa.

1d. Answer these weather questions.

1. Que tempo faz hoje? _____

2. Faz muito frio hoje? _____

3. Faz muito calor hoje? _____

4. Faz muito vento hoje? _____

5. Chove hoje? _____

6. Neva hoje? _____

2. O futuro com IR o outro uso com VIR, p. 80

2a. Answer these questions

1. Onde você vai ir amanhã?

_____

2. O professor vai dar uma prova quarta-feira?

_____

3. Vocês vão estudar esta noite?

_____

4. Onde seus amigos vão passar as férias de verão?

_____

5. Vai ter uma festa no sábado?

_____

6. O professor de português vai dar notas más?

_____

7. Você vai comprar um carro novo?

_____

8. Seu pai vai ir ao médico esta semana?

_____

9. Todos vocês vão vir à aula amanhã?

_____

LIÇÃO 4

4. O verbo ESTAR com condições temporárias, pp. 84-85

4a. Answer the following questions:

1. Onde o professor está agora?

_____

2. Vocês estão cansados?

_____

3. Onde seu livro está de português?

_____

4. Seus pais estão em casa agora?

_____

5. Sua mãe está doente?

_____

6. O tempo está bom hoje?

_____

7. A lanchonete está aberta amanhã?

_____

8. Você está bem?

_____

9. A porta da sala da aula está fechada?

_____

10. Onde seus amigos estão agora?

_____

4b. Fill in with a form of **ser** or **estar**.

1. Clarisse não vai vir hoje à aula de francês. _____ no hospital.

2. Não tenho aqui meu carro. _____ na garagem.

3. Roberto responde certo a todas as perguntas da professora. Ele _____ muito inteligente.

4. Meus pais não vão assistir à festa. _____ na Europa.

5. Não tenho dinheiro para ir a esse armazém. _____ muito chique.

6. Fernanda e Geraldo não estudam muito. Não _____ preparados para a prova de alemão.

7. O professor nos chamou de cretinos. _____ furiosos com ele.

8. Um momento, por favor. O senhor diretor _____ ocupado agora.

9. Não, um hambúrguer não. _____ vegetariana.

10. O seu dicionário português-inglês? _____ aí sobre a mesa.

4c. CERTO or ERRADO? If ERRADO, correct.

1. As cores nacionais francesas ESTÃO _____azul, branco e vermelho.

2. Meu amigo ESTÁ _____ engenheiro civil.

3. José Antônio e Wilson ESTÃO _____ agora no Rio de Janeiro.

4. Neusa É _____ nervosa porque tem uma prova difícil amanhã.

5. São oito horas. A padaria ainda É _____ fechada.

6. Carlos não fala com Sara e Teresa. ESTÁ _____ zangado com elas.

7. Não vou ir a esse restaurante. É _____ supercaro.

8. Hoje vou dormir às oito da noite. SOU _____ muito cansado.

9. Ir passar as férias a Acapulco? Que idéia! SOMOS _____ sem dinheiro.

10. Esta semana não tem prova de álgebra. Vocês SÃO _____ contentes?

5. O verbo ESTAR com preposições, pp. 87-89
5a. Answer the questions using the words in brackets:

1. Onde seus amigos estão? (Brasil)

_____

2. Onde suas sandálias estão? (carro)

_____

3. Onde Gilberto está? (praia)

_____

4. Onde Pedro está? (Estados Unidos)

_____

5. Onde a professora está? (universidade)

_____

6. Onde o Senhor Cardoso está? (hotel)

_____

7. Onde a Doutora Ilda está? (Filipinas)

_____

8. Onde os cigarros estão? (mesa)

_____

9. Onde Carla está? (hospital)

_____

10. Onde seus colegas estão? (lanchonete)

_____

5b. Answer the following questions using a pronoun preceded by the proper preposition.

1. Você quer tomar um cafezinho comigo?

_____

2. Você vai à festa sem sua namorada?

_____

3. Você trabalha para essa companhia?

_____

4. Você vai dizer isso em frente do professor?

_____

5. Os seus amigos vão à praia com você?

_____

6. Célia vive longe de você?

_____

7. Posso falar com vocês?

_____

8. Marta vive perto de Vera?

_____

9. Ele vai fazer isso para vocês?

_____

10. Tem segredos entre Mário e sua namorada?

_____

INSTANTÂNEOS BRASILEIROS—
O CONSUMO DO CIGARRO NO BRASIL

De junho de 1988 a junho de 1889 o consumo do cigarro no Brasil aumentou 4%. Porque os brasileiros fumam mais? Existem duas explicações possíveis. Primeiro, o cigarro brasileiro é dos mais baratos do mundo. Em média custa 40 centavos de dólar por maço. Segundo, os problemas econômicos aumentam a ansiedade e a preocupação e o cigarro é um escape.

1. O cigarro é caro no Brasil? Qual você pensa que é a razão disso?

_____

2. Quanto um maço de cigarros nos Estados Unidos pode custar?

_____

3. Você acha que as pessoas fumam mais quando estão ansiosas ou preocupadas?

_____

LIÇÃO 4 59

4. Quais são as preocupações mais importantes dos brasileiros em geral?

_____

5. Você fuma? Por quê? / Por que não?

_____

6. Você pensa que se deve proibir fumar nos restaurantes e outros lugares públicos? Por quê?

_____

INSTANTÂNEOS BRASILEIROS—
ROUBOS FRAUDULENTOS

São freqüentes as histórias de turistas que sofrem roubos no Brasil. Mas nem todas são verdadeiras. A 13ª Delegacia de polícia, em Copacabana, calcula que 60% das queixas de roubo que lhe são apresentadas por turistas são fraudulentas. Trata-se apenas do conhecido golpe do seguro. É uma técnica muito simples. Antes de sair do seu país o turista faz um seguro, por exemplo do seu material fotográfico. Depois, no Brasil, vende esse material e vai à polícia declarar que lhe foi roubado. Quando apresenta a cópia do boletim policial de ocorrência, o seguro paga. Bem, todos nós pagamos, os que temos algum seguro.

CERTO ou ERRADO?

1. Contam-se muitas histórias de turistas que são roubados no Brasil. CERTO / ERRADO

2. Todas estas histórias são verdadeiras. CERTO / ERRADO

3. A polícia de Copacabana pensa que só 5% das queixas são fraudulentas. CERTO / ERRADO

4. A técnica para defraudar o seguro é enormemente sofisticada. CERTO / ERRADO

5. Freqüentemente os turistas mentem à polícia. CERTO / ERRADO

6. Muitas vezes os objetos não são roubados mas sim vendidos. CERTO / ERRADO

7. Normalmente o seguro paga quando o turista lhe apresenta uma prova de roubo. CERTO / ERRADO

8. Na realidade os defraudados não são as companhias de seguro mas sim os assegurados.

   CERTO / ERRADO

Um problema de palavras cruzadas

Horizontais:

1. Um vendedor de jogo do bicho é um ____
6. O 1º de janeiro é o ____ de Ano Novo
8. ____ são a segunda e a terceira letras de **Líbano**
10. O ____ é um país que tem fronteira com o Brasil
11. Um ____ é um bar pobre
14. ____ é um prefixo que significa **dez**
15. Muitas palavras portuguesas de origem árabe começam por ____
16. ____ é uma exclamação muito comum
17. A ____ de português não é muito difícil
18. Um grupo de pessoas (muitas vezes de criminosos) é um ____
20. ____ é o mesmo que **comete erros**
21. ____ é uma forma do verbo **ir**
23. O feminino de **Ele** é ____
24. ____ Paulo é a maior cidade brasileira
27. ____ é uma forma do verbo **apelar**
29. ____ é a primeira sílaba de **nipônico**
30. O avô de Gustavo é da ____

Verticais:

1. O ____ é a segunda letra do alfabeto
2. O ____ é mistura de branco com índio
3. ____ é um prefixo negativo
4. Uma ____ é um poema de tema elevado
5. Um ____ é um habitante do Rio Grande do Sul.
7. Scott quer ____ a várias cidades do Brasil
8. As iniciais do Instituto Brasil-Estados Unidos são ____
9. ____ é o mesmo que **lhe**
10. ____ quer dizer referente ao Polo Norte ou ao Polo Sul
12. O feminino de **tio** é ____
13. A ____ é o número 21 do jogo do bicho
14. A ____ é uma flor
16. As iniciais de **Anno Domini** são ____
19. Manila é ____ Filipinas
20. As quatro últimas letras de **Belém** são ____
22. As iniciais da Associação Portuguesa de Arqueólogos são ____
23. O ____ é a letra que está antes do **eme**
25. ____ é um nome de mulher
26. "____, Scott! Como vai?"
28. Em espanhol o artigo **o** é ____

EXERCÍCIOS SUPLEMENTARES

A. Look at the weather map and temperature chart and answer the following questions:

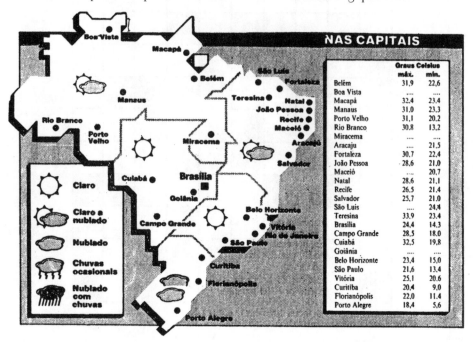

NAS CAPITAIS		
	Graus Celsius	
	máx.	**mín.**
Belém	31,9	22,6
Boa Vista	....	....
Macapá	32,4	23,4
Manaus	31,0	23,3
Porto Velho	31,1	20,2
Rio Branco	30,8	13,2
Miracema	....	....
Aracaju	....	21,5
Fortaleza	30,7	22,4
João Pessoa	28,6	21,0
Maceió	....	20,7
Natal	28,6	21,1
Recife	26,5	21,4
Salvador	25,7	21,0
São Luís	....	24,4
Teresina	33,9	23,4
Brasília	24,4	14,3
Campo Grande	28,5	18,0
Cuiabá	32,5	19,8
Goiânia	....	....
Belo Horizonte	23,4	15,0
São Paulo	21,6	13,4
Vitória	25,1	20,6
Curitiba	20,4	9,0
Florianópolis	22,0	11,4
Porto Alegre	18,4	5,6

1. Que tempo faz em São Paulo? _____

2. Chove no Rio de Janeiro? _____

3. Faz sol em Belo Horizonte? _____

4. Está muito nublado em Manaus? _____

5. Neva em Porto Velho? _____

6. Está nublado com chuvas em Brasília? _____

7. Faz muito frio em Recife? (26.5C = 80F) _____

8. Faz calor em Macapá? (32.4C = 90.5F) _____

9. Como está a temperatura em Salvador? _____

10. Neste dia qual é a cidade brasileira com mais frio? _____

Nome_____ Date_____ Aula_____

B. Check the most appropriate answer:

90 ANOS DE IMIGRAÇÃO JAPONESA

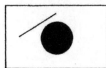

Sabemos melhor do que ninguém como este povo e seus descendentes estão em casa.

1. O primeiro quadro representa a bandeira a. brasileira, b. japonesa, c. coreana, d. portuguesa
2. A bandeira japonesa é a. azul e amarela, b. verde e azul, c. negra e amarela, d. branca e vermelha
3. O último quadro representa a bandeira a. italiana, b. austríaca, c. brasileira, d. francesa
4. A bandeira brasileira é a. verde e amarela, b. branca e azul, c. verde e vermelha, d. vermelha e negra
5. A progressão dos cinco quadros indica que a. os japoneses nunca se integraram no Brasil,
   b. muitos imigrantes voltaram ao Japão, c. os imigrantes japoneses não falam português
   d. os descendentes dos imigrantes japoneses são agora autenticamente brasileiros
6. A maior comunidade japonesa no Brasil reside a. em Porto Alegre, b. em São Paulo, c. no Rio de
   Janeiro, d. em Belo Horizonte

C. Look at these ads from São Paulo restaurants and answer the questions.

1. A churrascaria *São Paulo Pampa* é especializada em peixe
e mariscos?

_____

2. A *São Paulo Pampa* aceita cartões de crédito?

_____

3. Como é a carne que servem aqui?

_____

4. Esta churrascaria é perto de um supermercado? Qual?

_____

5. O que se bebe geralmente na Pie House?

_____

6. Que capacidade tem o maior copo de chopp que aqui se
serve?

_____

7. A *Pie House* também serve almoços?

_____

8. Qual é o endereço da *Pie House*?

_____

9. *Il Menestrello* se especializa em comida da Bahia?

_____

10. Este restaurante também tem bar?

_____

11. Você mesmo precisa estacionar seu carro quando vai neste
restaurante?

_____

12. Faz muito calor dentro de *Il Menestrello*?

_____

13. Em que Alameda é o *St. Paul*?

_____

A MELHOR CARNE

Aceitamos Diners, Credicard, Elo, Ourocard e Sollo

CHURRASCARIA
SÃO PAULO PAMPA

Marginal Tietê, junto ao Carrefour - Tels.: 292-5855 - 92-4900

CHOPPERIA
PIE HOUSE
• Copos de chope de 300 e
600 ml, 1, 1.5, 1.8 e
4 litros
• Porções, panquecas e pastéis.

American Bar e almoço executivo.
Av. Kennedy, 700 - Piso 3 - lojas. 44/45
Tel. 448-6501 - Golden Shopping - S.B.C.

IL MENESTRELLO
RESTAURANTE-BAR
Sob Nova Direção
• Cozinha Internacional • Massas Próprias
• Licores Importados c/ Cortesia
• Ar Condicionado • Manobrista
• Piano's Bar
Maitre: Vicente Simões
C/C: Todos.
Alameda Jauaperi, 1314 - São Paulo - SP
Fone: 531-3623

AL. LORENA, 1717 | TEL: 282-7697

BAR - DISCOTECA - RESTAURANTE

Festival de King Crab
no La Provence

São 4 opções em entradas,
pratos e sobremesas.
Até 08.02.91   LA PROVENCE
Preço fixo por pessoa: RESTAURANT
Cr$ 2.538,00
Inclui uma garrafa de vinho
branco nacional por casal   C.C. Dinners club
Reservas Tel. 284.3322   e Bradesco
Al.Campinas, 720 (Estacion. c/ manobrista)

5 anos de La Provence.

14. Também se pode dançar no *St. Paul*?

_____

15. Que número você pode marcar para fazer uma reserva no *St. Paul*?

_____

16. *La Provence* é um restaurante chinês?

_____

17. O caranguejo gigante é a especialidade da casa?

_____

18. O restaurante ainda tem preço fixo?

_____

19. O preço fixo inclui uma garrafa de vinho branco francês por pessoa?

_____

D. Answer the questions based on the notice to the right.

1. Todas as locadoras de vídeo de São Paulo
estão abertas dia e noite?

_____

2. Estas três locadoras fecham todos os dias às
nove da noite?

_____

3. As três locadoras servem um público que gosta
de se deitar cedo?

_____

4. Estas locadoras só oferecem fitas clássicas?

_____

5. Quantas fitas tem a Real Vídeo?

_____

6. Na Real Vídeo qual é o preço por dia de
uma fita?

_____

7. A Real Vídeo tem só uma loja ou várias?

_____

LOCADORAS DE VÍDEO

Poucas locadoras de vídeo se aventuram a trabalhar dia e noite. Mas há ao menos três pioneiras, atentas à clientela boêmia e insone, com algumas de suas lojas abertas. Em geral, têm os últimos lançamentos.

Real Vídeo — Com um acervo de 7000 fitas, a Real Vídeo tem 4 lojas que funcionam dia e noite. O preço de uma fita é de 7,50 reais por dia. Os endereços são: Av. Paes de Barros, 2959, Moóca, tel. 914-7121; Rua Barão de Tatuí, 317, Santa Cecília, tel. 67-1714; Rua Conselheiro Moreira de Barros, 207, Santana, tel. 950-5379; Rua Leopoldo Couto Magalhães Jr., 681, Itaim Bibi, tel. 820-8778.

Videobox — As locadoras Videobox funcionam junto aos supermercados Pão de Açúcar da Praça Panamericana e Joaquim Floriano. Têm um acervo de 3900 fitas. Praça Panamericana, 217, tel. 210-0591, Rua Joaquim Floriano, 24, tel. 829-0285.

Videotime — Rua Serra de Bragança, 382, Tatuapé, tel. 294-9892. Tem sempre os lançamentos dos últimos dois meses.

LIÇÃO 4—LABORATÓRIO
ASPECTOS DA SOCIEDADE BRASILEIRA

Exercício I. Pronúncia: O *l* brasileiro

An l that begins a word or between vowels is no problem. It is pronounced as in English. Here are some examples of initial l. Repeat them after the tape.

labor	legítimo	locomotiva
largo	léxico	lógico
larva	liberdade	lúgubre

Here are examples of l between vowels. Repeat them after the tape.

chocolate	eliminar	oliva
círculo	falar	qualidade

The final l of a word is easy to pronounce—it's like the English *oo*. Repeast these examples after the tape:

abril	combustível	legível
ágil	cruel	memorável
arsenal	dental	mundial
barril	dual	notável

If a **u** comes before the final l, they merge into a single **u**. There are very few examples of this. Repeat them after the tape:

azul	cônsul	sul

An l that comes before a consonant in the middle of a word is also pronounced this way. Repeat the examples after the tape:

albatroz	assaltar	humildade
álbum	Báltico	igualdade
alcoolismo	calculadora	impalpável
alfabeto	falta	nostalgia

Finally, when an **l** + **consonant** follows a **u** in the middle of a word, they merge to **u**. There are many examples of this. Repeat these examples after the tape.

cu**l**pa	indu**l**gente	tumu**l**to
cu**l**tura	insu**l**to	ú**l**timo
descu**l**pe	ocu**l**to	u**l**tra

Exercício II. Quatro verbos importantes: IR, VIR, FAZER, VER

Look at information below for cues that you need to answer the questions. In the first section, if the question asks **para onde?** answer with **para**; if it asks **onde** just answer with **a**.

> MODELO: (tape) Onde ela vai? Banca de jornais.
> (student) Vai à banca de jornais.
> (confirmation) Vai à banca de jornais.
> (repetition) Vai à banca de jornais.

Ir
1. O professor? O Rio.
2. Os estudantes? Santos.
3. Você? A capital.
4. Vocês? O cinema.
5. Eu? As aulas.

Fazer
1. Você? O dever de casa.
2. Ela? Um exercício.
3. Nós? Uma prova.
4. Vocês? Um jantar [*dinner*].
5. Eu? Este trabalho.

Vir
1. Joana? Porto Alegre.
2. Gilberto? Minas Gerais.
3. Você? A casa.
4. Vocês? O mercado.
5. Ele? A padaria.

Ver
1. Você? Filmes brasileiros.
2. Ela? Programas culturais.
3. Vocês? Os tigres.
4. Nós? Pinturas [*paintings*] famosas.
5. Eu? A cidade.

Written section:

1. _____

2. _____

3. _____

Vozes brasileiras—Culturas Estrangeiras no Brasil

You will hear the first **voz** from the lesson twice. Write the missing words.

Em São Paulo tem a maior _____ portuguesa. Tem muito italiano _____. _____ se encontram mais ao sul do Brasil, por exemplo, em Joinvile. Em São Paulo o _____ japonês se chama «_____». Encontra-se muito japonês. Eles _____ japonês entre eles mas falam _____ também.

III. O futuro com IR

Again, using cues from the manual, say what you and others are going to do. The questions will be in the present tense, but you'll answer with the "future with **ir**."

MODELO: (tape) Quando eles chegam? [amanhã]
               (student) Vão chegar amanhã.
               (confirmation) Vão chegar amanhã.
               (repetition) Vão chegar amanhã.

1. hoje
2. amanhã
3. cálculo
4. um cafezinho.
5. iogurte

6. uma grande festa
7. um filme novo
8. exercícios chatos
9. julho
10. O livro e um lápis.

Written section:

1. _____

2. _____

3. _____

Vozes brasileiras—A vida na cidade de São Paulo

The speaker will read this **voz** twice. Some words are wrong. Circle the wrong words.

A vida é muito fácil. Uma vida que ajuda muito a gente. É bom para quem é estudante. Eu gosto de São Paulo agora, porque posso ganhar dinheiro lá. São Paulo tem doze milhões de habitantes, é uma cidade bastante grande. Para trabalhar, São Paulo é ótimo. À noite é que é bom, à noite é engraçada. À noite, São Paulo é uma cidade interessante. Bancas de jornais muito modernas, comida excelente, restaurantes... São Paulo tem os melhores restaurantes do mundo para comer qualquer tipo de pizza.

IV. Os possessivos

In this exercise, you will hear a formula just like in the model on the next page, then you will transform it to make a phrase with a possessive. Always make the possessive agree with the subject of the verb **ter**:

MODELO: (tape) Tenho uma chave, então é…
(student) …minha chave
(confirmation) …minha chave
(repetition) …minha chave

Vozes brasileiras—Favelas

The speaker will read this **voz** twice. Some phrases are missing. Write in the missing phrases.

A gente das favelas trabalha _____ ou na indústria.

Normalmente _____. Mas ainda tem professores que

moram nas favelas. É tão alto _____ e o professor no

Brasil ganha mal, sabe? Para _____ fica difícil a vida,

sabe? E tem algumas favelas que_____ assim. O

_____ do Brasil é que os salários não são suficientes

para um bom nível de vida. _____ se encontram no

centro. Os favelados _____ de transporte se trabalham

numa casa de uma _____ .

V. O verbo ESTAR com as preposições
Questions will be asked about the drawings on the next page. Answer them using the prepositions you know.

MODELO: (tape) Onde está Fernando em relação a José?
(student) Está perto de José.
(confirmation) Está perto de José.
(repetition) Está perto de José.

1. No parque.

2. Na aula de português.

Exercício VI. Texto de compreensão:

Listen to the comprehension text and write answers to the questions asked.

1. _____

2. _____

3. _____

4. _____

Exercício VII. Ditado.
You will hear this dictation three times. The first time, just listen attentively. The second time, write what you hear during the pauses. The third time it will be read with no pauses so that you can verify your work.

LIÇÃO 5—CADERNO DE TRABALHO
A FAMÍLIA BRASILEIRA

1. Verbos do segundo e do terceiro grupos: -ER e -IR, pp. 97-99

1a. Answer the following questions:

1. Você come muita fruta?

_____

2. Seus irmãos comem muita salada?

_____

3. Vocês comem muita pizza?

_____

4. Seu pai come muita carne?

_____

5. Os alunos escrevem muitos exercícios?

_____

6. Vocês escrevem bem em português?

_____

7. Sua mãe escreve muitas cartas?

_____

8. Você escreve no seu diário?

_____

9. Vocês aprendem a gramática portuguesa?

_____

10. Os seus amigos aprendem chinês?

_____

11. Seu namorado (sua namorada) aprende a tocar violino?

_____

12. Você aprende cálculo?

_____

13. Seu pai bebe cachaça?

_____

14. Os bebês bebem muito leite?

_____

15. Você bebe caipirinhas todos os dias?

_____

16. Seus amigos bebem cerveja nos fins-de-semana?

_____

17. Você entende bem as explicacões do professor?

_____

18. Sua mãe entende russo?

_____

19. Os brasileiros entendem os argentinos?

_____

20. Vocês entendem o sistema do jogo do bicho?

_____

1b. Make simple sentences with the verbs in parentheses.

1. Meus amigos (**beber**) _____

2. Minha mãe (**escrever**) _____

3. Os supermercados (**vender**) _____

4. Você (**entender**) _____

5. A gente (**comer**) _____

6. Nós (**aprender**) _____

7. A secretária (**atender**) _____

8. Os jogadores de futebol (**correr**) _____

9. Eu (**viver**) _____

10. Os alunos (**responder**) _____

11. Vocês não (**compreender**) _____

12. Minha amiga (**escolher**) _____

13. A professora sempre (**esquecer**) _____

14. Minha família (**receber**) _____

15. Essas coisas (**acontecer**) _____

1c. Answer the following questions:

1. Você lê muitos romances?

_____

2. Seu pai lê o jornal todos os dias?

_____

3. Vocês lêem revistas brasileiras?

_____

4. Nós lemos bem português?

_____

5. Sua mãe lê as suas cartas?

_____

6. Os meninos lêem histórias de quadrinhos?

_____

2. Verbos especiais da conjugação -IR, pp. 100-02

2a. Answer these questions with **servir**:

1. Você serve café quando seus amigos vão a sua casa?

_____

2. Seus amigos servem café quando você vai a casa deles?

_____

3. Eu sirvo café quando você vem a minha casa?

_____

4. Vocês servem café quando seus amigos vão a sua casa?

_____

2b. Answer these questions with **dormir**:

1. Quantas horas por noite você dorme?

_____

2. Vocês dormem na aula de português?

_____

3. Seu pai dorme quando olha televisão?

_____

4. Você dorme freqüentemente num hotel?

_____

2c. Answer these questions with **preferir** (which works like **servir**):

1. Você prefere carne ou peixe?

_____

2. Vocês preferem os domingos ou as segundas-feiras?

_____

3. Seus pais preferem viver numa casa ou num apartamento?

_____

4. Seu namorado (sua namorada) prefere estudar ou ir ao cinema?

_____

2d. Answer the folowing questions using the verb in parentheses, if there is one, or the verb of the sentence if there is none suggested:

1. Você sente frio neste momento?

_____

2. Por que você tem um ar [*you look*] tão cansado? (DORMIR)

_____

3. Você serve café a seus amigos em sua casa?

_____

4. Você mente muito?

_____

5. Você prefere estudar estatística ou ir a uma festa?

_____

6. Você repete o que o professor diz em português?

_____

7. Você segue com atenção as explicacões da professora?

_____

8. Você sempre utiliza o elevador para ir para o seu apartamento? (SUBIR)

_____

Notas Culturais, pp. 102-05
a. Answer these questions on kinship:

1. Carlos Alberto Kimura casa com Carmen Santos Dutra. Como passa a ser o nome dela?

_____

2. Carlos Alberto e Carmen têm dois filhos, Jair e Sofia. Como são os nomes completos deles?

_____

3. Mais tarde Jair casa com Anabela de Sousa Schwarz. Como passa a ser o nome de Anabela?

_____

4. Jair e Anabela têm dois filhos, Gustavo e Lúcia. Como são os nomes completos dos filhos?

_____

5. Sofia casa com Francisco Costa Wang. Como é agora o nome dela?

_____

6. Sofia e Francisco têm dois filhos, Almir e Sílvia. Como são os nomes completos deles?

_____

b. Answer these questions about your family:

1. Como seu pai se chama?

_____

2. Como sua mãe se chama ?

_____

3. Seu pai tem irmãos? Como eles se chamam?

_____

4. Sua mãe tem irmãs? Como elas se chamam?

_____

5. Seus tios e tias são casados? Têm filhos?

_____

6. Quantos primos você tem?

_____

7. Você tem uma irmã casada? Como seu cunhado se chama?

_____

8. Ela tem filhos? Como seus sobrinhos se chamam?

_____

9. Onde seus avós maternos vivem?

_____

10. Onde seus avós paternos vivem?

_____

11. Você tem bisavó?

_____

12. Você é casado,-a? Como sua sogra se chama?

_____

c. Fill in the blanks.

1. O Sr. Antunes não quer esposa. Ele é _____

2. O marido de Dona Rosalina sofreu uma acidente fatal. Agora ela é _____

3. O tribunal dissolveu o casamento de André e Fernanda. Agora eles são _____

4. Dona Isolda é madrinha de Pedrinho. Ele é seu _____

5. Os pais de Isabelinha não vivem mais. Ela é _____

6. Érico é o marido de minha filha. Ele é meu _____

7. O Dr. Andrade é o pai de minha senhora. Ele é meu _____

8. Rosendo é o segundo marido de Carlota. Ela tem uma filha, Violeta, do primeiro matrimônio. Violeta é _____ de Rosendo.

9. Rosendo é _____ de Violeta.

10. Doralice é filha de meu tio Joaquim. Ela é minha _____

3. SABER e CONHCER, pp. 106-07

3a. Fill in the blanks with a form of **saber** or **conhecer**.

1. Quem é aquela garota de blusa vermelha? Eu não _____ ela.

2. Você _____ os pais de seu namorado?

3. A capital da Indonésia? Não _____ mesmo!

4. Vocês _____ muita gente em Brasília?

5. Nós não _____ onde é o consulado americano.

6. O quê? Ela não _____ quem é a Madre Teresa?

7. Vocês não _____ onde estão as chaves?

8. Não _____ nenhum hotel bom nesta área.

9. O senhor _____ a data exata da independência do Brasil?

10. Quem _____ o número de telefone do banco?

11. Eles não _____ falar espanhol.

12. Ela _____ um fantástico restaurante italiano em Copacabana.

13. Professor, o senhor _____ meu irmão?

14. Que desastre! Esse tenor não _____ cantar!

15. Não se preocupe, nós _____ bem o Rio.

16. Burkina Faso? Não _____ esse país!

3b. Check the sentences in which **saber** and **conhecer** are both possible, depending on meaning. In the other cases circle the correct form.

1. Eu SEI/CONHEÇO o hino nacional português.

2. Nós SABEMOS/CONHECEMOS o apartamento deles.

3. O médico não SABE/CONHECE todos os seus pacientes.

4. Os alunos não SABEM/CONHECEM muito de geografia.

5. Marta não SABE/CONHECE tocar piano.

6. A professora não SABE/CONHECE esse poema.

7. Vocês SABEM/CONHECEM o museu de história natural?

8. Este ano quero SABER/CONHECER Paris.

9. Mário não SABE/CONHECE como se diz "obrigado" em francês.

10. O dia de aniversário de meus tios? Não SEI/CONHEÇO.

11. Nós SABEMOS/CONHECEMOS bem O *Barbeiro de Sevilha*.

12. Queremos SABER/CONHECER seus amigos.

13. Meu irmão caçula não SABE/CONHECE ainda falar.

14. A senhora SABE/CONHECE o governador do Rio Grande do Sul?

15. Você SABE/CONHECE algum supermercado perto daqui?

4. Números e quantidades, pp. 109-12

4a. Write in full:

1. 8 + 5 = 13 _____

2. 7 + 8 = 15 _____

3. 18 4 = 14 _____

4. 4 × 4 = 16 _____

5. 10 + 3 = 13 _____

6. 20 ÷ 4 = 5 _____

7. 9 + 9 = 18 _____

8. 5 × 3 = 15 _____

9. 6 + 5 = 11 _____

10. 15 ÷ 3 = 5 _____

11. 3 × 4 = 12 _____

12. 9 + 7 = 16 _____

13. 20 1 = 19 _____

14. 17 7 = 10 _____

15. 4 × 5 = 20 _____

4b. Write in full:

1. O seu número de seguro social

_____

2. O número da sua carteira de motorista

_____

3. O número da sua conta de banco

_____

4. O seu número de telefone

_____

5. O código postal da sua área

_____

6. O número da sua casa

_____

LIÇÃO 5

7. O seu número de matrícula na universidade

_____

8. Os primeiros quatro números do seu cartão de crédito

_____

9. O número do seu seguro médico

_____

10. O número da chapa do seu carro ou da sua motocicleta

_____

4c. Write out the numbers in full:

Nossa, que problema! Tenho 957

_____ dólares no banco. Vou pagar

450 _____ dólares pelo meu apartamento. Para comida

necessito gastar cerca de 300 _____ . O meu livro de francês custa 37

_____ dólares e o de história custa

45_____. A dívida do meu cartão de crédito são 284

_____ dólares. Quero comprar aquele suéter azul de 75

_____ dólares. Devo 135

_____ para o Nelson. E a gasolina? Pelo menos 40

_____ dólares! A matrícula na universidade são 787

_____ . Quero dar um presente a Sônia

pelo seu aniversário—uns 25 _____ ou 30

_____ dólares. E os 458 _____ do

carro? E os 354 _____ do seguro contra

acidentes? Vou pedir 500 _____ ou 600

_____ ao meu pai. Mas o resto, onde vou arranjar?

INSTANTÂNEOS BRASILEIROS—
NO HOSPITAL DE DOIDOS

Dona Leocádia visita um hospital de loucos [=**doidos** *crazy people*] onde encontra um paciente, Rodrigo, com quem fala: "Então, por que você está aqui neste hospital?"

"Olhe, dona, minha mulher é uma viúva que tem uma filha já grande. Meu pai casou com minha enteada e isso significa que minha mulher é a sogra do seu sogro e meu pai é o meu enteado. Depois, minha madrasta (e filha de minha mulher) tem um filho e ele é meu irmão, porque é filho do meu pai mas também é filho da filha de minha mulher, e portanto a minha madrasta é irmã do meu filho e também sua avó, porque ele é filho do seu enteado e meu pai é cunhado do meu filho, porque a irmã dele é minha mulher e eu sou irmão do meu próprio filho que também é filho da minha avó. E eu sou cunhado da minha madrasta e minha mulher é tia do seu e meu próprio filho. Meu filho é sobrinho do meu pai e eu sou avô de mim mesmo. Aqui tem a razão por que eu estou aqui."

1. Onde Dona Leocádia vai? _____

2. Quem encontra no hospital de loucos? _____

3. Rodrigo casou com uma viúva? _____

4. A viúva tem uma filha? _____

5. Com quem o pai de Rodrigo casou? _____

6. O pai de Rodrigo e a filha da viúva têm um filho? _____

7. A situação familiar de Rodrigo é fácil de entender? _____

8. Se justifica que Rodrigo está num hospital de loucos? _____

Um problema de palavras cruzadas

1	2	3		4		5	6		7
8			9			10			
	11								
12					13	14		15	
16		17							
				18					19
	20	21				22			
23	24				25				
	26								
	27					28			

Horizontais:

1. O pai de meu pai é meu ____
4. Faz muito frio no ____ Norte
8. Scott gosta de ____ na lanchonete da USP
10. Marina gosta de pintura e faz um curso de história da ____
11. Cinco menos cinco é ____
13. Quando o cantor terminou o seu número o público gritou: "____!"
16. O masculino de **irmã** é ____
18. Scott estuda ____ USP
20. O apartamento de Scott não é velho, é ____
22. O oposto de **sim** é ____
23. O feminino de **eles** é ____
25. ____ é um sufixo comum em nomes de doenças
26. A abreviatura de **Estados Unidos** é ____
27. O pianista tocou um ____
28. ____ Bovary é a protagonista de um famoso romance francês

Verticais:

1. As iniciais de **antes de Cristo** são ____
2. A ____ **da América** é um programa de rádio transmitido para outros países
3. As duas primeiras sílabas de **ómega** são ____
4. ____ quer dizer **a favor de**
5. ____ é o mesmo que **ali**
6. Uma menina que não tem pais é ____
7. O filho do meu filho é o meu ____
9. ____ é uma forma do presente do verbo **errar**
12. Quinze e cinco são ____
14. Scott mora na ____ Tiradentes, 132, apto 301
15. ____ é uma forma do presente do verbo **ver**
17. ____ é uma cidade do Norte do Brasil
18. Gustavo vai casar com Olga, é o ____ dela
19. A mãe de minha senhora é minha ____
21. O plural de **o** é ____
22. Um menino de três meses é um ____
24. ____ é uma forma do presente do verbo **ler**

EXERCÍCIOS SUPLEMENTARES

A. Check the sentences that seem implausible or incorrect to you. Explain why.

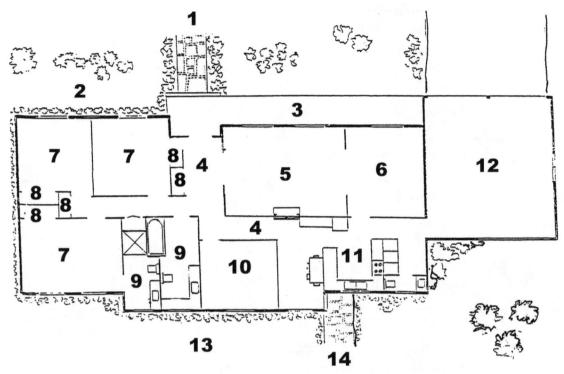

1. entrada social	6. sala de jantar	10. estúdio
2. jardim	7. quartos	11. cozinha
3. varanda coberta	8. guaarda-roupas	12. garagem
4. corredor	9. banheiros	13. quintal
5. sala de estar		14. entrada de serviço

1. Esta é a planta da casa da família Meneses, numa favela do Rio de Janeiro.

_____

2. A casa tem um jardim em frente, com árvores e flores.

_____

3. A empregada sempre utiliza a entrada social.

_____

4. O Sr. Meneses é contador [*accountant*] e sempre faz o seu trabalho na cozinha.

_____

5. O quarto do Sr. Meneses e de sua esposa tem o seu próprio banheiro.

_____

6. A casa tem outro banheiro, entre a sala de jantar e a sala de estar.

_____

7. O Sr. Meneses tem um filho e uma filha e cada um tem seu próprio quarto.

_____

8. A empregada não dorme na casa dos Meneses.

_____

9. A empregada prepara a comida na garagem.

_____

10. A família come todos os dias na varanda.

_____

11. O Sr. Meneses guarda o seu carro na sala de estar.

_____

12. Também tem um quintal atrás da casa.

_____

13. À noite a família assiste televisão no banheiro.

_____

14. Quando Tia Berta vem de visita, ela e os Meneses conversam no corredor.

_____

15. Dona Cecília Meneses guarda toda sua roupa na garagem.

_____

16. A geladeira, o forno e o liquidificador estão no estúdio.

_____

B. Check the correct answer:

Aqui temos parte da família mais antiga da terra.

1. Os dois esposos se chamam
    a. Sansão e Dalila
    b. Adão e Eva
    c. Romeu e Julieta

2. Adão foi feito
    a. de barro
    b. de porcelana
    c. de madeira

3. Eva foi feita
    a. do coração de Adão
    b. de uma costela de Adão
    c. de um braço de Adão

4. Agora eles vivem
    a. no Paraíso
    b. no Purgatório
    c. no Inferno

5. Eva segura na mão
    a. uma maçã
    b. um abacate
    c. um melão

6. Eva vai
    a. dar a maçã à serpente
    b. dar a maçã a Adão
    c. jogar fora a maçã

7. Eles têm dois filhos que se chamam
    a. Pedro e Paulo
    b. Rómulo e Remo
    c. Abel e Caim

8. Depois da expulsão do Paraíso
    a. Abel matou Caim
    b. Caim matou Abel
    c. Adão matou Abel e Caim

LIÇÃO 5—LABORATÓRIO
A FAMÍLIA BRASILEIRA

Exercício I. Pronúncia: Vogais nasais

An oral vowel is one that is produced through your open mouth. An nasal vowel is produced through both your mouth and your nose. Listen to the difference between oral and nasal vowels:

Oral	*Nasal*
lá	lã
vi	vim
só	som
nu	num

A vowel is nasalized whenever an **m** or an **n** plus another consonant follow it:

aberrante	mente	extinto	bondade	abundante
antipático	depende	labirinto	conta	fecunda
antes	horrenda	seguinte	fonte	mundo
bastante	sempre	lindo	bombeiro	junto
brilhante	tempo	limpa	interrompe	pergunta

Exercício II: Verbos do segundo e terceiro grupos

An infinitive will be given, followed by a subject. Repeat the subject and put the verb in the corresponding form:

MODELO: (tape) Aprender — eu
(student) Eu aprendo
(confirmation) Eu aprendo
(repetition) Eu aprendo

Vozes brasileiras — Gilberto fala da família

This **voz** will be repeated twice. Fill in the missing words.

Normalmente os _____ moram com a família, geralmente _____ com as filhas. Meu pai diz que «quem não tem _____ morre no asilo», porque normalmente é a mulher que _____ dos pais. Mas o brasileiro é muito ligado à família. É muito preocupado com a família, é muito _____. Em geral, a família tem três filhos, mas _____ da região—no _____ tem de dez a _____ filhos, mas está diminuindo.

Exercício III: Verbos especiais do terceiro grupo.
Answer the questions you will hear in the affirmative. You are not to be held responsible if many of
your answers are untrue.

> MODELO: (tape) Você mente freqüentemente?
> (student) Sim, minto freqüentemente.
> (confirmation) Sim, minto freqüentemente.
> (repetition) Sim, minto freqüentemente.

Written section:

1. _____

2. _____

3. _____

Exercício IV: Parentesco
In this exercise, you will have to look at the drawing on the next page to answer the questions about
the names of various relatives. What is the name of So-and-So's aunt? A few extra seconds will be given
for every answer so you can look for relationships and names.

> MODELO: (tape) Qual é o nome do pai de Miguel?
> (student) O seu nome é Jorge.
> (confirmation) O seu nome é Jorge.
> (repetition) O seu nome é Jorge.

Written section:

1. _____

2. _____

3. _____

Exercício V: Saber e conhecer

Answer the questions according to the drawing.

MODELO: (tape) Gustavo conhece Anita?
(student) Sim, conhece Anita.
(confirmation) Sim, conhece Anita.
(repetition) Sim, conhece Anita.

Vozes brasileiras — Tratamento na família

The **voz** will be repeated twice. Write in the missing phrases.

O tratamento entre filhos e pais, varia, depende _____. Tenho muitos amigos que

sempre _____ por «tu». E _____ que sempre

chamam os pais por «o senhor, a senhora.» _____, eu sempre chamei

_____ por «o senhor» e «a senhora.» _____

_____ sempre chamou o meu pai e a minha mãe por «tu». _____

_____ depende da… não sei de que depende. Acho que _____

_____

Exercício VI: Quantos anos tem?

Tell the ages of the persons shown below.

> MODELO: (tape) Quantos anos tem Patrícia?
> (student) Tem quarenta e quatro anos.
> (confirmation) Tem quarenta e quatro anos.
> (repetition) Tem quarenta e quatro anos.

94 Cláudio

1 Gabriela

18 Fábio

10 Lucinha

27 a professora

65 Luiz

44 Patrícia

16 José

Exercício VII. Números e quantidades

Look at the problems below. Give the problems and answers in the order asked for by the tape.

MODELO: (tape) Número seis
(student) Trinta mais quarenta são setenta.
(confirmation) Trinta mais quarenta são setenta.
(repetition) Trinta mais quarenta são setenta.

1. 249 + 251 =
2. 500 000 + 500,000 =
3. 650 + 250 =

4. 70 + 31 =
5. 100 + 110 =
6. 30 + 40 =
7. 700 + 300 =

8. 50 + 25 =
9. 500 + 200 =
10. 53 + 44 =

Written section:

1. _____

2. _____

Exercício VIII. Texto de compreensão: A Família Brasileira

Listen to the comprehension text and write answers to the questions asked.

1. _____

2. _____

3. _____

4. _____

Exercício IX. Ditado.

You will hear this dictation three times. The first time, just listen attentively. The second time, write what you hear during the pauses. The third time it will be read with no pauses so that you can verify your work.

_____

_____

_____

_____

_____

LIÇÃO 6—CADERNO DE TRABALHO
PAQUERANDO

1. Dois verbos juntos, pp. 119-20

1a. Create sentences using a form of **querer** and the following elements

1. alunos — férias

_____

2. bebê — leite

_____

3. eu — pão com manteiga

_____

4. vocês — carro novo

_____

5. namorada — presente

_____

6. nós — espaguete

_____

8. Sr. Lima — cafezinho

_____

9. você — caipirinha

_____

10. Ana Maria — aspirina

_____

1b. Make up questions for the following answers:

1. _____?
Ricardo quer ir ao cinema.

2. _____?
Queremos uma pizza com anchovas.

3. _____?
Quer beber uma cerveja.

4. _____?
Quero comprar um jeans.

5. _____?
Querem comer na lanchonete.

6. _____?
Júlia quer estudar na biblioteca.

7. _____?
Queremos ir no *shopping*.

8. _____?
Marília quer um iogurte.

9. _____?
Quero cinco reais.

10. _____?
Paulo quer um sanduíche de queijo.

1c. Answer these questions.

1. Você pode vir comigo ao museu?

_____

2. Vocês podem comprar esse livro para mim?

_____

3. Os alunos podem usar o dicionário na prova?

_____

4. João Carlos pode ir hoje ao supermercado?

_____

5. Vocês podem fazer isso na sexta-feira?

_____

6. O senhor pode explicar tudo para nós?

_____

7. Bárbara e Francisco podem ir à festa no domingo?

_____

8. Dona Rosa, a senhora pode ligar outra vez na segunda?

_____

9. Professor, o senhor me pode fazer um favor?

_____

10. Me pode trazer uma Coca-Cola?

_____

1d. Using a form of **poder** and the following elements, state ten things that people CANNOT do.

1. fumar na aula de português

_____

2. ir à danceteria no sábado

_____

3. colar [*cheat*] na prova

_____

4. pagar o aluguel [*rent*] do apartamento

_____

5. entender a professora

_____

6. estudar hoje à noite

_____

7. apostar no jogo do bicho

_____

8. visitar a família no fim-de-semana

_____

9. comer toda a carne

_____

10. vir hoje à universidade

_____

1e. Complete the following sentences using the verbs in parentheses. Use a preposition when necessary.

1. Carlos Manuel (GOSTAR) _____

2. Nós (COMEÇAR) _____

3. Os brasileiros (GOSTAR) _____

4. Meu namorado (Minha namorada) (APRENDER) _____

5. Eu (PRECISAR) _____

6. O professor (DEVER) _____

7. Elas (COMEÇAR) _____

8. Vocês (PRECISAR) _____

9. Minha família (GOSTAR) _____

10. Os alunos (APRENDER) _____

1f. Fill in the blanks with a form of **querer** and an appropriate infinitive:

1. Vocês _____ tênis?

2. Os meninos não _____ a sopa.

3. Eu não _____ ao cinema esta noite.

4. Nós _____ um carro novo.

5. Ela não _____ o samba.

6. Você _____ um cafezinho?

1g. Answer the following questions:

1. Quando devemos entregar o dever de casa?

_____

2. O que ele deve dizer aos pais?

_____

3. O que devo comprar para a festa?

_____

4. Você acha que devemos pedir desculpa a ela?

_____

5. Ela deve estudar a lição para amanhã?

_____

6. Quando devemos usar "o senhor" ou "a senhora"?

_____

1h. Complete with an original phrase following to the model:

MODELO: No sábado eu gosto de ir ao cinema.

1. Aos domingos _____

2. No verão _____

3. Na aula de português _____

4. Quando vou à praia _____

5. À noite _____

6. Quando estou em casa _____

1i. Form affirmative or negative sentences using **gostar de** and the following elements

1. Meu irmão/bróculos [*broccoli*]

_____

2. Nós/ir à ópera

_____

3. O professor/dar provas difíceis

_____

4. Eu/caipirinha

_____

5. Você/Nelly

_____

6. Eles/estudar

_____

7. Vocês/andar de bicicleta

_____

8. Meu pai/ler o *Jornal de São Paulo*

_____

9. Clara/ir à boate

_____

10. Eles/viver na favela

_____

2. Advérbios úteis, pp. 121-23

2. Complete with a suitable adverb:

1. Não, ele não trabalha de tarde. Trabalha _____
2. Laura é _____ gorda.
3. Não é tarde para ir à boate, ainda é muito _____
4. Joãozinho, o dever de casa não é para fazer mais tarde, é para fazer _____
5. Não vou ao banco hoje. Vou _____
6. Não vou estudar amanhã, vou estudar _____
7. Ela é chilena mas fala português muito _____
8. Não, sopa e carne, não. Não quero comer _____
9. De manhã não vou à universidade. Só vou _____
10. Que horror! Vou muito _____ no curso de estatística.
11. Vamos _____. Só temos cinco minutos para chegar.
12. O hospital não é aqui, é _____
13. O meu carro é muito velho. Anda muito _____
14. Não vou comprar esses sapatos. Tenho _____ dinheiro.

3. Mais verbos irregulares, pp. 124-28

3a. Complete with a form of **sair**, **dar**, **trazer** or **pôr**.

1. Você _____ muito açúcar no seu café?

2. Vocês _____ todos os sábados à noite?

3. Carlos sempre _____ seu livro de português na aula?

4. Nós _____ uma festa na próxima semana.

5. Meu pai _____ de casa muito cedo.

6. Este professor _____ muito trabalho para nós!

7. Eu sempre _____ meu dever de casa.

8. Eu _____ pouco sal na comida.

9. Elas _____ à noite com seus namorados.

10. Não podemos comprar um hambúrguer. Não _____ dinheiro.

11. Eu _____ minha roupa para minha irmã.

12. Nos não _____ maionese nos sanduíches.

3b. Answer these questions.

1. Você ouve bem?

_____

2. Você perde a cabeça facilmente?

_____

3. Quanto dinheiro você traz hoje?

_____

4. No barzinho o que você pede quando tem sede?

_____

5. Você traz o seu livro de português todos os dias?

_____

6. Os jornais americanos trazem muitas notícias do Brasil?

_____

7. Você pede dinheiro aos seus pais todos os meses?

_____

8. Seu pai traz flores para sua mãe?

_____

9. O que vocês pedem no restaurante italiano?

_____

10. Vocês saem todos os sábados à noite?

_____

11. Este professor dá muito trabalho hoje?

_____

4. Expressões com TER e ESTAR COM, pp. 130-33

4a. Complete with a TER or ESTAR COM expression:

1. Temos uma prova superdifícil amanhã. _____

2. Meu Deus, já são duas horas da manhã! _____

3. Que ótimo! Ganhei a loteria. _____

4. Não vamos ao Brasil desde 1980. _____

5. Há alguma coisa para comer na geladeira? _____

6. Sim, Tirana é a capital da Albânia. Você _____

7. Esse termostato está muito baixo. _____

8. Você me dá uma Coca-Cola? _____

9. O ar condicionado não funciona. _____

10. Não posso atender agora o telefone. _____

4b. Make up questions for the following answers:

1. _____?
Não, agora mesmo não podemos. Estamos com muita pressa.

2. _____?
Sim, por favor. Estou com uma sede horrível.

3. _____?
Claro que sim. Você tem absoluta razão.

4. _____?
Não, com um sanduíche está bem. Não tenho muita fome.

5. _____?
Não, pode ser amanhã. Vocês já estão com muito sono.

6. _____?

Sim, pode abrir. Estou com muito calor.

7. _____?

Não, não quero ir a Las Vegas. Nunca tenho sorte ao jogo.

8. _____?

Vamos! Já estou com saudades de ver Marília.

9. _____?

Sim, esse suéter amarelo. Estou com muito frio.

10. _____?

Na sua motocicleta? Não, obrigado, tenho medo.

4c. Fill in the blanks with a **estar com** or **ter** plus noun expression.

1. Tem alguma coisa que comer? _____

2. _____ Vou-me deitar [*lie down*].

3. _____ na aula de filosofia.

4. Você _____ ! Não devemos dizer isso a ele.

5. A senhora _____ ? Quer um suéter?

6. Você _____ de viajar de avião?

7. Não _____ para ler esse livro agora.

8. _____ ! Tem guaraná na geladeira?

9. _____ Faço isso amanhã.

10. _____ Estamos no Rio no verão.

6. O infinito pessoal, pp. 134-36

6a. Complete with a suitable personal infinitive:

1. É essencial vocês _____ sempre a verdade.

2. É preciso nós _____ hoje ao supermercado. Já não temos arroz.

3. É impossível eles _____ tantas horas!

4. É importante você _____ respostas precisas a todas as perguntas.

5. Não é necessário eu _____ lá às onze em ponto.

6. É incrível eles _____ isso!

7. É possível vocês _____ o trabalho para as cinco da tarde?

8. Não é conveniente você _____ aqui a minha casa hoje.

9. É incrível ela _____ todas essas coisas!

10. É melhor nós _____ o jornal.

11. É difícil eles _____ um bom restaurante brasileiro nesta cidade.

12. É preferível eu _____ com eles hoje.

13. É bom nós não _____ tanto.

14. É provável vocês _____ tudo isso?

15. Não é fácil ela _____ um carro novo por esse preço.

6b. Fill in the blanks using a personal infinitive.

1. Ao _____ da aula encontramos Osvaldo.

2. Depois de _____ o peixe, Raul e Sônia se sentiram mal.

3. Antes de _____ para o aeroporto vocês me dão uma ligadinha?

4. A fim de _____ a tempo temos que sair daqui às oito horas.

5. Os senhores não devem decidir nada sem _____ um advogado primeiro.

6. Eles têm que estudar muito para _____ uma boa nota na prova de álgebra.

6c. Change the sentence according to the model.

> MODELO: Esta carta é para mandar hoje. Nós
> *Esta carta é para nós **mandarmos** hoje.*

1. É preciso remodelar o apartamento. Elas.

_____

2. Este sorvete é para comer ao almoço. Os meninos.

_____

3. É essencial usar o dicionário. Vocês.

_____

4. A tradução é para fazer hoje. Carlos.

_____

5. Mande comprar pão. A empregada.

_____

6. É bom estudar a lição hoje. Nós.

_____

7. Os ovos são para fritar agora. Carla e Irene.

_____

8. O professor diz para apagar o quadro negro. Os alunos.

_____

9. É necessário comer muita fruta e verduras. As crianças.

_____

10. Não se permite jogar futebol na praia. Nós.

_____

INSTANTÂNEOS BRASILEIROS—
UMA HISTÓRIA DE AMOR?

O poeta Tomás Antônio Gonzaga nasceu [*was born*] em mil setecentos e quarenta e quatro. Formado em Direito pela Universidade de Coimbra, foi magistrado em Vila Rica, hoje Ouro Preto, e envolveu-se na [*became involved with*] chamada Inconfidência Mineira, um movimento autonomista que apareceu [*appeared*] em Minas Gerais. Já com mais de quarenta anos apaixonou-se por uma menina de dezessete. Apesar da oposição da família dela, Gonzaga conseguiu da menina a promessa de casar com ele. Para ela escreveu um livro de versos, conhecido como MARÍLIA DE DIRCEU. Marília era [*was*] o nome poético dela e Dirceu o nome dele. Começaram entretanto as perseguições aos inconfidentes e Gonzaga foi preso [*arrested*] e exilado para Moçambique. Nunca mais [*never again*] viu Marília.

Morreu o poeta pensando na sua amada? Talvez não. Em Moçambique conheceu uma mulher rica, com quem casou.

1. Em que ano Tomás Antônio Gonzaga nasceu?

_____

2. Onde ele estudou Direito?

_____

3. Que ocupação ele teve no Brasil?

_____

4. Qual é o nome atual de Vila Rica?

_____

5. Quantos anos Gonzaga tinha quando se apaixonou por Marília?

_____

6. Marília tinha a mesma idade que ele?

_____

7. A família dela aprovava o casamento dos dois?

_____

8. Como se chama o livro que Gonzaga escreveu para a sua amada?

_____

9. O que foi a Inconfidência Mineira?

_____

10. O que aconteceu então ao poeta?

_____

11. Gonzaga continuou fiel a Marília pelo resto da sua vida?

_____

12. O que você pensa desta história de amor?

_____

Um problema de palavras cruzadas

	1	2	3	4	5	6				
7									8	
9				10				11		
		12	13					14		
15		16				17		18		
19	20		21			22	23			
24				25						
26			27		28					
29		30								
31			32					33		

Horizontais:

1. Scott vai _____ uma colega para jantar com ele
7. _____ é o mesmo que **esposa**
9. _____ são as iniciais inglesas de **tempo médio de Greenwich**
10. _____ é o mesmo que **menina**
12. O grupo _____ encontra-se na palavra **paquerar**
14. Nove menos oito é _____
16. O oposto de **pouco** é _____
18. O _____ é um rio italiano
19. O número antes de dois é _____
21. A primeira e a última letras de **meninas** são _____
22. Scott vai _____ amanhã com uma colega da USP
24. _____ é um nome de mulher
26. A primeira sílaba de **onde** é _____
27. _____ é a capital do Peru
29. Os jovens vão ao bar para dançar e _____
31. A primeira sílaba de **asma** é _____
32. _____ são períodos da história
33. A abreviatura de **post scriptum** é _____

Verticais:

1. Oitenta e vinte são _____
2. Hoje é o dia 10 de março, _____ foi o dia 9
3. As iniciais do estado de New Hampshire são _____
4. **A, e, i. o e u** são as cinco _____ em português
5. _____ é o mesmo que **fúria**
6. Scott vai _____ uma festa no seu apartamento
7. As duas consoantes da palavra **saga** são _____
8. Que horror! Pedro tem três _____ ao mesmo tempo!
11. O _____ é uma língua falada por índios brasileiros
13. _____ é uma forma do presente do verbo **rumar**
15. A _____ é um dos cinco continentes
17. O masculino de **as** é _____
20. Belo Horizonte é no estado de _____ Gerais
23. _____ é gostar muito
25. A _____ é um antigo instrumento musical
27. Scott gosta de _____ o **Jornal do Brasil**
28. Marina é brasileira _____ fala bem inglês
30. "_____!" é uma exclamação brasileira

LIÇÃO 6 107

EXERCÍCIOS SUPLEMENTARES

A. Answer these questions:

1. Como você acha que estes noivos se chamam?

_____

2. Por que você pensa que ela vai casar com ele?

_____

3. Por que você pensa que ele vai casar com ela?

_____

4. Onde você acha que eles se conheceram?

_____

5. Por quanto tempo você pensa que eles se namoraram?

_____

6. Onde você acha que eles vão viver?

_____

7. Onde você acha que ele trabalha?

_____

8. Onde você acha que ela trabalha?

_____

9. Onde você acha que eles vão passar a lua-de-mel?

_____

10. Você acha que eles vão ter muitos filhos? Quantos?

_____

B. Carlos invited Maria Helena to a dance at the Faculdade de Economia. Imagine their conversation on the way to the dance.

CARLOS: _____

MARIA HELENA: _____

CARLOS: _____

MARIA HELENA: _____

CARLOS: _____

MARIA HELENA: _____

CARLOS: _____

MARIA HELENA: _____

CARLOS: _____

MARIA HELENA: _____

CARLOS: _____

C. Jorge met Wanda at a **barzinho** and the next day called to try to get a date with her. How do you think the conversation went? (Of course he wants to make a good impression on her.)

JORGE: a. É a senhorita Wanda Meyer? Aqui é o Senhor Jorge Campos.
      b. Oi, Wanda! Aqui é o Jorge.
      c. Boa tarde. Jorge Campos deseja falar com Wanda Meyer.

WANDA: a. Boa tarde, senhor Campos. É um prazer ouvir a sua voz.
      b. Sim, aqui fala a senhorita Wanda Meyer.
      c. Que é que, Jorge? Tudo legal?

JORGE: a. Você não teve [had] aula hoje?
      b. Você está em casa discutindo filosofia com seu pai?
      c. Você estava lavando os dentes quando eu chamei?

WANDA: a. Não. Matei a aula para ir tomar chá com o Presidente.
      b. Não. O professor está com gripe.
      c. Não. O professor foi assassinado pelos alunos.

JORGE: a. Quantos chopps você bebeu ontem no barzinho?
      b. Os amigos com quem você estava no barzinho são muito chatos, não são?
      c. Você gostou do barzinho de ontem?

WANDA: a. É legal mesmo.
b. Não bebi chopp. Bebi quinze caipirinhas.
c. Chato é você.

JORGE: a. Você quer ir ao cinema no sábado?
b. Você quer se encontrar comigo no sábado para ouvir uma conferência sobre o sistema de irrigação na Ucrânia?
c. Posso ir almoçar a sua casa no sábado?

WANDA: a. No sábado durmo todo o dia e toda a noite.
b. No sábado não sei ainda. Me dá um toque na sexta.
c. No sábado vou com Vovó a uma boate.

JORGE: a. Posso ligar para você às cinco da manhã?
b. O seu telefone não vai estar desligado por falta de pagamento?
c. A que horas ligo para você?

WANDA: a. Pode ligar depois do almoço.
b. Pode ligar a qualquer hora do dia ou da noite.
c. É melhor ligar para sua tia.

JORGE: a. Perfeitamente. Vou seguir suas instruções.
b. Tá legal. Ligo para você por volta das três.
c. Não sei se vou ter tempo para ligar na sexta.

WANDA: a. Tudo bem. Tchau, Jorge!
b. Se não tem tempo para ligar, mande um fax.
c. Vá para o inferno!

JORGE: a. Tchau, Wanda. Ligo para você depois de falar com minha namorada.
b. Tchau, Wanda. Até ao mês que vem.
c. Tchau, Wanda. Até sexta.

LIÇÃO 6—LABORATÓRIO
PAQUERANDO

Exercício I. Pronúncia: Ditongos nasais

The diphthong **-ão** is always stressed.

abominação	canção	legião
ação	depressão	pão
bilhão	ilusão	sensação

The unstressed version of the same sound in final position is spelled **-am**. Repeat these examples after the tape:

acham	falam	tomam
acusam	fecham	tratam
dançam	gostam	usam

Final **-em**, whether stressed or not, is always the nasal version of the English vowel in *day*.

armaz**ém**	comem	origem
Bel**ém**	coragem	sobem
bobagem	desordem	vendem

The dipththong **-õe** is also final and stressed.

ações	botões	legiões
audições	decisões	milhões
barões	impressões	põem

The diphthong **-ãe** is also final and stressed. There are very few of these.

alemães	mãe	capitães
Guimarães	pães	Magalhães

Finally, in the word **muito**, the **-ui-** are both nasalized, and a non-spelled **n** is pronounced:

muito

Exercício II: Dois verbos juntos

This exercise is to rework sentences with one verb into sentences with two verbs—a verb plus an infinitive. There are seven parts—six oral and one written. Use the verb for each section in all of the examples. The model uses **seção número um**.

MODELO: (tape) Comemos agora.
(student) Queremos comer agora.
(confirmation) Queremos comer agora.
(repetition) Queremos comer agora.

Seção número um: **Querer**   Seção número quatro: **Gostar de**
Seção número dois: **Poder**   Seção número cinco: **Precisar**
Seção número três: **Dever**   Seção número seis: **Começar a**

Seção número sete: Now write the solutions. Each one has a different cued verb.

1. **Querer** _____

2. **Poder** _____

3. **Precisar** _____

4. **Gostar de** _____

Vozes brasileiras—Paquerando

Write in the missing words. The **Voz** will be repeated once.

Os jovens vão ao bar para _____ e paquerar. _____ é ficar

olhando… é o _____ de um namoro. O menino vai, olha a _____,

chega para conversar. O que _____ o menino depende muito do que está acontecendo.

Ou pode _____ para dançar, ou pode _____ conversar alguma

coisa que tem em _____, por exemplo, como está _____ na escola, ou

falar de algum _____ em comum. Normalmente é _____.

Exercício III: Advérbios úteis

Answer the questions using the cued adverbs listed on the next page corresponding to the number of the question. Answer in the positive form, and use complete sentences, as in the model below.

MODELO: (tape) Você estuda em casa? — BEM
(student) Sim, estudo bem em casa.
(confirmation) Sim, estudo bem em casa.
(repetition) Sim, estudo bem em casa.

1. de noite
2. agora mesmo

3. depressa
4. ali
5. tarde

6. muito
7. freqüentemente

Vozes brasileiras—O namoro de Álvaro
You will hear the **voz** twice. Circle the words below that don't correspond to what is said.

Álvaro começou a namorar assim: foi num barzinho com um grupo de amigos celebrar o aniversário de um amigo. Um outro grupo chegou no restaurante comemorar o aniversário de outro estudante. Esses dois grupos não se conheciam, eram grupos distintos, estavam comemorando o aniversário de duas alunas diferentes. Então ele conheceu a noiva dele que era do outro grupo.

Exercício IV: Expressões com *ter* e *estar com*
A. Look at the drawings below and answer the questions. The same drawing may be used more than once.

Helena

Tomás

Joana

Alberto

Daniel

Isabel

MODELO: (tape) Quem tem fome?
           (student) Alberto tem fome.
           (confirmation) Alberto tem fome.
           (repetition) Alberto tem fome.

Helena

Tomás

Joana

Alberto

Daniel

Isabel

In the second part, answer the questions again. If the answer is negative, as it is in the model, state what the true situation is.

MODELO: (tape) Joana tem calor?
           (student) Não, não tem calor—tem sono.
           (confirmation) Não, não tem calor—tem sono.
           (repetition) Não, não tem calor—tem sono.

Exercício V: O Infinito Pessoal
A. Answer the questions asked by the tape beginning your answers with the impersonal expression listed on the next page.

MODELO: (tape) Podemos viajar só ao Rio? — É possível.
           (student) É possível vocês viajarem só ao Rio.
           (confirmation) É possível vocês viajarem só ao Rio.
           (repetition) É possível vocês viajarem só ao Rio.

1. É possível
2. É importante
3. É impossível
4. É difícil
5. É fácil
6. É preciso

7. É possível _____

8. É importante _____

Vozes brasileiras—Cumprimentos
You will hear the **voz** twice. Write in the missing phrases.

Entre estudantes, quem é mais amigo _____. Nos Estados Unidos

é um negócio que _____. O menino beija a menina.

_____ em qualquer lugar, na escola, no clube,

_____… Um beijo no rosto significa amizade.

_____ no Brasil, a gente fala «três vezes é _____.»

Normal é um ou dois beijos. Três é pra brincadeira, _____.

Exercício VI: Texto de Compreensão:
Listen to the comprehension text and write answers to the questions asked.

1. _____

2. _____

3. _____

4. _____

Exercício VII: Ditado.
You will hear this dictation three times. The first time, just listen attentively. The second time, write what you hear du ring the pauses. The third time, verify your work.

_____

_____

_____

_____

_____

LIÇÃO 7—CADERNO DE TRABALHO
VAMOS TOMAR UM CAFEZINHO!

1. O que é que aconteceu? O pretérito perfeito, pp. 143-47

1a. Answer the following questions:

1. Ontem você conversou em português com seu professor?

_____

2. O que você comeu ontem à noite?

_____

3. Quantas horas você dormiu a noite passada?

_____

4. Que você falou para seu pai quando reprovou [*failed*] no exame de matemática?

_____

5. Quantas horas vocês estudaram ontem?

_____

6. Que presente seu namorado/sua namorada ofereceu para você no dia do seu aniversário?

_____

7. Seus pais compraram um carro novo este ano?

_____

8. Seu professor explicou bem a lição de ontem?

_____

9. Onde você tomou o café da manhã hoje?

_____

10. Você vendeu seus livros de texto do ano passado?

_____

11. Seus pais ligaram para você esta semana?

_____

12. Você pegou ônibus esta manhã para vir à universidade?

_____

1b. Using the verb in parentheses, mention something you did last week.

1. (COMER) _____

2. (ESTUDAR) _____

3. (ASSISTIR) _____

4. (COMPRAR) _____

5. (LER) _____

6. (ESCREVER) _____

7. (DORMIR) _____

8. (VER) _____

9. (OUVIR) _____

10. (PERDER) _____

1c. Precede the following sentences with **Ontem** and make the necessary changes in the verb.

1. O supermercado abre às oito da manhã.

_____

2. Meu irmão assiste hoje a um jogo de basquete,

_____

3. Papai e Mamãe ouvem as notícias na rádio.

_____

4. Meus amigos discutem política.

_____

5. O avião parte com quinze minutos de atraso.

_____

6. Eles saem da aula às quatro.

_____

7. Eu durmo oito horas.

_____

8. A cerimônia consiste em discursos e entrega de prêmios.

_____

9. Nós nos divertimos na festa.

_____

10. Eu subo pelo elevador.

_____

2. Advérbios de tempo, pp. 148-49

Write sentences starting with the following expressions:

1. Agora _____

2. Hoje _____

3. Amanhã _____

4. Anteontem _____

5. Hoje à noite _____

6. Ontem à noite _____

7. Esta semana _____

8. A semana passada _____

9. Este ano _____

10. O ano passado _____

3. «Faz dois anos que visitei a Bahia», pp. 149-50

3. Answer these questions.

1. Faz quanto tempo você estuda nesta universidade?

_____

2. Faz quanto tempo você saiu da escola secundária?

_____

3. Faz quanto tempo seus pais se casaram?

_____

4. Faz quanto tempo sua família vive na cidade?

_____

5. Faz quanto tempo você chegou hoje na universidade?

_____

6. Faz quanto tempo você tomou hoje seu café da manhã?

_____

4. Quatro pretéritos perfeitos irregulares, pp. 151-53

4a. Answer the following questions:

1. Seus amigos fizeram uma festa este fim-de-semana?

_____

2. Onde você foi nas últimas férias?

_____

3. Como vocês vieram para a universidade esta manhã?

_____

4. Quem pôs a mesa para o jantar ontem?

_____

5. Seu namorado/sua namorada veio a sua casa ontem?

_____

6. Vocês já puseram açúcar no café?

_____

7. O professor veio ontem à aula?

_____

8. Você já foi ao Brasil?

_____

9. Você fez o seu dever de casa ontem?

_____

10. Quanto dinheiro você pôs no banco o mês passado?

_____

11. Vocês fizeram feijoada ontem para o almoço?

_____

12. Vocês foram ao supermercado no sábado?

_____

4b. Have Scott relate this scene to a friend the following day. Start with "Ontem eu…"

Scott vai a um barzinho perto da USP. Senta-se e pede um chopp. Pouco depois chega seu amigo Heraldo. Eles conversam um pouco. Depois aparecem duas colegas, Ruth e Olga. Elas sentam-se na mesma mesa e pedem caipirinhas. Então todos eles decidem ir ao cinema. Vão ver um filme americano no Odeon. Depois entram numa pizzaria e comem pizza e bebem mais cerveja. Fazem planos para ir a Santos no domingo. Scott vem para casa às dez da noite. Então prepara as suas lições para o dia seguinte.

_____

_____

_____

_____

_____

_____

LIÇÃO 7

INSTANTÂNEOS BRASILEIROS—
UMA PEQUENA DISTRAÇÃO

Na cidade de Recife Amarildo Nascimento fugiu [*fled*] da prisão e assaltou um motorista de táxi, Severino Neri. Severino tentou reagir [*resist*] e foi assassinado por Amarildo. Dias mais tarde a polícia recebeu uma denúncia e prendeu [*arrested*] o criminoso. Amarildo negou o crime mas a polícia contou com uma prova irrefutável: a dentadura postiça [*false teeth*] que Amarildo deixou no táxi. A dentadura encaixou [*fit*] como uma luva [*glove*] na boca quase desdentada de Amarildo. Depois disso só lhe restou confessar o crime—com um sorriso amarelo.

Underline the correct answer:
1. Amarildo Nascimento é um pacífico cidadão.
   A polícia nunca prendeu Amarildo Nascimento
   Amarildo Nascimento é um homicida.

2. A vítima foi um sargento da polícia.
   A vítima foi o tio de Amarildo.
   A vítima foi um motorista de táxi.

3. A polícia nunca descobriu o criminoso.
   Alguém denunciou Amarildo.
   Amarildo entregou-se voluntariamente à polícia.

4. Amarildo confessou logo o crime.
   Amarildo falou que o motorista se suicidou.
   A princípio Amarildo negou o assassinato.

5. A polícia nunca encontrou provas do crime.
   A polícia alegou uma prova falsa.
   A polícia encontrou uma prova irrefutável.

6. A prova do crime foram impressões digitais.
   A prova do crime foi uma dentadura postiça.
   A prova do crime foi um teste de balística.

7. A dentadura encaixou perfeitamente na boca de Amarildo.
   O dono da dentadura foi o chefe da polícia.
   A polícia encontrou a dentadura em casa de Amarildo.

8. Amarildo sempre negou o crime.
   Amarildo por fim confessou o crime.
   Amarildo fugiu da prisão antes de confessar o crime.

Um problema de palavras cruzadas

Horizontais:

2. Nelly acha que o _____ onde Scott a levou é legal.
8. Um _____ é um antigo habitante do Peru
9. O masculino de **as** é _____
10. Os carros brasileiros usam _____ mas também álcool de cana.
14. As duas primeiras letras de **Amazônia** são _____
15. O oposto de **aquilo** é _____
17. A _____ do nascimento de Scott é 14 de março de 1979
19. O irmão de minha mãe é meu _____
20. Scott pergunta a Nelly se ela quer _____ outra vez a esse barzinho
21. No cinema os jovens brasileiros gostam de beber _____
25. O oposto de **pouco** é _____
26. As duas últimas letras de **professores** são _____
27. As duas vogais de **casa** são _____
30. O oposto de **tudo** é _____
31. No cinema os jovens brasileiros gostam de comer _____

Verticais:

1. Antes de ir a casa de um amigo é costume dar uma _____ para ele
2. _____ é o mesmo que **outra vez**
3. Um _____ tem geralmente 365 dias
4. Quatro consoantes de **reciclar** são _____
5. A primeira sílaba de **Zaire** é _____
6. _____ é a primeira sílaba de **hotel**
7. Um _____ é uma parte do esqueleto
11. _____ é o mesmo que **gostar muito**
12. As duas primeiras sílabas de **nitroglicerina** são _____
13. A _____ é um dos cinco continentes
16. As duas primeiras sílabas de **tonelada** são _____
18. Se não bebe álcool, no barzinho você pode pedir _____ mineral
22. _____ é uma exclamação portuguesa
23. Quando nos despedimos dizemos "_____ logo!"
24. A _____ é uma doença alérgica
25. _____ é uma das ilhas do Havaí
28. Scott é americano _____ fala bem português
29. A contração de **de** e o é _____
30. A contração de **em** e a é _____

EXERCÍCIOS SUPLEMENTARES

A. Suppose you are in São Paulo and want to take a friend to a nice bar. You find ads for three that sound promising. Now you have to decide. Consider the following points and find the most appropriate answer.

LONDON BAR *AFTER FIVE*

Drinks, música de qualidade e a atmosfera encantada de um bar inglês.
Torne sua noite uma deliciosa viagem.
Passe pelo London.
Al. dos Jurupis, 1413 - fone 543.4629
estacionamento com manobristas.

CADASTRO bar

Ambiente gostoso e descontraído para você passar horas agradáveis, bater papo, divertir-se e dançar.

SOMENTE CASAIS

Av. Bem-Te-Vi, 229
Tel.: 241-7398

O METRÔ
BAR - RESTAURANTE
CHOPE - LANCHES
ACEITAMOS RESERVAS P/ BANQUETE.

MÚSICA AO VIVO DANÇANTE TODOS OS DIAS

RUA GAIVOTA, 1183 - MOEMA
FONE 531-5434

NOTES:
bate-papo = informal conversation
cadastro = census; police record
casal = couple
descontraído = informal
manobrista = valet parking attendant
metrô = subway

É BOA IDÉIA IR—

1. ao Metrô porque
   a. tem música ao vivo todos os dias
   b. tem música em fita aos sábados e domingos
   c. não tem música e podemos conversar calmamente

2. ao Metrô porque
   a. só permitem a entrada a pessoas com mais de 40 anos
   b. se pode dançar
   c. podem ir lá crianças

3. ao Metrô porque
    a. servem exclusivamente vinho francês
    b. não servem bebidas alcoólicas
    c. servem chopp
4. ao Metrô porque
    a. podemos jantar lá
    b. podemos pedir um lanche
    c. só servem pizza
5. ao London Bar porque
    a. está aberto desde as oito da manhã
    b. só abre à noite
    c. abre às cinco da tarde
6. ao London Bar porque
    a. é uma típica cantina italiana
    b. só servem comida chinesa
    c. tem uma atmosfera autenticamente
       inglesa
7. ao London Bar porque
    a. tem música popular do Nordeste
    b. se pode dançar a lambada
    c. tem música de qualidade

8. ao London Bar porque
    a. não tem estacionamento
    b. tem estacionamento com manobristas
    c. você mesmo estaciona seu carro em
       frente da entrada
9. ao Cadastro porque
    a. tem um ambiente extremamente
       elegante
    b. tem um ambiente descontraído
    c. é necessário estar de *black tie*
10. ao Cadastro porque
    a. se pode dançar
    b. se pode jogar pôquer
    c. se pode fumar
11. ao Cadastro porque
    a. é possível ficar lá batendo um papo
    b. podemos ouvir conferências sobre
       ecologia
    c. exibem filmes para adultos
12. ao Cadastro porque
    a. só podem entrar pessoas sós
    b. não permitem a entrada a homens
    c. só permitem a entrada a casais

B. Answer the questions about this ad:

cinesesc *Rua Augusta, 2075 - Tel. 282-0213 - Veja os horários na programação*

CICLO – ''Retrospectiva 1985'', com os filmes: ''Areias Escaldantes'', de Francisco de Paula (até dia 16, a partir das 14h). ''Rebelião em Alto-Mar, de Roger Donaldson (dias 17 e 18, a partir das 14h).

SESSÃO CINEMATECA – ''Quando se Perde a Ilusão'', de Michael Apted (dia 11, às 11:30h). SESSÃO ZIG-ZAG – ''O Garoto do Espaço'', de René Laloux (dia 12, às 11:30h).

1. Como você pode saber quais são os horários deste ciclo?

_____

2. De que ano são os filmes exibidos neste ciclo?

_____

3. A que horas começa a exibição de *Areias Escaldantes*?

_____

4. Até que dia se exibe este filme?

_____

5. Quem é o diretor deste filme?

_____

6. *Rebelião em Alto-Mar* é um filme brasileiro?

_____

7. Em que dia se exibe *Quando Se Perde A Ilusão*?

_____

8. *O Garoto do Espaço* exibe-se de manhã, de tarde ou à noite?

_____

LIÇÃO 7—LABORATÓRIO
VAMOS TOMAR UM CAFEZINHO!

Exercício I. Pronúncia: O *x* brasileiro
The Brazilian **x** has four different pronunciations. The most common pronunciation is *sh*. All initial **x**'s are prounced this way. The **x** in the prefix **ex-** before a consonant is also pronounced this way, as are most other **x**'s.

xampu *shampoo*	xeque-mate *checkmate*
xadrez *chess*	xerife *sheriff*
Xangai *Shanghai*	deixa *allows*
xarope *syrup*	embaixada *embassy*
xelim *shilling*	

In words beginning with **ex-** (before a vowel), the **x** is prounced like the **z** of **zero**:

executado	**ex**agerar
executivo	**ex**asperar
exemplo	**ex**ato
exame	**ex**uberante
exótico	**ex**ilado

In a few words, the **x** is pronounced like the **x** of *sox*:

indexado	anexo
prolixo	táxi
fixar *to specify*	tóxico

Finally, in a very few words, it is pronounced like the Portuguese **-ss-**:

próximo	trouxe
auxílio *aid*	máximo
excelente	

Exercício II: Formas do pretérito perfeito—regulares e irregulares
Say the preterite forms corresponding to the present tense verbs given by the tape. It includes the regular and the four irregular verbs of the lesson.

MODELO:　(tape) Você fala
　　　　　(student) Você falou
　　　　　(confirmation) Você falou
　　　　　(repetition) Você falou

　　　　　LIÇÃO 7　　127

Vozes brasileiras—As «boates da moda»
Write in the missing words. The **Voz** will be repeated once.

Quanto a _____, eu, em São Paulo saía _____ todos os dias _____ da

aula. A gente pegava um _____ ou às vezes ia jantar, às vezes cinema e jantar. Voltava para

casa às _____ horas, três horas da manhã. Em São Paulo a gente tem o que se chama «

_____ da moda». Ficam _____ durante dois, três meses. Depois de três, qua-

tro meses começa a cair a _____ e um novo grupo de _____ começa a

freqüentar _____ lugares.

Exercício III: Perguntas e respostas no pretérito perfeito.
Answer these questions according to cues in your manual.

> MODELO: (tape) Você falou com quem? —O DOUTOR MARTINS
> (student) Falei com o doutor Martins.
> (confirmation) Falei com o doutor Martins.
> (repetition) Falei com o doutor Martins.

1. os exercícios	4. meu iogurte	8. o jantar
2. a filosofia	5. no Rio	9. ontem
3. as lições	6. um modelo de um avião	10. na mesa
	7. ir à praia	

Written section:

1. _____

2. _____

3. _____

4. _____

Exercício IV: Advérbios de tempo
Following the model, restate the sentences given on the tape in the preterite tense and also use the correct adverb of time cued in the manual.

> MODELO: (tape) Eu gosto do concerto hoje. YESTERDAY
> (student) Eu gostei do concerto ontem.
> (confirmation) Eu gostei do concerto ontem.
> (repetition) Eu gostei do concerto ontem.

1. yesterday
2. then
3. that night

4. last night
5. that week
6. that month

7. that day
8. yesterday
9. that year

Written section:

1. _____

2. _____

3. _____

Exercício V: «Faz dois anos que vim aqui»

You will do this exercise twice, once using the **faz** construction and the second time with the **atrás** construction. Look at the numbered examples and answer the questions.

With **faz:**   MODELO: (tape) Quando você veio aqui?
(student) Faz dois anos que vim aqui.
(confirmation) Faz dois anos que vim aqui.
(repetition) Faz dois anos que vim aqui.

With **atrás**: MODELO: (tape) Quando você veio aqui?
(student) Vim aqui dois anos atrás.
(confirmation) Vim aqui dois anos atrás.
(repetition) Vim aqui dois anos atrás.

1. dois anos
2. uma hora
3. quinhentos anos

4. oito meses
5. uma semana
6. três dias

Written section:

1. _____

2. _____

3. _____

Vozes brasileiras—Os barzinhos

You will hear the **voz** twice. Circle the words below that don't correspond to what is said.

Barzinho é um bar para estudantes. É um bar onde a gente vai para beber uma cerveja ou um refrigerante.

É um café para jovens. Não é um lugar para uma jovem ficar bêbada—é um lugar onde a gente vai para

conhecer estudantes ou para con versar. Às vezes não tem cantores, às vezes tem música de fita, não é?

Vozes brasileiras—Na casa de amigos

You will hear the **voz** twice. Write in the missing phrases.

Eu acho que muita gente _____ na casa de amigos no Brasil. Tem um convívio,

uma _____ . Sempre tem um motivo— _____ ser um

vídeo, um jantar. Às vezes não _____. Vamos lá para conversar ou fazer

_____ assim. Muitas vezes a gente estuda nas

_____. Juntam grupos de amigos e

_____ na casa de alguém. Agora a gente não _____ de

estudar na escola, _____—estuda na casa dos amigos.

Exercício VI. Texto de compreensão: Sair de noite no Brasil.
Listen to the comprehension text and write answers to the questions asked.

1. _____
2. _____
3. _____
4. _____

Exercício VII. Ditado.
You will hear this dictation three times. The first time, just listen attentively. The second time, write what you hear du ring the pauses. The third time it will be read with no pauses so that you can verify your work.

_____

_____

_____

_____

LIÇÃO 8—CADERNO DE TRABALHO
OS FINS-DE-SEMANA

1. O que acontecia? O pretérito imperfeito, pp. 159-64

1a. Complete the sentences according to the model. Choose an appropriate sequence for the verb you use. All you need do is write the completion.

MODELO: Quando o telefone tocou…
(Eu - ESTAR)
Quando o telefone tocou EU ESTAVA NO CHUVEIRO.

1. (Nós - FAZER) _____

2. (Mamãe - LAVAR) _____

3. (Elas - ESTUDAR) _____

4. (O meu cachorro - DORMIR) _____

5. (Papai - LER) _____

6. (Os meus amigos - ASSISTIR) _____

7. (A empregada - LIMPAR) _____

8. (Scott e seu amigo - COMER) _____

9. (Nelly - OUVIR) _____

10. (Vovô e Vovó - CONVERSAR) _____

11. (Eu - TOMAR) _____

12. (Vocês - DISCUTIR) _____

1b. Write ten sentences describing things you could have been doing last Sunday at 11:00 A.M.

MODELO: No domingo passado às onze da manhã eu lavava meu carro.

1. _____

2. _____

3. _____

4. _____

5. _____

6. _____

7. _____

8. _____

9. _____

10. _____

2. Os quatro pretéritos perfeitos irregulares, pp. 165-67

2. Complete the sentences with the verb in parentheses and an appropriate sequence.

MODELO: Quando eu estava na escola primária (ESTUDAR)
Quando eu estava na escola primária eu não estudava filosofia moderna.

1. Quando nós comíamos em casa sempre (PÔR)

_____

2. Quando Scott andava no ginásio [*high school*] (SER)

_____

3. Quando Álvaro e Roberto saíam à noite (VIR)

_____

4. Quando o pai de Nelly era diretor de uma empresa (TER)

_____

5. Quando vocês ganhavam muito dinheiro (PÔR)

_____

6. Quando você tinha dez anos (SER)?

_____

7. Quando nós jogávamos basquete (VIR)

_____

8. Quando seu pai era menino (TER)?

_____

9. Quando eu chegava a casa (PÔR)

_____

10. Quando havia festa em minha casa meus tios (VIR)

_____

4. O tempo no passado, p. 170

4. Answer these questions.

1. Que tempo fazia quando Napoleão invadiu a Rússia?

_____

2. Que tempo fazia quando Noé construiu a sua Arca?

_____

3. Que tempo fazia quando a armada espanhola foi destruída em 1588?

_____

4. Que tempo fazia quando as tropas americanas chegaram ao Golfo Pérsico em 1990?

_____

5. Que tempo fazia quando você foi à praia pela última vez?

_____

5. O corpo e a roupa, pp. 1751-73

5a. Mark the most appropriate answer.

1. Para jogar basquete nós usamos a. o nariz, b. os joelhos, c. as mãos
2. Quando fazemos alguma coisa insensata dizemos que perdemos a. os ombros, b. a cabeça, c. os lábios
3. Depois de comer é importante lavar a. os dentes, b. os pés, c. as orelhas
4. Quando comemos muito dizemos que enchemos [*fill*] a. os pés, b. os cotovelos, c. a barriga
5. Para bater um texto à máquina usamos a. os dedos, b. os tornozelos, c. as costas
6. Quando andamos muito sentimos dor a. nos braços, b. nas bochechas, c. nas pernas
7. Quando Papai está bravo é conveniente fechar a. as mãos, b. os olhos, c. a boca
8. Antes de filmar os atores têm que maquiar [*put makeup on*] a. os dedos dos pés, b. o rosto, c. as costas
9. Para pedir uma carona [*hitchhike*] se usa a. os pés, b. os olhos, c. o polegar
10. Vamos ao barbeiro ou ao salão de beleza para cortar a. os dedos, b. o cabelo, c. os pés

5b. Fill in the blanks

1. No verão, quando o diretor chega no escritório **despe logo** [*takes off right away*] o _____.
2. Numa festa muito chique as senhoras usam _____ comprido.
3. Quando Papai chega em casa com dor nos pés tira logo os _____
4. Para ir à praia Sônia usa _____
5. Quando chove Vovô sai sempre com _____
6. Para a universidade as meninas usam muitas vezes _____ e saia.
7. O Professor Correia é muito formal. Ele sempre vem para a aula de _____

   e _____.
8. Quando faz frio sempre uso um _____ de lã.
9. Trago sempre a _____ no bolso das calças.
10. Mamãe ganhou de presente um _____ de pérolas.

5c. Mário e Adriana são namorados. O que eles usam quando…

1. vão a uma boate?

_____

2. vão à praia?

_____

3. vão a um piquenique?

_____

4. está chovendo?

_____

5. faz frio?

_____

O que Mário usa quando

1. está trabalhando no banco?

_____

2. joga futebol?

_____

3. dorme?

_____

O que Adriana usa quando

1. vai para a universidade?

_____

2. joga tênis?

_____

3. vai a uma festa superchique?

_____

INSTANTÂNEOS BRASILEIROS—
SÃO PAULO À NOITE

Você é estudante. Não tem muito dinheiro para freqüentar esses clubes superfinos onde se vai de **black-tie**. Não faz mal. Em São Paulo você vai encontrar muitos lugares onde se entra de jeans e não se gasta uma fortuna. Neles você se pode divertir do por-do-sol até o sol nascer. Sim, à noite São Paulo é uma festa permanente. Você pode ir a uma pizzaria, a uma discoteca ou a uma escola de samba. Também há festas típicas, gafieiras, forrós, pubs, chopperias, danceterias e boates. Você pode entrar num barzinho para tomar uma batida e comer uns bolinhos de bacalhau, ouvir música de fita ou ao vivo. Alguns barzinhos tem nomes bem exóticos. Por que você não entra em The Queen's Legs, no Toulouse-Lautrec ou na Catedral do Choro? E depois conta para a gente, tá?

É, conta para a gente. Imagine that last Saturday you had a taste of São Paulo's night life. Write ten sentences describing what you did.

1. _____

2. _____

3. _____

4. _____

5. _____

6. _____

7. _____

8. _____

9. _____

10. _____

Um problema de palavras cruzadas

1		2	3		4	■	5	6	
	■	7				■	8		■
9			■		10			■	11
	■			12		■		■	
■	13		14			■	15		
16			■		■	17			
18			■	19			■	20	
21		22				■	23		
	■			24		■		■	
25					■	■	26		

Horizontais:

1. Os olhos, o nariz e a boca estão situados na ____
5. Um ____ é um lugar onde a gente vai tomar um **drink**
7. Ontem eu ____ um romance inteiro de Jorge Amado
8. Scott ____ muito quando vê um filme cômico
9. Eu ____ um bom estudante
10. O feminino de **um** é ____
12. Muitas palavras portuguesas de origem árabe começam por ____
13. O basquete se joga com as ____
15. Os brasileiros tomam o café muito ____
16. ____ é o mesmo que **ali**
17. O primeiro ____ do ano é janeiro
18. As duas primeiras letras de **atenção** são ____
19. As três primeiras letras de **sede** são ____
20. O ____ é a segunda letra do alfabeto
21. Quando vão a uma festa superchique as senhoras usam ____ elegantes
24. Muitas pessoas tomam uma ____ diária de vitamina C
25. Alguns professores dão aula de ____ e gravata
26. O filho de minha tia é ____ primo

Verticais:

1. Muitas vezes os estudantes vão ver um vídeo na ____ de um amigo
2. Muitas meninas vão para a universidade de ____ e saia
3. As duas primeiras vogais de **peito** são ____
4. As cores nacionais americanas são vermelho, branco e ____
5. As mãos estão na extremidade dos ____
6. ____ é uma exclamação de dor
11. Quando faz frio vestimos um ____ de lã
12. O feminino de **os** é ____
13. No Rio Grande do Sul se bebe um chá chamado ____
14. ____ é uma exclamação de surpresa
15. Scott bate os seus trabalhos à máquina só com dois ____
16. As três primeiras letras de **lavar** são ____
17. Os alunos brasileiros têm muito ____ do vestibular
19. Scott tem ____ sempre um excelente aluno
22. Os brasileiros podem ____ brancos, amarelos ou escuros
23. O oposto de **com** é ____

LIÇÃO 8 137

EXERCÍCIOS SUPLEMENTARES

A. Vovô está com uma gripe terrível. Por isso ele não foi hoje trabalhar e ficou em casa vendo tevê.

1. Vovô está usando terno e gravata? Por que não?

_____

2. Ele usa chapéu quando vê tevê?

_____

3. É verdade que ele está usando botas porque vai jogar futebol?

_____

4. Ele está usando roupão porque a gripe lhe causou frio?

_____

5. Você acha que dentro de cinco minutos ele vai vestir um calção para ir à piscina?

_____

6. Por que ele não está usando gabardine agora?

_____

B. Dona Madalena tem 65 anos e é empregada doméstica. O marido dela é carpinteiro e todos os dias usa um ma cacão de trabalho [*overalls*]. Ela mora numa favela da Zona Norte do Rio de Janeiro e está agora saindo para ir comprar arroz e feijão. Ela está usando um suéter barato comprado na feira livre e uma saia velha que uma vizinha lhe deu. Ela vai descalça porque não tem dinheiro para comprar sapatos. Coitada, não se pode vestir muito bem!

Do you agree with the above description? If not, write your own.

_____

_____

_____

_____

_____

_____

_____

_____

C. «Seu» Juca é um famoso banqueiro do jogo do bicho de São Paulo. Com a fortuna que tem, ele se pode vestir muito elegantemente.

The following sentences are false. Correct them.

1. «Seu» Juca vai a um piquenique. Por isso ele está usando suéter e jeans.

_____

2. Neste dia faz um calor horrível. Por isso ele está usando calção.

_____

3. Ele nunca usa gravata nem luvas.

_____

4. Ele está usando um terno tropical e camisa esporte.

_____

5. Como ele é um famoso pintor francês ele usa sempre boina.

_____

6. É meia noite. «Seu» Juca está em casa e se prepara já para dormir. Por isso ele está usando pijama.

_____

D. Answer these questions about the two models.

Perguntas para meninas:

1. Você prefere o modelo da direita ou o da esquerda?
Por quê?

_____

_____

2. O que você acha? Fica bem usar o casaco comprido
com a saia e o casaco curto com a calça?

_____

_____

3. Em que ocasiões você acha que se podem usar estes
conjuntos?

_____

_____

Perguntas para rapazes:

1. Você gosta de ver meninas usando jeans?

_____

2. Quando você sai com uma menina, prefere que ela use jeans ou um vestido?

_____

3. Você fica embaraçado se você usa jeans quando se encontra com uma menina e ela aparece com um
vestido superelegante?

_____

LIÇÃO 8—LABORATÓRIO
OS FINS-DE-SEMANA

Exercício I. Pronúncia: Pronúncia: O s e o z brasileiros
The s and the z are pronounced the same way, except when they begin a word.

sábado	zangado
sério	zebra
sítio	zinco
sol	zodíaco
surdo *deaf*	Zurique

Between vowels they are pronounced zzz.

poetisa *female poet*	beleza *beauty*
museu	prazer
brasileiro	cozinha
caso	organizo
mesura	azulejo

Vozes brasileiras—No Brasil se liga meia hora antes
Write in the missing words. The **Voz** will be repeated once.

Agora normalmente se sai só aos _____ de semana. É bem comum sair em

_____ também. Acho que na saída da _____ a gente

se fala, "A gente se encontra em tal _____ a tal hora." Não tem um

_____, um lugar assim decidido duas _____ antes. Ou se

_____ na escola ou um liga para _____ meia hora

antes de sair. Ou se encontra num _____ ou se encontra num restaurante.

Exercício II: Formas do pretérito imperfeito
Say the imperfect forms of these present-tense verbs.

> MODELO: (tape) Você vive.
> (student) Você vivia.
> (confirmation) Você vivia.
> (repetition) Você vivia.

Exercício III: O que acontecia?
Look at the drawing and say what the students were doing when the professor walked in.

MODELO: (tape) O que fazia Maria quando o professor entrou?
(student) Dormia.
(confirmation) Dormia.
(repetition) Dormia.

Written section:

1. _____

2. _____

3. _____

Vozes brasileiras—Os fins-de-semana
You will hear the **voz** twice. Circle the words below that don't correspond to what is said.

Normalmente a gente paquera nos fins-de-semana. O pessoal sai na quinta, sábado, domingo. Começa às oito horas e termina às três, quatro horas da tarde. Vai num bar ou vai numa boate, numa casa de baile. Os estudantes saem em turmas. Às vezes se vai para a casa de um ou outro para beber uma cerveja, bater um papo, escutar música, ou jogar cartas.

Nome_____ Date_____ Aula_____

Exercício IV: O pretérito imperfeito—mais usos
This exercise wil give you a number of sentences in the present. Say them in the past.

MODELO: (tape) Vejo muitos filmes enquanto estou em São Paulo.
(student) Vi muitos filmes enquanto estava em São Paulo.
(confirmation) Vi muitos filmes enquanto estava em São Paulo.
(repetition) Vi muitos filmes enquanto estava em São Paulo.

Written section:

1. _____

2. _____

3. _____

4. _____

Exercício V: Os verbos de estado preexistente
Answer these questions in the past with the imperfect tense. Follow the style of model.

MODELO: (tape) Você é estudante de colégio [high school]?
(student) Não, mas era estudante de colégio [high school].
(confirmation) Não, mas era estudante de colégio [high school].
(repetition) Não, mas era estudante de colégio [high school].

Vozes brasileiras—Sair em turminhas

You will hear the **voz** twice. Write in the missing phrases.

Os brasileiros gostam sempre de _____. Então, quando

eles saem, saem com a turma, _____. É um bando de

caras ou um _____. Se você tem namorada, sai

_____. Tem uma tendência no Brasil

que_____ sai com solteiro, quem tem namorado sai

com namorado, ou _____. Nas discotecas as músicas

que eles tocam são americanas. _____ até às cinco da

manhã.

Exercício VI: Texto de compreensão: O Fim-de-Semana

Listen to this comprehension text, then write answers asked about it by the tape:

1. _____

2. _____

3. _____

4. _____

Exercício VII: Ditado.

You will hear this dictation three times. The first time, just listen attentively. The second time, write what you hear during the pauses. The third time it will be read with no pauses so that you can verify your work.

_____

_____

_____

_____

LIÇÃO 9—CADERNO DE TRABALHO
A PRAIA

1. Mais pretéritos perfeitos irregulares, pp. 179-85

1a. Complete with a preterite and check the most appropriate choice:

1. William Shakespeare (NASCER) _____ em
    a. Medellín, b. Honolulu, c. Las Vegas, d. Stratford-on-Avon
2. Júlio César (MORRER) _____
    a. assassinado por Bruto, b. tuberculoso, c. num acidente aéreo, d. atropelado por um táxi
3. Napoleão (SER) _____ derrotado em
    a. Valley Forge, b. Waterloo, c. Iwo Jima, d. Pearl Harbor
4. Beethoven (ESCREVER) _____
    a. "La Bamba", b. "A Marselhesa," c. "A Garota de Ipanema," d. a Quinta Sinfonia
5. Cristóvão Colombo (DESCOBRIR) _____
    a. a Checoslováquia, b. o Tibete, c. a América, d. a Austrália
6. O ano passado a Suíça (EXPORTAR) _____
    a. bananas, b. relógios de cuco, c. cocaína, d. peles de leopardo
7. Einstein (FAZER-SE) _____ famoso como
    a. jogador de tênis, b. astronauta, c. matemático, d. dentista
8. O Conde Drácula (VIVER) _____
    a. no Texas, b. na Quinta Avenida, c. na Transilvânia, d. em Acapulco
9. *Tortilla Flat* e *The Grapes of Wrath* (SER) _____ escritos por
    a. John Steinbeck, b. Madonna, c. o Marquês de Sade, d. Kit Carson
10. Na livraria eu (COMPRAR) _____
    a. chocolates, b. aspirina, c. um dicionário, d. pasta de dente
11. Para a aula Scott (TRAZER) _____
    a. papel e lápis, b. um gato e um canário, c. um piano e um violino, d. rum e vodca
12. O Papai Noel (ENTRAR) _____
    a. pela chaminé, b. pelo elevador, c. pela janela, d. pela porta da cozinha
13. Aos sete anos eu (TER) _____
    a. um ataque cardíaco, b. sarampo, c. artrite, d. cirrose
14. Marco Polo (ESTAR) _____
    a. no Canadá, b. em Copacabana, c. na China, d. em Brooklyn
15. Entre 1939 e 1945 (HAVER) _____
    a. a Guerra dos Cem Anos, b. a Guerra das Malvinas, c. as Guerras Púnicas, d. a Segunda
    Guerra Mundial
16. Eva a Adão (COMER) _____
    a. um sorvete de baunilha, b. o fruto proibido, c. uma pizza d. um hambúrguer

17. Adolf Hitler (PODER) _____
      a. dominar os astecas, b. destruir Sodoma e Gomorra, c. ocupar a França, d. derrotar o Paquistão

18. Babe Ruth (TER) fama como _____
      a. ortopedista, c. jogador de basebol, c. farmacêutico, d. senador

19. Ontem Mamãe (PÔR) _____
      a. um hipopótamo no bolso, b. a mesa para o almoço, c. açúcar na sopa, d. sal no café

1b. Fill in the correct preterite or imperfect verb:

1. A sala (estar) _____ muito fria quando nós (chegar) _____.

2. Onde está a Célia? (ficar) _____ em casa hoje porque (estar)

    _____ doente.

3. Antes meu marido e eu sempre (passar) _____ o Natal com meus sogros.

4. Eles já (ver) _____ o novo filme de Sônia Braga? (gostar)

    _____?

5. (Ter) _____ muito movimento na rua.

6. A casa deles (ser) _____ muito pequena mas bonita.

7. Ontem Marcos (chegar) _____ tarde à aula de química.

8. Você não (saber) _____ que (fazer) _____ muito sol no

    sul da França?

9. Zé (pegar) _____ o bonde e (subir) _____ o morro para casa.

10. (ser) _____ quatro horas da tarde quando (tocar)_____ o telefone.

1c. Construct a narrative in the past using these words. New sentences begin after //.

Jorge/ser/pequeno/mas/ter/irmãos/mais/velho//Todos/morar/em/

_____

Rio//um/dia/Jorge/passear/bicicleta/e/ter/acidente//Um/mulher/

_____

ver/acidente/e/levar/Jorge/hospital//Jorge/estar/medo/médicos//

_____

Menino/chorar/muito/quando/enfermeira/entrar//Mas/enfermeira/

_____

acalmar/Jorge/e/ligar/pais//Quando/pais/chegar/hospital/Jorge/

_____

já/estar/melhor//Pais/levar/Jorge/casa.

_____

1d. Complete with a preterite or an imperfect of the verb in parentheses. If either is possible, use the imperfect!

Puxa vida, que dia (TER) _____ hoje! Quando me (LEVANTER)

_____ às oito horas já meu irmão (ESTAR) _____ no banheiro.

Ele (FICAR) _____ lá meia hora. Eu (TER) _____ pressa

porque a minha primeira aula (SER) _____ às nove e eu não (QUERER)

_____ chegar tarde. Por fim meu irmão (SAIR) _____ e eu

(TOMAR) _____ um banho rápido. (QUERER) _____ beber

depressa meu café e (QUEIMAR) _____ a boca. Depois não (ENCONTRAR)

_____ meus livros. (PROCURAR) _____ por todo lado e não

(APARECER) _____. Finalmente os (ENCONTRAR) _____ dentro

da minha mochila. (CORRER) _____ para o ônibus e (CONSEGUIR)

_____ pegá-lo. (ENTRAR) _____ na aula e no quadro negro

(TER) _____ um anúncio que (DIZER) _____ que a professo-

ra (ESTAR) _____ doente e não (PODER) _____ dar aula. (IR)

_____ à lanchonete para tomar outro café mas quando (QUERER)

_____ pagar me (DAR) _____ conta de que não (TRAZER)

_____ dinheiro e (TER) _____ que pedir emprestado a um

colega. Depois (VER) _____ que também não (TER) _____

dinheiro para voltar a casa de ônibus mas Carlos me (DIZER) _____ que me

(PODER) _____ dar uma carona. (ACEITAR) _____ com

muito gosto. (SER) _____ um dia horrível!

1e. Complete with a preterite or an imperfect form of an appropriate verb. If both the preterite and the imperfect are possible, use the imperfect.

Quando eu _____ menino, _____ com Papai e Mamãe num apartamento em Copacabana. Papai _____ numa firma americana e Mamãe _____ enfermeira. O apartamento _____ perto da praia. Nós também _____ uma empregada que se _____ Teresa. Para ir à escola eu _____ o ônibus no ponto da esquina. Minha professora _____ muito exigente e nos _____ muitos deveres de casa. Quando eu finalmente _____ meus deveres de casa, _____ alguma história de quadrinhos ou _____ televisão. Às vezes Teresa e eu _____ ao supermercado e _____ arroz, feijão, fruta, verduras, carne e outras coisas. No sábado de manhã eu _____ à praia e _____ voleibol com meus amigos. Depois _____ para casa. Nesse dia Teresa quase sempre _____ feijoada. No domingo _____ ao cinema. Eu _____ muito de ver filmes do Oeste. Quando eu já _____ no ginásio, a firma em que Papai _____ o _____ a um lugar em Porto Alegre e nós _____ para essa cidade. A princípio eu não _____ amigos na escola mas pouco a pouco eu _____ vários. Também _____ uma namorada que se _____ Edite. Nos fins-de- semana Edite e eu _____ inglês e matemática juntos ou _____ ao cinema. Depois Edite _____ outro rapaz e me _____ que não _____ mais ser minha namorada. Puxa, _____ triste mesmo!

1f. Answer the following questions:

1. O que você fez sábado à noite?

_____

2. Você trouxe hoje o seu dicionário de portuguêse?

_____

3. Por que você quis estudar português?

_____

4. Onde você pôs os seus livros quando entrou na aula?

_____

5. A que horas você veio hoje para a escola/universidade?

_____

6. Você teve boas notas no trimestre/semestre passado?

_____

7. Vocês souberam que a professora teve um acidente?

_____

8. Vocês trouxeram muita cerveja para a festa de sábado?

_____

9. Quantos,-as namorados,-as você teve na escola primária?

_____

10. Você esteve na Guerra do Vietnã?

_____

11. Você viu televisão ontem à noite?

_____

12. Vocês foram bons alunos na escola secundária?

_____

13. Você fez o seu dever de casa ontem?

_____

2. «Podemos ir a praia, se você quiser», pp. 186-89

2a. Complete the following sentences in a logical way. Use a future subjunctive.

1. Me dá uma ligadinha quando _____

2. Quero sair de casa logo que _____

3. Na semana que vem vou ao Rio se _____

4. Você pode ficar no meu apartamento enquanto eu _____

5. Não deixe de me escrever assim que _____

6. Posso te dar uma carona quando você _____

7. Queremos ir no *shopping* logo que _____

8. Não posso ir ao Guarujá se _____

9. Ela não sabe se pode ir à praia enquanto _____

10. Ela vai comprar a comida assim que _____

2b. Answer following the model (i.e., beginning with **Só se...**). Use different verbs.

> MODELO: Você vai ir à praia este fim-de-semana?
> *Só se meus colegas forem.*

1. Seus pais vão lhe mandar dinheiro?

___

2. Você vai almoçar na lanchonete hoje?

___

3. Seu professor vai lhe dar uma boa nota?

___

4. Seus amigos vão ir no barzinho esta noite?

___

5. Vocês vão levar bomba no curso de português?

___

6. Scott vai pegar táxi para ir a casa de Maria Lúcia?

___

7. Você vai ficar em casa sábado à noite?

___

8. Vocês vão matar a aula [*cut the class*] amanhã?

___

9. Sua amiga vai comprar uma motocicleta?

___

10. Seu time vai ganhar o jogo de futebol no domingo?

___

2c. Matching. Use an appropriate verb form and make logical sentences with items from each column, joining the columns with **se, quando** or **enquanto**:

A	B
1. Ligue-me para arranjar uma carona para o aeroporto…	a. não TER tempo suficiente para terminar.
2. Vou pagar a matrícula…	b. nosso time GANHAR o jogo.
3. A gente vai celebrar a vitória na rua…	c. os turistas VISITAR cidades novas.
4. Devemos deixar a gorjeta na mesa…	d. você SABER a hora do vôo.
5. Precisam ter cuidado com suas coisas de valor…	e. meus pais me DAR o dinheiro.
6. Façam isso…	f. o serviço não ESTAR incluído na conta.
7. Não devemos começar agora…	g. eu lhes FALAR.

3. Contrastes de vocabulário: TODO e TUDO, PARA e POR, O QUE e QUAL, pp. 190-99

3a. Complete with TODO, TODA or TUDO:

1. Tanta comida! Não posso acabar _____ isto!

2. Amanhã vamos estudar _____ o dia.

3. _____ o que posso fazer é dar um conselho para ela.

4. Não estudei ainda _____ a lição.

5. Choveu muito e cheguei a casa _____ molhado.

6. Você não vai ter tempo para fazer _____ o dever de casa.

7. _____ mundo sabe que ele é mentiroso.

8. Ela não vai saber _____ isso.

9. A professora esteve furiosa durante _____ a aula.

10. Fui no **shopping** mas _____ o que comprei foi um caderno.

11. Como vai? _____ bem?

12. Ontem estudei português _____ o dia.

13. Procurei por _____ a casa mas não consegui encontrar minhas chaves.

14. Confesse _____ a seus pais!

15. _____ brasileiro gosta de futebol, né?

3b. Complete with tudo or TODO/TODA/TODOS/TODAS.

Que desastre o exame! Na véspera eu estudei _____ o livro. Depois me dei conta

que _____ as perguntas eram terríveis. _____ aquilo me

parecia um absoluto mistério. Durante _____ o exame eu estive nervosíssima. O

que me dava raiva era que eu havia estudado _____. E o professor

_____ o tempo olhando! Não podia mesmo colar! _____ o

que eu queria fazer era chorar. Por fim _____ acabou. Entreguei a prova

_____ em branco. E agora vou passar _____ as férias bem

triste porque com certeza levei bomba no curso.

3c. Complete with POR or PARA:
A minha tia Felícia é muito fofoqueira. Ontem ligou _____ mamãe e contou-lhe
a seguinte história:

LIÇÃO 9   153

"Você sabe, querida? _____ fim descobri como foi esse negócio da Ana Maria. Você se lembra que ela tinha esse namoro com o Fernando _____ muitos anos. O Fernando estava estudando _____ advogado e falava que _____ enquanto não queria casar. Depois ele foi _____ o Rio e Ana Maria ficava esperando semanas _____ uma carta dele. Então o Álvaro, você sabe, aquele que trabalha _____ o CityBank, começou paquerando ela. O Álvaro procurava todas as ocasiões _____ se encontrar com Ana Maria mas ela sempre dizia _____ ele que estava noiva do Fernando e que ia esperar _____ ele ainda que fosse cem anos. Mas o cara insistia e uma dia convidou ela _____ ir ao Guarujá com ele. Então ela disse _____ os pais que ia _____ casa de uma amiga passar o fim-de-semana e foi com ele. O Fernando soube da coisa _____ um amigo que lhe escreveu _____ o Rio e disse que ia comprar um revólver _____ matar os dois. O amigo respondeu que não valia a pena ficar assim _____ tão pouca coisa e que pensasse bem no caso _____ uns tempos e depois decidisse. Bem, você sabe como acabou tudo? Ela decidiu trocar Fernando _____ Álvaro e agora vai casar com ele. Que safadeza a dessa sem-vergonha, você não acha, querida?"

3d. Complete with POR or PARA.

1. Tenho tido o meu carro _____ dez anos.

2. Tem sido um carro fantástico _____ o meu trabalho.

3. Mas agora está velho e tenho que o trocar _____ outro.

4. Vi um Nissan de 1990 _____ três mil dólares.

5. Me pareceu bastante bom _____ ser desse ano.

6. _____ estes dias vou telefonar à agência e perguntar _____ um empregado que conheço e que me tem conseguido carros _____ bom preço.

7. Espero que _____ fins deste mês já tenha o outro carro porque quero ir _____ San Francisco.

8. A caminho de San Francisco passo _____ Carmel.

9. Fico lá _____ uns dias.

10. _____ fim vou ter umas boas férias!

154   LIÇÃO 9

3e. Complete with PARA, POR or an expression with POR.

1. Mamãe é enfermeira. Ela trabalha _____ um hospital de crianças.

2. Recebi a notícia do acidente _____ telefone.

3. Minha Nossa! Paguei oito reais _____ um hambúrguer e uma Coca-Cola!

4. Eu não quero ir viver _____ a Sibéria! Faz lá um frio danado.

5. Você está maluco? Quer trocar seu Cadillac _____ um Fusca?

6. Você não sabe onde é a lanchonete? Vá aqui _____ esta rua. Está vendo?
   É lá ao fim.

7. O chefe quer o trabalho pronto _____ amanhã às cinco horas exatas. Nem
   um minuto mais!

8. _____ que diabo serve este aparelho? Medir a radiação? Detectar metais?

9. Ele é um pouco estranho. Vai caminhando _____ rua e falando sozinho.

10. Durante o incêndio muita gente saltou _____ janela.

11. Olga! Tem aqui uma carta que chegou _____ você.

12. Não me lembro quando o vi. Talvez _____ Natal.

13. Ótimo! Fomos convidados _____ nossos amigos.

14. _____ dez anos, este menino sabe muita safadeza.

15. Iara, você já comprou seu vestido _____ a festa?

16. _____ ser médico é preciso estudar uma porção de anos.

17. Obrigado _____ presentinho!

18. Ele usa esses termos esquisitos _____ ser advogado.

19. Ela fala português tão bem que a tomamos _____ brasileira.

20. Juquinha, você comeu toda a cocada? Diga a verdade _____ mamãe!

21. Esta obra foi composta _____ Heitor Villa-Lobos.

22. Não chateie! Vá _____ o inferno!

23. _____ todo este mês não lhe poderei pagar os cinqüenta reais que lhe devo.

24. O presidente não pôde assistir à cerimônia mas o vice-presidente foi _____ ele.

25. _____ fim terminou este maldito exercício!

3f. Translate into Portuguese. Use O QUE or QUAL.

1. What's the name of your friend?

_____

2. Which of these is your book?

_____

3. What did you say?

_____

4. What movie did you see?

_____

5. What's this?

_____

6. What's today's date?

_____

7. What's the best **barzinho** in town?

_____

8. What are you going to do tonight?

_____

9. What did you give her?

_____

10. What's your address?

_____

INSTANTÂNEOS BRASILEIROS—
A DELINQÜÊNCIA JUVENIL NO BRASIL

A delinqüência juvenil assumiu também, em nosso país, proporções abrumadoras. Nos dias correntes, a vida e o patrimônio das pessoas se acham constantemente ameaçados por uma horda cada vez maior de assaltantes, de homicidas, entre os quais avulta, amiudadas vezes, a figura de menores.

Nas grandes cidades brasileiras, onde a criminalidade cresce em ritmo perturbador, considerável parte dos crimes cometidos o é por menores de idade, que costumam assaltar cidadãos indefesos, residências ou lojas comerciais, não titubeando em matar se para tanto julgarem necessário. (…)

Perambulando pelas ruas, entregues à vadiagem ou sob o pálio de ocupações marginais, vivendo apenas o presente e armados com giletes, canivetes, facas, punhais e às vezes revólveres, praticam toda sorte de delitos, transparecendo, em certos casos, um alto grau de periculosidade.

From César Barros Leal, A *Delinqüência Juvenil: Seus Fatores*

1. A delinqüência juvenil é um problema grave no Brasil?

_____

2. Os delinqüentes juvenis são responsáveis por uma parte considerável dos crimes cometidos no Brasil?

_____

3. Que tipos de crimes cometem os menores?

_____

4. Que ocupações marginais você imagina que eles podem ter?

_____

5. Estes menores se preocupam com seu futuro?

_____

6. Como os delinqüentes juvenis vão armados?

_____

7. Que grau de perigo oferecem estes menores?

_____

8. Você sabe o que é um "trombadinha"?

_____

9. Você sabe por que meios violentos às vezes se reprime no Brasil a delinqüência juvenil?

_____

10. Na sua opinião, quais são as causas de uma tão alta delinqüência juvenil?

_____

Um problema de palavras cruzadas

Horizontais:
1. O _____ é uma praia do Rio
5. O _____ é a terceira letra do alfabeto
8. O cachorro ladra e o gato _____
9. Na praia se vendem óculos de _____
10. O _____ é a letra que vem depois do **o** e antes do **q**
13. Na praia os meninos brincam com um balde e uma _____
14. Você conhece a história do Rei _____ e dos seus Cavaleiros da Távola Redonda?
16. Com as _____ fazemos vinho
17. Muitas meninas brasileiras usam fio dental _____ praia
18. _____ é um nome de mulher
19. As iniciais da Organização das Nações Unidas são _____
20. Nas _____ de Copacabana há sempre muita gente
22. Quinhentos e quinhentos são _____
23. _____ é um prefixo que significa **dois**
24. A primeira sílaba de **antes** é _____
26. _____ é a terminação da terceira pessoa do plural do presente dos verbos em **-ar**
27. Uma _____ é o mesmo que um papagaio

30. A primeira sílaba de **nada** é _____
31. O aeroporto do _____ é no Rio
32. As praias do Rio _____ uma beleza

Verticais:
2. _____ São Paulo não tem praias
3. Um _____ é uma maiô muito reduzido
5. _____ é a praia mais famosa do Rio
6. As meninas tinham sede e Scott comprou guaraná para _____
7. "A Garota de _____" é uma famosa canção brasileira
11. Uma _____ é um período da história
12. O _____ é uma praia relativamente perto de São Paulo
15. _____ é um nome de homem
19. _____ são a segunda e a terceira letras de **come**
21. _____ é outro nome de homem
25. Na praia a menininha não usava maiô, estava _____
27. _____ é a primeira sílaba de **pelada**
28. Forma do imperfeito de **ir**
29. Primeira sílaba de **Polonia**

Nome_____ Date_____ Aula_____

EXERCÍCIOS SUPLEMENTARES

A. Look at the weather map and answer the questions.

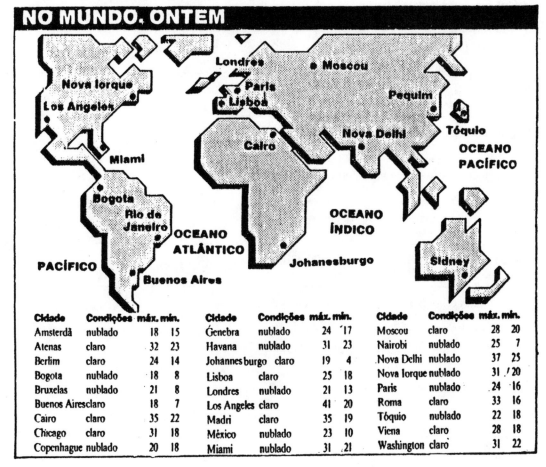

NO MUNDO, ONTEM

Cidade	Condições	máx.	mín.
Amsterdã	nublado	18	15
Atenas	claro	32	23
Berlim	claro	24	14
Bogota	nublado	18	8
Bruxelas	nublado	21	8
Buenos Aires	claro	18	7
Cairo	claro	35	22
Chicago	claro	31	18
Copenhague	nublado	20	18

Cidade	Condições	máx.	mín.
Genebra	nublado	24	17
Havana	nublado	31	23
Johannesburgo	claro	19	4
Lisboa	claro	25	18
Londres	nublado	21	13
Los Angeles	claro	41	20
Madri	claro	35	19
México	nublado	23	10
Miami	nublado	31	21

Cidade	Condições	máx.	mín.
Moscou	claro	28	20
Nairobi	nublado	25	7
Nova Delhi	nublado	37	25
Nova Iorque	nublado	31	20
Paris	nublado	24	16
Roma	claro	33	16
Tóquio	nublado	22	18
Viena	claro	28	18
Washington	claro	31	22

1. Que tempo fez ontem em Atenas?

_____

2. Choveu em Roma?

_____

3. Esteve nublado em Chicago?

_____

4. Nevou em Madri?

_____

5. Fez frio em Los Angeles?

_____

6. Que tempo tiveram em Berlim?

_____

7. Houve sol em Copenhague?

_____

8. Qual foi a temperatura máxima em Moscou?

_____

9. Que temperatura mínima tiveram em Buenos Aires?

_____

10. Que diferença de temperatura (entre a máxima e a mínima) se registrou em Paris?

_____

11. Onde sentiram mais calor, em Bogotá ou em Tóquio?

_____

12. Que cidade teve a temperatura mínima mais baixa?

_____

13. Os habitantes de Nova Delhi usaram suéter?

_____

14. Os habitantes de Amsterdã tomaram banhos de sol?

_____

15. Os habitantes da Havana puderam ir à praia?

_____

For your reference, here is a correspondence table. Five degrees Celsius are exactly nine degrees Fahrenheit.

0C = 32F, 10C = 50F, 20C = 68F, 30C = 86C, 37C = 98.6F, 40C = 104F

B. Read the newspaper article and answer the questions.

«República das Crianças»
Os primeiros passos para tirar os menores da rua já começam a ser dados. Os meninos de rua do Rio de Janeiro ganharam a «República das Crianças», financiada pelo município e localizada na rua Desembargador Isidro, 48,

Tijuca, que vai abrigar 35 meninos entre 7 e 17 anos. Até o final do ano está prevista a inauguração de mais quatro casas.

Outra grande preocupação é tirar as meninas da rua, onde elas acabam se prostituindo. Para elas, vão ser inaugura dos nos próximos dias dois lares «A Casa das Meninas»—um no Flamengo e outro no Estácio—vão abrigar 60 meninas.

1. Qual é a finalidade da República das Crianças?

_____

2. Quem financiou a República das Crianças?

_____

3. Quantos meninos a República das Crianças vai abrigar?

_____

4. De que idade esses meninos vão ser?

_____

5. Até ao fim do ano quantas mais casas se vão inaugurar?

_____

6. Qual é outra preocupação quanto aos menores que vivem na rua?

_____

7. Que perigo estas meninas correm na rua?

_____

8. Que medidas se vão tomar para atenuar este problema?

_____

9. Como os dois lares se vão chamar?

_____

10. Quantas meninas vão abrigar?

_____

C. All the following sentences are wrong. Correct them.

SANTOS/GUARUJÁ (PRAIAS) 8 HORAS
Saídas às 9:00 horas.

Centro - Av. Dom Pedro I - Monumento à
Independência - Via Anchieta - Zona Industrial -
fábricas de automóveis - Volkswagen - Mercedes Benz -
Chrysler, etc.
Parada para fotos panorâmicas da Serra do Mar,
Refinaria de Petróleo de Cubatão - São Vicente -
Ilha Porchat.
Parada para almoço (Não está incluído)
Visita ao Orquidário e Aquário de Santos. Viagem em
Ferry-Boat à Ilha do Guarujá.

OBS: Parada para o almoço não inclui banho de mar.

1. Esta excursão vai a Petrópolis.

_____

2. A excursão vai durar dois dias.

_____

3. A saída é ao meio-dia.

_____

4. O primeiro lugar a ser visitado é o centro do Rio de Janeiro.

_____

5. Depois vão ser visitadas as fábricas Toyota e Honda.

_____

6. A parada na Serra do Mar é para jantar.

_____

7. O preço do almoço está incluído no custo da excursão.

_____

8. Durante a parada para o almoço vai haver tempo para banho de mar.

_____

9. Em Santos vai ter uma visita ao Planetário e ao Museu de História Natural.

_____

D. Você vai passar uma semana na praia, não vai? Então vai precisar alugar uma casa ou apartamento. Entre estes anúncios escolha os três que lhe parecem mais prometedores e explique por que os escolheu.

NOTAS:

aptos = apartamentos
c/ = com
dorms. = dormitórios
F = fone
fte. = frente
lanch. = lanchonete
lit. = litoral
p/ = para, por
pess. = pessoas
pisc. = piscina
s.jogos = sala de jogos
temp. = temporad

LUGAM-SE
Imóveis

Guarujá, Ubatuba, Lit. Norte, Rio, Angra, Atibaia, C. Jordão. Sítios e fazendas. F.: 251-3433/ apto. 1011, 283-5480, 484-4159. Mário de Jesus, Creci 1381.

Guarujá, verão 91 - Alugo casas e aptos. Tenho várias opções em todas as praias. F.: (0132) 86-4987. Fernando Della Nina, C. 36350.

Week End's - Guarujá, Lit. Norte, Ubatuba, Búzios, C. Jordão, interior. Temp./Carnaval. 914-2667

Ubatuba, Lit. Norte, Guarujá, Rio, Angra, C. Jordão. Sítios e fazenda, em vídeo. F.: 579-8676/4644. Fax. Nilza F. Pagliusi, Creci 27267.

Ubatuba - Casas e aptos. p/temporada em diversas praias. Tr. F.: (0124) 32-3743. João Carlos A. Faria, Creci 36023.

Chalés em Ubatuba - Totalmente mobiliados, c/pisc. e rio p/pesca. F.: 278-7193/279-0715/277-2363.

Ubatuba - Férias: prêços promocionais. Chalés p/4/8 pess., pisc., lanch., s. jogos, etc. F.: (011) 35-2387 e (0124) 43-1303.

Ubatuba - Praia Vermelha do Tenório. Fte. mar., 4 dorms., 10 pess., c/caseiro. F.: 67-9959/67-6492.

E. Seu amigo ganhou a loteria e agora vai poder passar umas férias num bom hotel do Rio. Explique por que ele escolheu o São Conrado Palace Hotel.

1. O hotel é de
    a. cinco estrelas
    b. quatro estrelas
    c. três estrelas

2. Lá o turista é
    a. a quinta estrela
    b. apenas o hóspede do quarto 345
    c. um sujeito chato

3. Este hotel é
    a. modesto e feio
    b. antigo e desorganizado
    c. moderno e bem planejado

4. O hotel fica próximo
    a. a uma das mais badaladas praias do
        Rio
    b. a uma praiazinha que ninguém
        conhece
    c. a um cais de carga e descarga

5. Lá o seu amigo está
    a. a duas horas do Corcovado
    b. a meia hora do aeroporto internacional
    c. a cinco minutos da Cinelândia

6. O hotel tem
    a. só oito quartos
    b. só 15 suites
    c. 160 apartamentos e 32 suites

7. Todos os apartamentos e suites têm
    a. telefones avariados, janelas que não
        fecham bem e lâmpadas fundidas
    b. TV a cores, ar condicionado e minibar
    c. camas incômodas, mobília velha e banheiro sujo

8. Os serviços de infra-estrutura incluem
    a. lavanderia, telefonista internacional e serviço de segurança
    b. banhos turcos, cassino e florista
    c. restaurante francês, danceteria e pista de patinação

UM HOTEL ONDE A QUINTA ESTRELA É O TURISTA

São Conrado Palace Hotel é o nome deste novo e bem planejado hotel, que fica próximo a uma das mais badaladas praias do Rio, a praia do Pepino, em São Conrado. Um hotel 4 estrelas que garante um atendimento tão bom quanto um de 5 estrelas e que tem ótima localização: meia hora do Aeroporto Internacional do Rio de Janeiro e poucos minutos do centro empresarial.

São 160 apartamentos, sendo 32 suítes com varandas. Todos têm TV a cores, ar condicionado, minibar, room service 24 horas por dia e o conforto de um grande hotel. Além disso, todos os serviços de infra-estrutura podem ser encontrados no hotel, desde lavanderia, até telefonista para ligações com qualquer parte do mundo, além de telex e sistema de segurança dos mais modernos e eficazes.

O mais novo hotel de São Conrado está preparado para receber turismo nacional, internacional e de convenções.

LIÇÃO 9—LABORATÓRIO
A PRAIA

Exercício I: Pronúncia: O *e* aberto e fechado brasileiros

When an **e** is stressed, it can be *open* or *close*. When you say an "open **e**" your mouth is physically more open than when you say a "close **e**." The difference betwen the two is important because two words that are exactly the same except that one has an open **e** and the other has a close **e** will mean two different things. **Seu**, with its "close **e**" means *your* and **céu** with its "open **e**" means *sky*!

How to tell which is which is the challenge. Any **e** that has an acute accent over it is open.

América	império
até	jacaré *alligator*
artéria	José
candomblé	magnésia
crédito	métrico
égua *mare*	pé
fé	sétimo
fonética	trégua *truce*

When an **e** has a circumflex, it is close.

bêbado	clichê
bebê	guichê
chinês	

If there is a verb form and a noun or adjective that have the same spelling, the noun or adjective will generally have the close **e** and the verb will have the open **e**. Pronounce these after the tape.

Noun = Close	Verb = Open
começo *the beginning*	[eu] começo *I begin*
peso *the weight*	[eu] peso *I weigh*
selo *the seal*	[eu] selo *I seal*
seco *dry*	[eu] seco *I dry*
presa *prey*	[ele] preza *he esteems*
pega *magpie*	[ele] pega *he takes*
rego *furrow*	[eu] rego *I water*

Exercício II: O pretérito perfeito—Formas irregulares

After the tape says the present tense of the verb, you say the preterite form. Don't be fooled by the irregularities in the present tense.

MODELO: (tape) eu trago
                (student) eu trouxe
                (confirmation) eu trouxe
                (repetition) eu trouxe

Vozes brasileiras—Ipanema

Write in the missing words. The **Voz** will be repeated once.

A melhor praia do Rio, para _____, é Ipanema. Eu não sei, Ipanema é limpa, é _____-

_____ e tem muita gente bonita também. E _____ que tudo o que é de

novo no Rio _____ Ipanema. Por exemplo, é o lugar onde se acha atores, artistas,

onde a bossa nova _____ no Rio, biquini, onde as garotas

_____ tudo o que era moda, tudo foi _____ em Ipanema. A

tanga e o fio dental parece que também _____ em Ipanema.

Exercício III: O pretérito perfeito—Pretéritos perfeitos especiais

After the question is asked, pick and say the correct response from among the choices given below. The example is from **número um**.

MODELO: (tape) Você conhece o Professor Osvaldo?
                (student) Sim, conheci ontem à noite.
                (confirmation) Sim, conheci ontem à noite.
                (repetition) Sim, conheci ontem à noite.

1. a. Sim, conheci ontem à noite.
   b. Sim, pude chegar a tempo.
   c. Sim, quis entrar no prédio.
2. a. Não, não quis dormir tão cedo.
   b. Não, não conheci essa pessoa.
   c. Não, não estive lá.
3. a. Sim, pude ir à prova.
   b. Sim, foi muito agradável.
   c. Sim, tive razão.
4. a. Não, não pude sair cedo.
   b. Não, não quis viajar por avião.
   c. Não, não soube as indicações.
5. a. Sim, quis comer às oito.
   b. Sim, pude chegar no Rio.
   c. Sim, soube ontem.

6. a. Foi ótimo.
   b. Quis ir ao aeroporto mas não pude.
   c. Conheci o dono do restaurante ontem.
7. a. Sim, Frederico quis ir à festa.
   b. Sim, Frederico pode nos ajudar.
   c. Sim, conheci muito tempo atrás.
8. a. Sim, vi o programa.
   b. Sim, vim em setembro.
   c. Sim, ela veio comigo.
9. a. Sim, comi duas bananas.
   b. Sim, ela trouxe os deveres.
   c. Sim, estive lá faz dois anos.
10. a. Eu quis ligar mas não pude.
    b. O meu irmão voltou ontem.
    c. Puxa! O exercício foi difícil mesmo!

Vozes brasileiras—Vamos ao Guarujá!

You will hear the **voz** twice. Circle the words below that don't correspond to what is said.

Em São Paulo, o que a pessoa faz é ir para a praia no final de semana. Acho que a maioria dos estudantes viaja pra lá. Como é uma cidade muito feia, apesar de ter extavagantes clubes, clubes grandes, os estudantes têm muita fome, muita sede de praia, desse tipo de vida ao ar quente. E como o Brasil tem um tempo bom, quase todo final de semana quatro ou cinco amigos apanham carro e vão para o litoral.

Exercício IV: Formas do futuro do subjuntivo
This is a form exercise on the future subjunctive. After the tape gives you an infinitive, say **se** and then the future subjunctive if the **você**-form of the verb. There is a written part to this exercise after the oral part.

> MODELO: (tape) querer
> (student) se você quiser
> (confirmation) se você quiser
> (repetition) se você quiser

Written part:

1. _____

2. _____

3. _____

4. _____

Exercício V: Usos do futuro do subjuntivo
Statements will be made which contain **se** and **quando** plus a "future with **ir**" expression. Your job is to comment on what is said. Begin with **Me diga** *tell me* and then reflect what the tape said in the rest of your comment using a future subjunctive instead of the "future with **ir**" expression. Follow the model.

> MODELO: (tape) Não sei quando vai ser possível.
> (student) Me diga quando for possível.
> (confirmation) Me diga quando for possível.
> (repetition) Me diga quando for possível.

     LIÇÃO 9

Exercício VI: Contrastes de vocabulário: O QUE e QUAL
Circle the letter corresponding to the question that gives the answer on the tape.

> MODELO: (tape) É uma atividade física.
> a. O que é uma atividade física?
> b. O que é o futebol?
> c. Qual é o futebol?

1. a. O que é uma cidade grande?
   b. Qual é a capital do Brasil?
   c. Qual é Brasília?

2. a. Qual é o seu pai?
   b. O que é o seu pai?
   c. O que é um advogado?

3. a. Qual é a cor vermelha?
   b. O que é a cor?
   c. O que é o amarelo?

4. a. O que é a sua casa?
   b. O que é a casa azul?
   c. Qual é a sua casa?

5. a. O que é o Canadá?
   b. Qual é o Canadá?
   c. Qual é um país muito grande?

Vozes brasileiras—É que ficamos na casa duns amigos
You will hear the **voz** twice. Write in the missing phrases.

É comum as pessoas _____ na praia. Quase todo mundo que

_____tem casa de praia.

_____, ou em Ubatuba, mas _____. Uma casa

ou um apartamento, _____, mas tem uma casinha lá na praia para

_____. E quando se vai, nunca se

_____ hotel. Hotel, não. Normalmente vai para

_____ de amigos.

Exercício VII. Texto de compreensão: Em Copacabana

Listen to the comprehension text and write answers to the questions asked.

1. _____

2. _____

3. _____

4. _____

Exercício VIII. Ditado.
You will hear this dictation three times. The first time, just listen attentively. The second time, write what you hear during the pauses. The third time it will be read with no pauses so that you can verify your work.

_____

_____

_____

_____

_____

_____

LIÇÃO 10—CADERNO DE TRABALHO
VOCÊ TEM FOME?

1. Pronomes de objeto direto, pp. 205-09

1a. Substitute a direct object pronoun for the italicized expression.

1. Nenhuma moça quer convidar *Pedro* para a festa.

_____

2. Quem atirou *a bola de papel* ao professor?

_____

3. Você quer conhecer *Isabel e Laura*?

_____

4. Ninguém viu *José Carlos e Fernando* na universidade hoje?

_____

5. Ela encontrou *meu irmão* na praia.

_____

6. Não vai visitar *seus amigos* esta noite?

_____

7. O quê? Você comeu *meu pudim*?

_____

8. Ele conhece *seu pai e você* faz muitos anos.

_____

9. Jorge, nós queremos ouvir *sua namorada* cantar.

_____

10. Você vai levar *suas colegas e eu* a Las Vegas?

_____

1b. Rewrite the following sentences using a direct object pronoun in the second segment to avoid repeating the object.

1. Helena e Ricardo? Nós conhecemos Helena e Roberto no outro dia.

_____

2. A janela quebrou. Foi o desastrado do Rui que tentou abrir a janela.

_____

3. O filme foi muito bom. Acho que nós vamos ver o filme uma segunda vez.

_____

4. Eu adoro feijoada. Sempre pedia feijoada nos restaurantes quando viajava no Brasil.

_____

5. Vocês trazem suas pipas? Vamos soltar nossas pipas na praia.

_____

6. Onde está o frango? A empregada precisa botar o frango no forno pelas quatro.

_____

7. Meu carro não funciona. Mando o mecânico consertar o carro amanhã.

_____

8. Vocês gostam da música de Gilberto Gil? Nós ouvimos a música dele num concerto no sábado.

_____

9. Amanhã os rapazes vão pegar o ônibus. Eles tomam o ônibus para o consultório do advogado.

_____

10. Quase toda nossa roupa está suja. Nós levamos a roupa à lavanderia.

_____

1c. Answer these questions using an object pronoun for the underlined expression.
1. Você tem _o recibo_?

_____

2. Eles retiraram _o dinheiro_?

_____

3. O Zé pagou _a hipoteca_?

_____

4. A empregada limpou *a cozinha*?

_____

5. Vocês reservaram *os quartos*?

_____

1d. In the following sentences the words in boldface are not very appropriate or are outright wrong. Try to use a more acceptable form.

1. Que vergonha! A professora viu **eu** colando na prova.

_____

2. Dona Teresa conheceu **ela e eu** quando éramos meninos.

_____

3. Os ladrões assaltaram o banco mas a polícia não pôde prender [*arrest*] **os**.

_____

4. Luís pode levar **tu** ao aeroporto.

_____

6. Como quer que eu convide Ruth? Eu não conheço **a**.

_____

7. Suas primas? Não vi **as** na festa.

_____

8. Quero apresentar **você e tu** a meu namorado.

_____

3. Que horas são? pp. 212-14

3a. Answer these questions about time.

1. Que horas são agora?

_____

2. A que horas começou a aula de português?

_____

3. A que horas vai terminar?

_____

LIÇÃO 10   173

4. A que horas você se levantou hoje?

_____

5. A que horas tomou o café da manhã?

_____

6. A que horas você saiu de casa?

_____

7. A que horas chegou à universidade?

_____

8. A que horas vai almoçar / almoçou hoje?

_____

9. A que horas vai voltar a casa?

_____

10. A que horas vai fazer o dever de casa?

_____

11. Que horas eram quando você se deitou ontem?

_____

12. Que horas eram quando você se levantou hoje?

_____

13. Que horas eram quando você tomou o café da manhã?

_____

14. Que horas eram quando você saiu de casa?

_____

15. Que horas eram quando você chegou à escola / à universidade?

_____

3b. Write twelve sentences about things related to each month.

      Modelo: *Meu aniversário é em setembro.*

1. _____

2. _____

3. _____

4. _____

5. _____

6. _____

7. _____

8. _____

9. _____

10. _____

11. _____

12. _____

4. Dias, meses e estações, pp. 215-18

1. Você sempre tem aula de português na segunda-feira?

_____

2. Você sempre vai na lavanderia na terça-feira? Não? Então quando?

_____

3. Você sempre vai no supermercado na quarta-feira, né? Não? Então quando vai?

_____

4. O que você fez na quinta-feira passada?

_____

5. Na sexta-feira você foi ao cinema? Não? Então que fez?

_____

6. Você ficou em casa sábado à noite? Não? Então onde foi?

_____

7. Onde você foi no domingo?

_____

5. O pretérito imperfeito num significado especial, pp. 227-28

5a. Write five sentences describing things you swore to your boy(girl)friend you would or would not do.

MODELO: *Jurei* [I swore] *a minha namorada que não mentia mais para ela.*

1. _____

2. _____

3. _____

4. _____

5. _____

5b. Give advice, following the model.

MODELO: Como você... ia à praia no domingo?

Eu pegava o ônibus.

Como você...

1. conseguia dinheiro para ir ao Brasil?

_____

2. dizia a seu pai que levou bomba em português?

_____

3. explicava a seu namorado / sua namorada que queria terminar o namoro?

_____

4. falava para seu amigo que amassou o carro dele?

_____

5. se desculpava com seu professor por ter matado cinco aulas?

_____

6. explicava ao policial por que dirigia a setenta milhas por hora?

_____

7. procurava um bom trabalho?

_____

8. dizia a uma garota / a um menino que queria sair com ela /ele?

_____

9. encontrava um novo apartamento?

_____

10. fazia para seu irmão lhe emprestar o carro?

_____

5c. Formulate polite requests about

1. utilizar o telefone de um amigo

_____

2. pedir ajuda com a lição de matemática

_____

3. trazer fruta do supermercado

_____

4. acompanhar a uma festa

_____

5. pedir cem dólares emprestados

_____

6. deixar dirigir o carro

_____

7. fazer um favor

_____

8. preparar uma omelete

_____

9. dar um conselho

_____

10. lembrar que é preciso escrever a Mamãe

_____

LIÇÃO 10

INSTANTÂNEOS BRASILEIROS—
PONTUALIDADE À BRASILEIRA

Tradicionalmente os brasileiros não se preocupam muito com o relógio. Mas a situação está mudando, sobretudo em São Paulo, onde o ritmo de vida é mais rápido. Dizia há pouco uma revista brasileira que um atraso de cinco minutos para chegar a um jantar ainda só é atraso na Inglaterra e na Suíça. Chegar dez minutos depois já é um pouco de atraso mas ainda não provoca constrangimento. Atraso de quinze minutos só é agora aceitável nas horas de pico do trânsito. Trinta minutos de atraso é um horror. Só se justifica quando o vôo internacional chega tarde. E um atraso de uma hora apenas é perdoável no dia em que o horário de verão entrou em vigor.

1. Você é pontual? Por quê?

_____

2. O que você pensa das pessoas que chegam cronicamente atrasadas?

_____

3. O que os brasileiros geralmente pensam da pontualidade?

_____

4. Isso ainda é verdade em São Paulo? Por que os paulistas são um pouco diferentes?

_____

Um problema de palavras cruzadas

Horizontais:

1. Se o serviço do restaurante é ruim devemos nos queixar ao ____
6. As duas primeiras letras de **amigo** são ____
8. Por ____ de Deus, não quero ir a esse horrível restau rante!
9. Não vou tomar chopp, só um ____ de laranja
11. Na lanchonete Scott olha o ____ mas não decide o que vai pedir
15. ____ garçons deste restaurante são muito amáveis
16. As quatro últimas letras de **colam** são ____
17. A primeira sílaba de **pedir** é ____

18. O cliente não tinha dinheiro e ____ correndo sem pagar a conta
19. As duas primeiras letras de **açúcar** são ____
20. As três últimas letras de **pera** são ____
23. As duas vogais de **sopa** são ____
24. A ____ do costume sempre se encontra nesta pizzaria
26. As duas primeiras letras de **aqueles** são ____
28. ____ é o mesmo que **você**
30. As duas primeiras sílabas de **econômico** são ____
32. A ____ é o prato mais famoso da cozinha brasileira

178   **LIÇÃO 10**

	1	2	3	4			5		6	7
	8						9			
					10					
	11	12		13		14				
	15			16					17	
				18					19	
	20	21	22						23	
	24			25			26	27		
		28				29		30	31	
	32									

Verticais:

1. A _____ serviu rapidamente a comida
2. Não quero jantar _____ lugares caros
3. Os cachorros gostam de _____ ossos
4. A terminação dos verbos do segundo grupo é _____
5. Algumas pessoas acham que um conhaque depois de comer _____ a digestão
6. As duas primeiras letras de **acarajé** são _____
7. A _____ é um prato de peixe ou camarão
10. Vou pedir uma _____ de alface, tomate e palmito
12. _____ frutas e as verduras são ótimas para a saúde
13. Scott gosta muito _____ pratos típicos brasileiros

14. Amanhã vou almoçar com meu _____ e minha mãe
17. Os brasileiros comem muito _____
21. As duas primeiras letras de **rumor** são _____
22. A culinária é uma verdadeira _____
25. A primeira sílaba de **muito** é _____
27. As iniciais de **quod erat demonstrandum** são _____
29. Hoje não vou jantar com meus amigos, vou comer _____
31. As duas primeiras letras de **carne** são _____

EXERCÍCIOS SUPLEMENTARES

A. Mark the most appropriate answer:

1. Kibon é uma famosa marca de
   - a. pizza
   - b. salmão enlatado
   - c. sorvete
   - d. leite condensado

2. O Eski-Bon Crocante é preferido
   - a. por vovô e vovó
   - b. pelos meninos
   - c. pelos professores de francês
   - d. pelas cantoras de ópera

3. O nome Ki-Bon sugere que o sorvete é
   - a. horrível
   - b. muito caro
   - c. fabricado na Rússia
   - d. delicioso

4. Os meninos preferem comer sorvete quando
   - a. faz muito calor
   - b. estão na aula de matemática
   - c. está nevando
   - d. estão com gripe

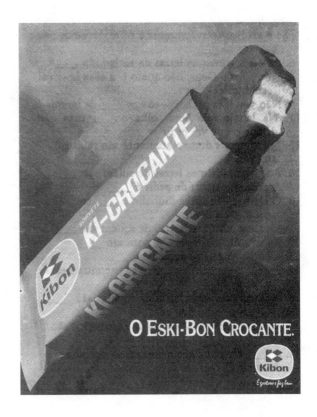

B. Look at this ad.

Rodízio is a restaurant in which you help yourself from the salad bar, and then you are served successive portions of beef, pork, chicken and sausage at your table.

O MELHOR RODÍZIO DO RIO.

MÚSICA AO VIVO, PISTA DE DANÇA E AR REFRIGERADO.

SERVIÇO DE BANQUETE INTERNO E EXTERNO. ESTACIONAMENTO PRÓPRIO.

CHURRASCARIA

GAÚCHA

A PIONEIRA

RUA DAS LARANJEIRAS, 114
☎ 245-2665 E 245-3185 - RIO

1. A Churrascaria Gaúcha serve um bom rodízio?

_____

2. Eles têm música de fita?

_____

3. Se pode dançar nesta churrascaria?

_____

4. Faz muito calor lá dentro?

_____

5. Se podem organizar banquetes nesta churrascaria?

_____

6. Eles também fornecem comida para banquetes noutro lugar?

_____

7. É preciso estacionar o carro na rua?

_____

8. Suponha que você não tem muito apetite hoje. Você ia a esta churrascaria? Por quê?

_____

C. Check the most appropriate answer

1. O Restaurante Suntory serve comida
    a. grega, b. japonesa, c. italiana

2. Neste restaurante você deve comer com
    a. garfo e faca, b. as mãos, c. pauzinhos

3. O restaurante é
    a. sofisticado e de bom gosto, b. modesto e simples, c. pequeno e sujo

4. O Suntory é ótimo para você convidar
    a. sua sogra, b. seus amigos, c. seu psiquiatra

5. Este restaurante é bom para você
    a. almoçar, b. lanchar, c. tomar o café da manhã

6. Se você pedir Tempura Teishoku você vai comer
    a. camarão, carne, peixe, verduras e arroz, b. pizza, lasanha, ravioli, macarrão e salada,
    c. bife, batata frita, um ovo, arroz e feijão

7. Você adora churrasco. Então no Suntory você vai pedir
    a. churrasco típico argentino, b. Teppan-Yakki Teishoku, c. cozido à portuguesa

8. O Suntory está
    a. aberto todos os dias, b. fechado à segunda-feira, c. fechado ao domingo

D. When you are in Brazil you may consider shopping for your food at the Carrefour. Check the reasons why you may do so.

No Carrefour você pode comprar de olhos fechados.

A melhor qualidade dos produtos, a grande variedade, o bom atendimento e acima de tudo o menor preço fazem do Carrefour o melhor local para suas compras.
No Carrefour existem milhares de itens, de todos os gêneros, tabelados e congelados pelo menor preço.
Porque só o Carrefour assumiu o compromisso público de vender mais barato.
Se você, por acaso, encontrar em qualquer outro lugar um produto mais barato que no Carrefour, nós devolvemos a diferença. Fique de olho no seu dinheiro.
Faça suas compras no Carrefour.

◖❉ Carrefour

Posso comprar de olhos fechados no Carrefour porque

- ☐ os produtos são de excelente qualidade
- ☐ também compro nos Carrefours americanos
- ☐ o pessoal atende muito bem
- ☐ é só um pouquinho mais caro que outros supermercados
- ☐ tem uma grande variedade de produtos
- ☐ não vende produtos congelados, só frescos
- ☐ assumiram o compromisso de vender mais barato
- ☐ se eu encontrar qualquer artigo mais barato noutro lugar eles devolvem a diferença

E. Answer these questions.

1. Quantas sopas internacionais a Maggi oferece?

_____

_____

2. O minestrone é uma sopa francesa?

_____

_____

3. A sopa de queijo é uma sopa japonesa?

_____

_____

4. O caldo verde é uma sopa espanhola?

_____

_____

5. O creme de champignon é uma sopa brasileira?

_____

_____

6. Você gosta de sopa à chinesa?

_____

_____

7. Segundo a Maggi, qual é a qualidade destas sopas?

_____

8. Como é o sabor destas sopas?

_____

9. Você acha que é realmente a mesma coisa pegar a colher e comer uma sopa internacional que viajar por um país estrangeiro?

_____

Chegaram as sopas internacionais Maggi.

Pegue sua colher e boa viagem.

A Maggi acaba de lançar no Brasil as sopas internacionais, desenvolvidas segundo as mais tradicionais receitas da França, Itália, Portugal, Suíça e China.

São sopas de primeira classe, feitas com ingredientes nobres e com sabor sem igual. Experimente as sopas internacionais Maggi e sinta o gostinho de estar nesses países maravilhosos.

Minestrône   Sopa de Queijo   Caldo Verde   Creme de Champignon   À Chinesa

Sopa Maggi. Um prato cheio de sabor.

LIÇÃO 10—LABORATÓRIO
VOCÊ TEM FOME?

Exercício I: Pronúncia: O *o* brasileiro

The same phenomenon of open and close vowels that affects the **e** also affects the **o** There is an open **o** and a close **o**. The well-known contrast between grandparents shows this clearly— **avô**, with a close **o** is *grandfather* and **avó**, with an open **o**, is *grandmother*.

As with the e, an **o** with a an acute accent is open. Pronounce these examples after the tape.

acrópole	herói
caótico	lógico
código	nós
cósmico	ótico
dólar	sólido
esquimó	vovó

And an **o** with a circumflex is prounced close. Again, the recent spelling reform has eliminated most of them. Pronounce them after the tape.

agogô	fôlego
avôs	ioiô
compôs	maiô
depô	mantô
esôfago	pôde
expô	vôo

When a related verb and a noun have the same spelling, the verb will have the open **o** and the noun will have the close **o**, parallel with what happens with the **e**:

Verb = Open	Noun = Close
[eu] gosto	gosto *taste*
[ela] corte *she may cut*	corte *court*
[eu] gozo	gozo
[eu] forro *I line*	forro *lining*

Exercício II: Pronomes de objeto direto

First, answer these questions using pronouns to replace direct objects from the questions. The first set deals only with things. Follow the model:

> MODELO: (tape) Você tem o novo romance?
> (student) Sim, o tenho.
> (confirmation) Sim, o tenho.
> (repetition) Sim, o tenho.

Now answer the same questions, but don't use pronouns in the colloquial Brazilian style.

> MODELO: (tape) Você tem o novo romance?
> (student) Sim, tenho.
> (confirmation) Sim, tenho.
> (repetition) Sim, tenho.

Now answer the questions dealing with people.

> MODELO: (tape) Você me viu no cinema?
> (student) Sim, vi você no cinema.
> (confirmation) Sim, vi você no cinema.
> (repetition) Sim, vi você no cinema.

Written section:

1. _____

2. _____

3. _____

4. _____

Vozes brasileiras—Num restaurante brasileiro
Write in the missing words.

A gente vai a um _____. Às vezes, se o restaurante é muito _____ é bom fazer uma _____ porque senão a gente tem que esperar na _____. Se estiver reservado a gente diz o nome e o garçom, ou a _____, ou o maitre nos _____ até à mesa. O garçom apresenta o _____. A gente faz o _____ e come com toda tranqüilidade. No momento em que se está _____, pede-se a conta.

Exercício III: Que horas são?

Tell the times on the clockfaces in the order given by the tape.

Modelo: (tape) **Número seis**—Que horas são?
          (student) São cinco e cinco.
          (confirmation) São cinco e cinco.
          (repetition) São cinco e cinco.

Written section:

a. _____

b. _____

c. _____

Vozes brasileiras—O horário das refeições no Brasil
Circle the words below that don't correspond with what is said.

Normalmente o jantar é servido entre meio-dia e uma hora. A gente tem três horas de almoço. E o jantar é cozinhado acho que—varia muito de família para família—das sete até às onze horas. Eu acho que muito freqüentemente antes das sete e quase sempre depois das nove horas. O almoço é nossa comida mais importante, a maior, e todo mundo 'tá em casa normalmente. Daí entre as seis e as nove horas você pode dormir, se quiser.

Exercício IV: Dias, meses e estaçoes

In the first part, state what month or season comes after the given one. In the second part, say what day of the week the events take place on.

Written part:

1. _____
2. _____
3. _____

Vozes brasileiras—Restaurantes étnicos em São Paulo

You will hear the **voz** twice. Write in the missing phrases.

Em São Paulo _____ muito bem. Se come

_____ em São Paulo. Você pode escolher qualquer restaurante

mas _____ mais comida italiana. Agora é a comida mais barata,

_____ para estudantes. São Paulo tem

_____que quiser mas os restaurantes _____

_____ geralmente são mais baratos.

Exercício V. Texto de compreensão: O que se bebe e se come no Brasil

Listen to the comprehension text and write answers to the questions asked.

1. _____

2. _____

3. _____

4. _____

Exercício VI. Ditado.

You will hear this dictation three times. The first time, just listen attentively. The second time, write what you hear during the pauses. The third time it will be read with no pauses so that you can verify your work.

_____

_____

_____

_____

Lição 11—Caderno de Trabalho
O DDD; O Transporte e a Internet

1. O Imperativo, pp. 229-32

1. Responda às perguntas abaixo usando sempre imperativos.

O que diz—

1. o médico quando você fala que tem dor de cabeça?

_____

2. o professor quando você tem uma nota ruim na prova?

_____

3. sua mãe quando você chega a casa com fome?

_____

4. seu amigo quando vê você fumando muito?

_____

5. o dentista quando você se senta na cadeira dele?

_____

6. o policial quando pega você dirigindo na contramão?

_____

7. seu pai quando você volta para casa às quatro da manhã?

_____

8. seu namorado / sua namorada quando você diz uma mentira?

_____

9. o ladrão quando assalta você na rua?

_____

10. seu chefe quando lhe dá um trabalho para fazer?

_____

11. seu amigo quando você fala que quer ir a um lugar perigoso?

_____

12. seu colega quando você pergunta o que pode trazer para a festa?

_____

13. sua amiga quando você pergunta se pode ir ao apartamento dela?

_____

14. a balconista quando você quer pagar a ela?

_____

15. Vovó quando você lhe pede dinheiro?

_____

2. Expressões úteis numa conversa telefônica, pp. 234-35

2. Escreva três pequenos diálogos telefônicos ilustrando as seguintes situações:

1. Você quer saber a que horas chega o vôo 47 da VARIG

_____

_____

_____

_____

_____

2. Você quer convidar seu amigo para vir estudar a sua casa

_____

_____

_____

_____

_____

_____

3. Você quer reservar lugar num restaurante

_____

_____

_____

_____

_____

_____

3. Qualquer e qualquer coisa, p. 237

3. Escreva **qualquer (coisa), quaisquer, qualquer um** nos espaços.

Desejo comprar música de M. Nascimento—suponho que _____ CD

dele é bom. É isso mesmo! Você pode escolher _____ .

É verdade que _____ pessoa no Rio pode entender português? É, você

pode falar português com _____ pessoas.

Você quer comer? O que quer? _____ serve. Então vamos a

_____ restaurante aqui perto.

Preciso de _____ aula de história o ano próximo. Veja esta lista de cusos—

você pode fazer _____ . Sim,

_____ destes era bom.

4. Os Demonstrativos, p. 238-41

4. Duas meninas, Olga e Clara, estão conversando. Complete o diálogo delas com demonstrativos ou contrações de preposições e demonstrativos. (Em alguns casos existe mais de uma possibilidade lógica.)

OLGA: Onde você comprou _____ suéter?

CLARA: _____ suéter? Comprei _____ loja lá do centro onde

fomos _____ dia que não tivemos aula.

OLGA: E _____ sapatos, também comprou no centro?

CLARA: _____ sapatos não comprei, não. Ganhei de presente _____

último Natal.

OLGA: Não diga! Quem deu para ti? Foi _____ menino por quem você andava louca

o ano passado?

CLARA: Não brinque! _____ já acabou faz muito tempo. _____ ano tenho novo namorado.

OLGA: Quem é? _____ bonitão que você conheceu _____ barzinho onde fomos?

CLARA: Como adivinhou? É _____ mesmo. _____ noite vou sair com ele, sabe?

OLGA: E onde vocês vão? Na festa _____ rapaz que nos convidou a semana passada?

CLARA: Não, vamos só ver _____ filme que você falou o outro dia.

5. O comparativo, pp. 242-44

Compare os elementos abaixo. Use **muito** ou **pouco** sempre que for apropriado.

1. A China - a Albânia

_____

2. A Lituânia - a Índia

_____

3. A baleia [*whale*] - o mosquito

_____

4. Rhode Island - o Texas

_____

5. Einstein - eu

_____

6. Eu - Rockefeller

_____

7. Juca (280 quilos) - Nelson (45 quilos)

_____

8. Um Volkswagen de 1967 - um Alfa-Romeo de 1993

_____

9. Um caracol [*snail*] - um cavalo de corrida

_____

10. São Paulo - São Luís do Maranhão

_____

11. Um chimpanzé - um burro

_____

12. Pedrinho (dois meses) - Heleninha (um mês)

_____

13. Clara (2.500 reais) - Violeta (20 reais)

_____

14. A Sibéria - o Zaire

_____

15. Um Lamborghini - uma bicicleta

_____

INSTANTÂNEOS BRASILEIROS— BOEINGS NA PONTE AÉREA

A VARIG apresentou em seu hangar, no Aeroporto Internacional do Rio de Janeiro, o primeiro dos cinco Boeings 737-300 que adquiriu para vôos comerciais entre o Rio e São Paulo. A previsão da empresa é de que em um ano os novos aviões estarão substituindo os Electra II na ponte aérea.

Para receber Boeings, a pista do Aeroporto Santos-Dumont terá de ser ampliada em 150 metros, de acordo com a Infraero, ou em 200 metros, segundo a VARIG. A Infraero deve elaborar, até março, um projeto de ampliação que definirá as possibilidades operacionais e o custo da obra—calculado em US$10 milhões pela VARIG. Aprovado o projeto pelo Departamento de Aviação Civil, haverá prazo de dez meses para execução da obra.

O plano da VARIG é trocar os 14 Electras utilizados atualmente por dez Boeings. A maior vantagem do Boeing é capacidade: transporta de 132 a 140 passageiros contra os 90 dos Electra. O segundo avião chegará este mês e outros três em janeiro ou fevereiro Os cinco restantes dependeriam de remanejamento pela VASP e pela Transbrasil—empresas que também operam na Ponte Aérea—de aeronaves de outras linhas comerciais.

De acordo com a VARIG, será preciso comprar novos equipamentos e fazer melhorias na pista. "Com isso esperamos que os aviões possam operar com o grau de confiança que esse serviço exige," disse o vice-presidente de Administração e Controle da empresa. Edgard Araújo. "A única coisa que está pegando [*lacking*] agora é o dinheiro," acrescentou, admitindo que "há dificuldade em alocar recursos." A Boeing não pretende contribuir com nada. "Nós fabricamos aviões," resumiu o representante da empresa americana no Brasil, Heber Moura.

A VARIG fez um *leasing* com a empresa americana Gatx Leasing Corporation e com o banco francês Crédit Lyonnais para operar os cinco aviões durante cinco anos. Terminado esse prazo, poderá devolver ou estender as operações por mais sete anos, após os quais comprará as aeronaves. O custo é de US$128 milhões, financiados em 12 meses e inclui duas turbinas de reserva. A empresa obteve desconto de US$2,5 milhões, adquirindo cada avião por US$24 milhões 495 mil.

Edgard Araúju disse que a decisão de comprar Boeings foi tomada há cinco meses. Nesse meio-tempo foram realizados vôos de demonstração de aviões de outras empresas, como a inglesa Aerospace. A VARIG encomendou à norte-americana Flight Safety Foundation uma análise das condições de pouso nos aeroportos de Congonhas (São Paulo) e Santos Dumont (Rio).

A Ponte Aérea é mantida por um *pool* de quatro empresas, sendo que a VARIG tem a maior participação: 52%. A Transbrasil tem 7%, a Cruzeiro, 19% e a VASP, 22%. É a VARIG que mantém os catorze Electra, com custo e receita divididos entre as quatro companhias. A VARIG pretende vender 13 Electra e guardar um em seu museu.

(1991) A pista de 1,35km do Aeroporto Santos-Dumont, no Rio, recebeu um recapeamento mais poroso, para aumentar a aderência das aeronaves com o solo. Equipamentos especiais permitirão aos Boeings pousarem com segurança na pista que é considerada curta, não podendo de ser aumentada sem aterrar o mar.

Formule perguntas para as respostas na página seguinte.

1. _____?
A Ponte Aérea Rio-São Paulo é um serviço contínuo de aviões entre as duas cidades.

2. _____?
A VARIG adquiriu agora cinco Boeings 737-300 para este serviço.

3. _____?
Foi para substituir os Electra II que estava usando.

4. _____?
A pista do Aeroporto Santos Dumont vai ser ampliada de 150 a 200 metros para receber os novos Boeings.

5. _____?
A VARIG está agora utilizando 14 Electras.

6. _____?
No futuro vão ser utilizados 10 Boeings.

7. _____?
Os Boeings transportam de 132 a 140 passageiros.

8. _____?
Os Electra transportam apenas 90.

9. _____?
A Ponte Aérea é mantida por um *pool* de quatro empresas.

10. _____?
A maior participação é a da VARIG, com 52%. A VASP tem 22%, a Cruzeiro 19% e a Transbrasil 7%.

Um problema de palavras cruzadas

```
 1   2   3       4       5       6   7
 8               □   9  10
11          □       12          □
13      □  14      15
    □  16      □  17          □
18          □  19  □       20  □
    □       □  21  22  □  23      24
25  26      27      □  28
    □      29      □  30
31              □  32
```

Horizontais:

1. O ____ é o Código de Endereçamento Postal
4. ____ significa Discagem Direta à Distância
6. Scott estuda ____ São Paulo
8. Em São Paulo tem uma área chamada Santo ____
9. Um ____ é um barco de recreio
11. "Vocês vão ____ muito com essa comédia"
12. As duas consoantes de **sala** são ____
13. As duas primeiras consoantes de **trazer** são ____
15. Scott perdeu suas chaves e não as consegue ____
16. "Eu ____ dou uma ligadinha amanhã"
17. O Rio é ____ interessante quanto São Paulo
18. ____ é o mesmo que **furiosa**
21. ____ é uma forma afetuosa de **José**
23. "____ dia, como vai?"
25. O serviço de ____ do Rio é bastante eficiente
28. ____ é um nome de mulher
29. O artigo definido masculino em espanhol é ____
30. O Edifício Itália é muito ____
31. Na praia de Ipanema muitas garotas ____ fio dental
32. ____ é na Indochina

Verticais:

1. O ____ trouxe muitas cartas hoje
2. Um ____ é um chefe árabe
3. Scott e Sônia formam um ____ simpático
4. "Não vou à aula hoje porque me ____ muito a cabeça"
5. Para chamar a polícia você deve ____ 190
6. **E** em francês é ____
7. Em São Paulo tem ônibus e ____
10. Scott não vai comer ____ porque depois não pode beijar Sônia
14. As três primeiras letras de **medo** são ____
15. As duas primeiras letras de **até** são ____
16. Muitos brasileiros não têm dinheiro para pegar ____
19. Tem uma valsa muito famosa chamada "O Danúbio ____"
20. Tem uma fila enorme no ____ do ônibus
22. "Tu ____ bonita" é o mesmo que "Você é bonita"
23. O menino esta comendo uma ____
24. "Pedrinho, você tem sempre que lavar as ____ antes de comer!"
26. Na praia os garotinhos brincavam ____
27. "Oi, tudo ____ ?"
30. A primeira sílaba de **almoço** é ____

LIÇÃO 11   195

EXERCÍCIOS SUPLEMENTARES

A. O dia nacional do carteiro

NOTA: *"Dar as cartas" tem dois sentidos. Pode signif-icar* CONTROLAR UMA SITUAÇÃO *ou* ENTREGAR A CORRESPON DÊNCIA.

1. Por que os carteiros são os homens que dão as cartas neste país?

_____

_____

2. Como os carteiros podem facilitar os encontros amorosos?

_____

_____

3. Que notícias boas eles podem trazer?

_____

_____

4. O que significa realmente "a chegada do herdeiro"?

_____

5. Em que data é o Dia Nacional do Carteiro?

_____

6. Qual é a empresa que aqui reconhece o valioso papel dos carteiros?

_____

Aos homens que realmente dão as cartas neste país:

Os carteiros.
São eles que encurtam distâncias.
São eles que aproximam as pessoas.
São eles que provocam reencontros de namorados.
São eles que matam saudades de quem está longe.
São eles que anunciam a chegada do herdeiro.
São eles que levam a convocação para o novo emprego.
São eles que trazem os telegramas de parabéns.
São eles que entregam a correspondência das empresas, bancos e órgãos oficiais, movimentando todo um país.
São eles que dão as cartas.
E não só cartas: também revistas, produtos, serviços e tudo o que a Editora Abril oferece de bom a milhares de pessoas pelo Correio.
O ano inteiro eles levam mensagens, para cima e para baixo, por esse Brasil afora.
No dia 25 de janeiro são eles que merecem receber a nossa mensagem: parabéns e muito obrigado.

25 de janeiro
Dia Nacional do Carteiro

Homenagem da Editora Abril

AJUDE OS CORREIOS A LEVAR SUA MENSAGEM MAIS RÁPIDO!

PREZADO CLIENTE:

NO PERÍODO DA TARDE, O MOVIMENTO EM NOSSAS AGÊNCIAS AUMENTA, ENQUANTO QUE O TEMPO DE QUE DISPOMOS PARA O TRATAMENTO DOS OBJETOS, INDEPENDENTE DA QUANTIDADE, DIMINUI.
PORTANTO, QUANTO MAIS CEDO POSTAR SUA CORRESPONDÊNCIA-SUGERIMOS O PERÍODO DA MANHÃ-MELHOR SERÁ A ATENÇÃO QUE OS CORREIOS PODERÃO DISPENSAR A VOCÊ, EVITANDO-SE FILAS DESNECESSÁRIAS E AGILIZANDO-SE O ATENDIMENTO.
SEGUINDO ESSA ORIENTAÇÃO, VOCÊ ESTARÁ AJUDANDO-NOS A SER, CADA VEZ MAIS, SINÔNIMO DE RAPIDEZ É DE REGULARIDADE NO ENVIO DE SUA MENSAGEM.

OBRIGADO.

CORREIOS
DIRETORIA REGIONAL DE SÃO PAULO

B. É conveniente postar sua correspondência a meio da tarde? Explique detalhadamente por quê.

_____

_____

_____

_____

_____

_____

_____

_____

_____

_____

Telefônica inicia serviço de DDI

São Paulo—A Telefônica inicia o plano de expansão de serviços: a partir de hoje, a operadora paulista oferece o serviço de longa distância internacional para chamadas originadas de telefone fixo dentro do Estado de São Paulo, com o uso do código de acesso 15.

As tarifas com impostos incluídos do plano básico Super DDI 15 são promocionais até o dia 22 de junho. Para a América do Norte (Estados Unidos, Canadá e Havaí), cada chamada custa R$ 0,86426 o minuto inicial, tanto em horário normal quanto reduzido, e também o minuto adicional. Nas mesmas condições, por R$ 1,20184 é possível ligar para países da América do Sul (Argentina, Chile, Paraguai e Uruguai), da Europa (Portugal, Alemanha, Espanha, França, Reino Unido, Itália e Suíça), e Japão.

Para a Austrália, o valor é de R$ 1,33688. Os demais países têm tarifas variáveis de minuto inicial e adicional.

1. A tarifa da Telefônica para a América do Norte é agora superior a um real?

_____

2. Qual é o código de acesso para chamadas de longa distância a partir do Estado de São Paulo?

_____

3. É verdade que as chamadas para a América do Norte custam dois reais por minuto?

_____

4. As chamadas em horário normal são mais caras do que as chamadas em horário reduzido?

_____

5. As chamadas para a América do Norte são mais caras do que as chamadas para a América do Sul, Europa e Japão?

_____

6. Quanto custa aproximadamente uma chamada de cinco minutos para Tóquio?

_____

7. E quanto custa aproximadamente uma chamada de dois minutos para Sydney?

_____

8. Você pode dizer quanto custa uma chamada de quatro minutos para Joanesburgo? Porquê?

_____

C. Indo para o aeroporto

<table>
<tr><td colspan="3">⟨⟩ EMTU</td><td colspan="2">EMPRESA METROPOLITANA DE TRANSPORTES
URBANOS DE SÃO PAULO S.A. - EMTU - SP
AV. JURUCÊ, 194/196 - CEP: 04080 - S.P.
EMPRESA VINCULADA À</td></tr>
</table>

SECRETARIA DA HABITAÇÃO E DESENVOLVIMENTO URBANO

PASSAGEM	SÉRIE:	VALOR R$
№ 441413	A-01	27,50

SERVIÇO DE ÔNIBUS — LINHA SELETIVA

ORIGEM:
TERMINAL PRAÇA DA REPÚBLICA – SP

DESTINO:
AEROPORTO INTERNACIONAL DE GUARULHOS

DATA: 22 MAR 2003	RECIBO DO PASSAGEIRO	HORÁRIO: 1030

ISENTO DO I.T. – ARTIGO 6º, INCISO I – DL Nº 1.438/75

1. Que tipo de bilhete é este?

_____

2. Qual era o preço deste bilhete em 2002?

_____

3. De onde parte esta linha de ônibus?

_____

4. Qual é o seu destino final?

_____

5. Para que dia foi marcado este bilhete?

_____

6. E para que hora?

_____

D. Olhe esta lista de telefones úteis de Brasília. Escolha dez números e explique em que circunstâncias os pode utilizar.

Utilidades

TELEFONES DE EMERGÊNCIA

CAESB — Água e Esgoto 195
CEB — Energia Elétrica 196
CVV — Centro de Valorização da Vida
(Samaritanos) 225-8885
Corpo de Bombeiros 193
Pronto Socorro 192
PROSE — Pronto Socorro Espiritual
Palavra Amiga 242-6653
Radiopatrulha 190
SUNAB 198
HOSPITAIS PLANO PILOTO
Hospital de Base de Brasília . . 225-0070
Regional da Asa Sul 243-2322
Forças Armadas 233-5333
Presidente Médici 274-7722

TELEFONES ÚTEIS

Telefonista de Auxílio 102
Longa Distância 101
Hora Certa 130
Farmácias de Plantão 132
Telegrama Fonado 135
Cinemas 139

CORREIOS E TELÉGRAFOS

Agências e telefones:

Aeroporto Internacional de Brasília, Plataforma Inferior - 248-5950.
Central - SDN - Conj. 3 - Bl. B - Térreo.
Lago Sul - SHIS - QI 15 - Bl. E - Loja 46 - 248-6638.
SHS - Q. 9 - Bl. B.
Av. W/3 Norte - Q. 508 - Bl. D - 272-3130.
Av. W/3 Sul - Q. 508 - Bl. C - Loja 1 -

AGÊNCIAS DE CÂMBIO

Banco do Brasil — SBS, Ed. Sede I, térreo - 212-2215 - Moedas: dólar, marco e escudo.

MODELO: Eu ligo para o 130 quando quero saber exatamente que horas são.

1. _____

_____

2. _____

_____

3. _____

_____

4. _____

_____

5. _____

_____

6. _____

_____

7. _____

_____

8. _____

9. _____

10. _____

E. Rádio táxi em Brasília

NOTA: *"Quebrar o galho" significa resolver uma dificuldade. TREMENDO QUEBRA GALHO quer portanto dizer uma fantástica maneira de resolver dificuldades. Um ponto é o lugar onde os táxis estacionam para esperar os passageiros*

rádio táxi
224·3030

Peça um táxi pelo telefone!

Tremendo quebra galho

De acordo com o texto, marque a resposta mais adequada.

● Para o seu uso diário dispomos de uma frota de automóveis de luxo, que estão a sua inteira disposição 24 horas por dia, e deixe para nós, as preocupações com motoristas, problemas mecânicos, trânsito, estacionamentos, etc.

● Para comprar e entregar em sua casa remédios numa emergência, uma refeição, bebidas, gelo durante uma partida de buraco, ou de uma visita inesperada.

● Para levar e buscar seu filho na escola, no clube, na academia de judô/ballet; transfira para nós esse prazer, temos motoristas selecionados e treinados para esse tipo de serviço.

● Para serviços especiais, recepções, casamentos e turismo, mostrando os principais pontos turísticos da cidade.

● Para viagens, numa alternativa de conforto e economia, entre o avião e o ônibus.

● Todos os nossos táxis são controlados por uma Central, através de um sistema de rádio-comunicação, que possibilita oferecer o máximo de segurança e tranquilidade aos nossos passageiros.

● Nós não dormimos no Ponto, estamos sempre à sua disposição a qualquer hora do dia ou da noite.

● A nossa tarifa é igual a de um táxi comum, e só passamos a cobrar a partir do momento que o passageiro entre no veículo.

1. O Rádio Táxi tem uma frota de a. ônibus, disponíveis durante a manhã e a tarde; b. carros velhos que funcionam só nos fins-de-semana; c. automóveis de luxo disponíveis 24 horas por dia

2. Usando o Rádio Táxi você deixa para eles as preocupações de a. programar suas idas à cidade; b. consertar o carro e encontrar vaga para estacionar; c. ter que emprestar o carro a seu irmão

3. Numa emergência o Rádio Táxi pode a. rebocar seu automóvel para a oficina; b. ensinar a você como mudar um pneu; c. entregar remédios e comida em sua casa

4. As tarifas a. só começam a ser cobradas quando o passageiro entra no táxi; b. podem ser pagas a prestações; c. são muito mais altas que as dos táxis comuns

5. Você pode chamar o Rádio Táxi para a. em caso de incêndio eles trazerem os bombeiros a sua casa; b. eles levarem seus filhos à academia de judô ou de ballet; c. eles dirigirem seu carro

6. Estes táxis podem ser utilizados para a. recepções e casamentos; b. assaltar um banco; c. transportar um piano

7. Para uma viagem o táxi é preferível ao ônibus e ao avião porque a. servem comida e bebidas; b. é mais confortável; c. você pode escolher entre classe turística e executiva

8. Os táxis são controlados por um sistema de a. fax; b. pombos correios; c. rádio-comunicação

9. Estes táxis oferecem a. segurança e tranqüilidade; b. serviços gratuitos; c. desconto de 25% aos turistas estrangeiros

10. Os motoristas do Rádio Táxi a. tiram uma soneca enquanto esperam os passageiros; b. estão disponíveis a qualquer hora; c. não trabalham aos sábados, domingos e feriados G. O «190»

F. Formule perguntas para as seguintes respostas:

1. _____

_____?

Nesse caso eu disco o 190.

2. _____

_____?

Posso discar de casa ou de qualquer orelhão.

3. _____

_____?

Não, não é preciso usar ficha.

Disque 190 para salvar

Para chamar a polícia, a qualquer hora do dia ou da noite, o melhor mesmo é discar para o número 190 — de casa ou de qualquer orelhão, sem que seja preciso usar ficha. O serviço é de responsabilidade do Comando de Policiamento Metropolitano (CPM), dedicado não apenas a atender chamados na área policial, mas até a socorrer vítimas de acidentes, se preciso usando helicópteros. O coronel PM Hermes Bittencourt Cruz, comandante do CPM, informa que já são recebidas em média 30 mil ligações por dia, 9 mil das quais apenas para informações gerais e quase a metade (de 40 a 50%) trotes. Há quem também confunda o 190 com o CVV, ligando porque se sente solitário ou em crise. Mas do total de ligações, 3 mil tem a violência como causa e implicam deslocamento de viaturas ao local. Muitas vezes os policiais acabam transportando um doente ou ajudando num parto, no que o coronel Hermes chama de "lado invisível da polícia". Os atendentes do CPM identificam-se apenas pelo número e estão prontos a dar orientação ou tomar todas as providências relativas a cada caso. Entre os serviços à disposição dos paulistanos está uma rádio patrulha para assistência à família, que atende ocorrências envolvendo mulheres e menores, sob a responsabilidade de três policiais femininas. Quase todos os acontecimentos de emergência possíveis na cidade podem ter solução via 190 — de um alerta sobre danos na rede de água encaminhado à Sabesp, a um incêndio que será comunicado imediatamente ao Corpo de Bombeiros, embora esses serviços públicos tenham seus próprios números de acesso

A polícia também informa e orienta

4. _____?

Bem, algumas chamadas são só para pedir informações e cerca de metade são trotes [*false alarms*].

5. _____?

Quando a polícia tem que sair, é geralmente um caso de violência.

6. _____?

Não, não é sempre um caso de violência. A polícia transporta doentes ao hospital e até ajuda em partos.

7. _____?

Há muitos outros casos em que a polícia pode ajudar. Por exemplo um incêndio ou danos na rede de água.

8. _____?

Claro. Em caso de incêndio você pode comunicar diretamente com o Corpo de Bombeiros.

G. As páginas brancas da guia telefônica do Rio

Pedro R 7ap109 Br Itambi 551 35 08
Pedro R 7blCap109 Br Itambi 551 31 90
Pereira, A 351ap501 Nascim Silva 227 52 45
Pereira, Alice P
   759ap602 Ns Copacaban Av 237 58 30
Pereira, Aloysio 120ap201A Br Torre..... 247 32 40
Pereira, C D 188ap208 Mq S Vicente ... 259 85 13
Pereira, Elza Sattamini
   220ap302 Volun Patria .... ·286 79 17
Pereira, F M 14ap101 Raim Magalh 274 45 50
Pereira, Gabriel Sattamini
   161ap101 Font Saudade 226 82 52
Pereira, Helena P
   72ap202 Republi Peru 257 86 63
Pereira, Jose 376ap403 Sta Clara 236 37 92
Pereira, Maria Nazareth Lobao
   6ap301 Alv Borgerth 226 29 97
Pereira, Mariaugusta M
   210bl2ap106 Da Mariana 286 64 31
Pereira, Miguel P 1ap403 Artur Ararip..... 274 57 08
Pereira, Nair Passeri
   6ap301 Alv Borgerth . ... · 226 72 07
Persival A 6400 Sernambetiba Av 385 67 61
Prisca B G 45 Filint Almei 285 45 30
Raimundo P 48 Botafogo Pr 551 56 18
Raphael T M 132 Guerima 351 20 96
Raul C 23ap32 Sen Dantas 262 06 00
Raymundo 64ap201 Grajau 258 55 02
Raymundo C 168 Palatinado 269 17 63
Raymundo, Dr 130 Felix Pachec 274 38 17
Regina C B 160ap101 Utnilo 261 94 59
Regina S 73 Osvaldo Cruz Av 552 40 17
Rene 50ap602 Alm Tamandar 225 49 20
Ribeiro, Isaias
   759ap405 Ns Copacaban Av 256 04 69

Credito Imobiliario SA. Cadern Poup
   615B Ataulf Paiva Av 259 11 48
   57A Conceicao ....:.:.... 232 93 39
   51Hj Goncalv Dias................. *221 71 41
   3an Goncalv Dias ....:.... *232 94 52
   5an Goncalv Dias *242 58 80
   8an Goncalv Dias *221 22 15
   187-1an Goncalves 252 18 21
   451 13 Maio Av 262 78 11
Credito Imobiliario SA, Financ
   45-12an 13 Maio Av 220 52 07
Credito Imobiliario SA, Plan Habit
   167-1an Goncalves 252 50 63
Credtio Imobiliario SA
   1971jB Vsc Piraja 287 73 89
   Previdencia SA 45s1506 13 Maio Av 240 90 11
Promotora Vendas SC Ltda
   51girau Goncalv Dias 222 05 84
                                252 59 03/252 86 11
BRM Sport Car Automoveis Ltda
   378HC Int Magalh Etr............ 390 18 39
BROBRAS Ferramentas Pneumaticas Ind
   Com Ltda 246 Vsc Cairu ....:.:. 264 52 79
                                284 71 88
BROCA
   Benedita S 641 Joaq Murtinh 224 04 69
   Jose P 179 Sld J Franco 339 21 15
   Paulo C 380ap103 Sambaiba ....:.. 259 49 03
   Paulo C 380ap103 Sambaiba· 274 33 15
BROCANELLI
   Emilia M 54 Parana 331 21 06
   Regina M 155 Pau Ferro Etr 392 23 05
BROCANTEUR Objetos Arte Ltda
   424Grlji117 Atlantica Av 287 60 41
BROCARDO, Luci D V 96 Lauro Muller·.... 295 07 19

BROMX Bar Ltda 102ljD Raul Pompeia 287 65 43
BRON
   Gilda 86ap602 Cd Bonfim 264 19 03
   Israel W 835ap202 Cd Bonfim 571 51 61
   Maria J C 141 Sebast Ferre 325 13 34
BRONARTE Engenharia Arquitetura Ltda
   31 Cd Iraja *266 34 46
BRONCHTEIN
   Jacques 87 Sara Vilela 294 88 17
   Jacques 87 Sara Vilela 511 18 52
BRONDA, Marisa 66 Cns Ferraz 201 28 43
BRONER, Falek 636 Ns Copacaban Av 236 66 23
BRONES, Abraham 396 Pereir Nunes 228 95 59
BRONFEN, Issak 3040ap903 Atlantica Av ... 257 05 78
BRONFMAN
   Bina 45ap904 Paul Freitas 257 47 62
   Saie D, Repr 105a806 Miguel Couto.... 263 85 86
                                263 86 35
BRONISLAVSKI, Julio 89 Alvaro Ramos 541 30 26
BRONKOSKI, Cidonia 99 Odil Araujo 201 08 02
BRONN
   Guilhermina T M 60 Fanai 396 26 43
   Guilhermina T M 347 Olaria Pr 396 75 54
   Bronne, Antonio C F 391 Laranjeiras 245 24 66
BRONSTEN
   Cecylia 177ap701 Sta Clara 235 36 80
   Fani 5 Jose Alencar Pc 225 61 09
   Ghera 266 Sen Vergueir 551 12 21
   Helio 24ap407 Silv Martins 245 30 35
   Itiel 60ap2101 Rui Barbosa Av *551 32 52
   Luiz 40ap402 Alm Sadoc Sa *267 26 06
   Luiz, Asses Exec
      181s907 Rio Branco Av *240 38 14
   Manoel, Dr 70ap1202 Sen Vergueir 225 63 76
   Mario 241 Prf M Santos 205 62 82
   Mario, Lab Anal Clin
      1072s706 Ns Copacaban Av 521 29 95

1. Que número você vai discar para

   a. saber a que horas abre o Bromx Bar? _____

   b. convidar Nair Pereira para uma festa? _____

   c. pedir preços de ferramentas pneumáticas? _____

   d. saber o preço de um carro esporte? _____

   e. perguntar o resultado das suas análises clínicas? _____

   f. saber qual é o saldo da sua caderneta de poupança? _____

2. Mariaugusta M. Pereira mora numa casa ou num apartamento?

   _____

3. Qual é o endereço da loja Brocanteur, de objetos de arte?

   _____

4. A firma Bronarte se especializa na venda de automóveis usados?

   _____

5. Manoel Bronstein é carpinteiro?

_____

6. Falek Broner mora na Avenida Nossa Senhora de Copacabana?

_____

7. Luiz Bronstein, assessor executivo, tem seu escritório numa avenida importante do Rio?

_____

8. Isaías Ribeiro mora em Ipanema ou em Copacabana?

_____

9. Você acha que Paulo C. Broca tem um telefone para ele e outro para os filhos?

_____

10. Isaak Bronfen mora perto da praia?

_____

LIÇÃO 11—LABORATÓRIO
O DDD, O TRANSPORTE E A INTERNET

I. Pronúncia: Diferenças entre formas femininas e masculinas
The vowel that ends a word in Portuguese can affect the way the previous vowel is pronounced. In adjectives ending in **-oso** and **-osa**, the final vowel does just that The final **o** closes the preceding **o**, and the final **a** opens the preceding **o**. Listen to these examples after the tape:

formoso / formosa

Now repeat this list of words, first the masculine, then the feminine:

ambicioso / ambiciosa
caprichoso / caprichosa
aventuroso / aventurosa
desejoso / desejosa
luminoso / luminosa

moroso / morosa
populoso / populosa
virtuoso / virtuosa
voluminoso / voluminosa

II. Os imperativos

An infinitive will be given followed by a subject. Make it into a command.

MODELO: (tape) Não entrar—você
(student) Não entre
(confirmation) Não entre
(repetition) Não entre

Now write these solutions. Be careful.

1. _____
2. _____
3. _____
4. _____

Vozes brasileiras—Telefones no Brasil
Write in the missing words. The **Voz** will be repeated once.

Anos atrás, o sistema de telefones não era muito_____ . Para conseguir um tele-

fone, podia _____ um ano, podia demorar dois. Tinha que ter

_____ . Era difícil porque não tinha número _____ de telefones.

Havia uma época em que as pessoas _____ compravam telefone como forma de

_____ . Compravam para vender depois porque era _____ de

conse guir. Agora é bem _____ .

III. Expressões úteis numa conversa telefônica
Choose the phrase that best follows the phrase said by the tape.

MODELO: (tape) Até amanhã. Um beijo.
           a. Tchau.
           b. Quero fazer uma chamada internacional.
           c. É engano.
      (student) Tchau.
      (confirmation) Tchau.
      (repetition) Tchau.

1. a. Tchau!
     b. Aqui é a casa de Sônia.
     c. Está tocando.

2. a. Não se encontra em casa agora.
     b. Foi engano.
     c. Espere pelo sinal.

3. a. Não tem lição de casa!
     b. Não desligue.
     c. Queria, sim.

4. a. Foi engano.
     b. Tudo bem?
     c. Está ocupado.

5. a. Disque o número desejado.
     b. Até logo.
     c. Sim, espere um momento.

6. a. Gostava de fazer uma ligação a cobrar.
     b. É ela mesma!
     c. Aqui é da TELESP.

7. a. Muito obrigado, boa tarde.
     b. Quem fala?
     c. Vou atender o telefone.

8. a. Sim, disque o número.
     b. Não tem lição de casa!
     c. Até logo.

IV. Qualquer e qualquer coisa.

Following the model, write answers to the questions asked.

> MODELO: (tape) Quero ler um bom romance.
> *Leia qualquer romance de Jorge Amado.*

1. _____

2. _____

3. _____

Vozes brasileiras—Transporte Público no Rio

You will hear the **voz** twice. Circle the words below that don't correspond to what is said.

Transporte público no Rio é ótimo. O Rio antigo tinha uma coisa que não tem agora, que quando eu era rapaz tinha, era bonde, que andava pelo Rio dentro da vizinhança toda. Não tem mais. Tem táxi a toda a hora, para qualquer lugar. E nós temos igualmente o metrô que está funcionando em alguns quarteirões, não em todos—por exemplo o metrô vai no centro da cidade. Eles estavam tentando acrescentar, chegar o metrô até Copacabana.

V. Os demonstrativos

This exercise will refer to items near me, near you, and far away. Repeat what they are, but use forms of **este, esse,** and **aquele** with them instead of what is in the model.

> MODELO: (tape) A escrivaninha perto de mim
> (student) Esta escrivaninha
> (confirmation) Esta escrivaninha
> (repetition) Esta escrivaninha

Vozes brasileiras—Modos de transporte no Brasil

You will hear the **voz** twice. Write in the missing phrases.

Tem excelentes carros no Brasil mas não _____ dos Estados Unidos. _____ geralmente tem um carro em casa. Não era muito incomum um _____, já com _____ , morando em casa, ter o seu próprio carro. Normalmente no Brasil _____ muito o ônibus, o metrô, e o trem. São Paulo tem um metrô supermoderno. Limpo, _____ . Muito bem conceituado. Existem _____ interestaduais, também.

VI. O comparativo: «Ele é mais inteligente do que o seu irmão»

This exercise asks two rounds of questions about each drawing. Each question refers only to the section of the drawing within brackets. Either **muito** or **um pouco** is necessary in *every* answer. The model refers to **pergunta número um.** Your questions start with **pergunta número dois.**

> MODELO: (tape) Que casa é maior?
> (student) A casa dos Santos é um pouco maior do que a casa de Gomes.
> (confirmation) A casa dos Santos é um pouco maior do que a casa de Gomes.
> (repetition) A casa dos Santos é um pouco maior do que a casa de Gomes.

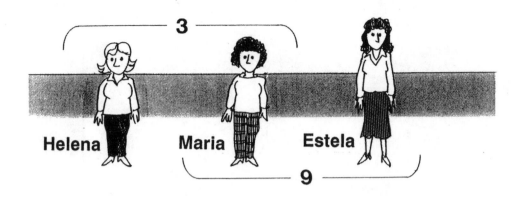

Helena **Maria** **Estela**

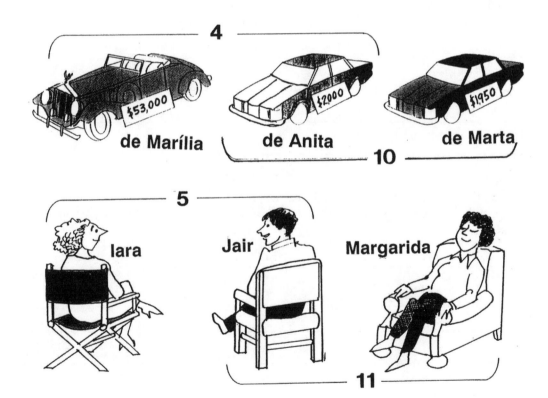

de Marília — $53,000

de Anita — $2,000

de Marta — $1,950

lara Jair Margarida

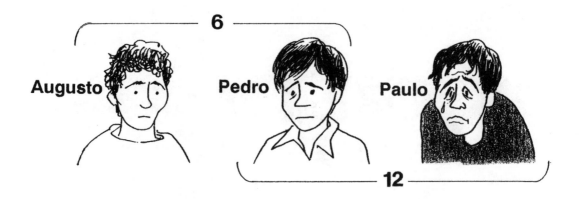

VII. Texto de compreensão:

Listen to the comprehension text and write answers to the questions asked.

1. _____

2. _____

3. _____

4. _____

VIII. Ditado.

You will hear this dictation three times. The first time, just listen attentively. The second time, write what you hear during the pauses. The third time it will be read with no pauses so that you can verify your work.

_____

_____

_____

_____

_____

LIÇÃO 12—CADERNO DE TRABALHO ESPETÁCULOS E DIVERSÕES

1. O objeto indireto, pp. 251-52

1a. Reescreva e substitua as expressões em tipo mais grosso por um pronome de objeto indireto. A ordem da frase vai ter que ser alterada.

1. Amanhã vou dar um presente de aniversário **ao meu amigo**.

_____

2. No meu aniversário ele deu um suéter **para mim**.

_____

3. Ele ligou e disse "Esta tarde vou trazer um suéter **para ti**."

_____

4. Ele também disse **a meu irmão e a mim** que queria ir a um barzinho conosco.

_____

5. Ele e sua família são muito simpáticos e agora eu quero também dar um presente **para eles**.

_____

6. Eu também vou ligar e dizer "Esta tarde eu vou trazer um presente **para vocês**."

_____

1b. Responda às perguntas abaixo, substituindo por um pronome as palavras em tipo mais grosso.

1. Papai comprou os livros para **Joãozinho**?

_____

2. Vocês foram à festa com **Helena**?

_____

3. A professora vai explicar a lição outra vez para **Nelson e para mim**?

_____

4. Ele falou para **os policiais** que a culpa não era dele?

_____

5. Ela quer alguma coisa de **você e de seu irmão**?

_____

6. Não podemos decidir isso sem **nossas amigas**?

_____

2. Verbos que usam o objeto indireto, pp. 253-55

2. À base dos elementos indicados, forme frases originais usando pronomes de objeto indireto, que devem substituir as expressões entre parênteses.

> MODELO: COMPRAR (meu amigo)
> Lhe comprei um carro.

1. EMPRESTAR (meu irmão)

_____

2. VENDER (a mim)

_____

3. PERGUNTAR (professora)

_____

4. DEVER (banco)

_____

5. TRAZER (meus pais)

_____

6. PEDIR (Vovó)

_____

7. ENSINAR (meninos)

_____

8. ESCREVER (minha família e eu)

_____

9. MOSTRAR (Lina e Jorge)

_____

10. PAGAR (médico)

_____

3. O uso dos pronomes direto e indireto com o mesmo verbo, p. 256

3. Responda às perguntas de duas maneiras diferentes seguindo o modelo.

MODELO: Você contou essa história às suas amigas?
Sim, eu lhes contei.
Sim, a contei para elas.

1. Você deu o cheque para seus primos?

_____

2. Você me contou toda a história?

_____

3. Você falou para o médico que tinha dor de garganta?

_____

4. Você deu as flores a sua namorada?

_____

5. Você comprou os selos para Joana e para mim?

_____

6. Você me dá uma ligadinha hoje à tarde?

_____

7. Você deu o dinheiro para a empregada?

_____

8. Sua mãe preparou os sanduíches para os meninos?

_____

9. O carteiro entregou o postal à sua amiga?

_____

10. O policial pediu a carteira de motorista àquela senhora?

_____

4. Faltar, doer, importar, ineressar e parecer, pp. 260-62

4a. Responda às três primeiras perguntas usando o verbo FALTAR e às três perguntas seguintes usando o verbo DOER.

1. Por que você não paga os 50 reais por inteiro?

_____

2. Vocês já terminaram todos os cursos para o mestrado?

_____

3. Já está na hora de o avião partir?

_____

4. Por que seu amigo não vai à aula hoje?

_____

5. Por que você vai ao dentista hoje?

_____

6. Por que José Carlos não joga futebol hoje?

_____

4b. Forme frases com os seguintes elementos:
1. Meus irmãos - importar - ter notas baixas

_____

2. Você - importar - estudar comigo

_____

3. Nós - importamos - você ficar no nosso apartamento

_____

4. Mário - interessar - matemática

_____

5. Meus amigos - interessar - ir à danceteria

_____

6. Eu - interessar - história

_____

7. Você - parecer - vai chover

_____

8. Eu - parecer - vender meu carro

_____

9. Mamãe - parecer - eu não estudo muito

_____

5. O grau superlativo, pp. 265-68
5a. Forme orações usando superlativos à base dos seguintes elementos.

1. Só tem três restaurantes nesta área. A Lanchonete Carioca serve sanduíches, hambúrguers, cachorros quentes e empadinhas. O Restaurante Recife serve bife, arroz, feijão e salada e churrasco aos domingos.

A Maison Blanche se especializa em cozinha francesa.

___

2. Carlos tem cinco irmãos. Pedro pesa sessenta e dois quilos, Alfredo cinqüenta e oito, Leonor quarenta e sete e o caçula, Afonso, trinta e nove. Carlos pesa cento e dez quilos.

___

3. Na minha turminha somos oito. Entre estes meus amigos as idades vão de dezessete a vinte anos. Eu tenho vinte e um anos.

___

4. Para as provas finais tenho que ler quatro livros. O de história tem 254 páginas, o de literatura brasileira tem 265, o de química tem 189 e o de filosofia tem 301.

___

5. Na minha família temos três carros. O carro de meu pai custou 15 000 dólares, o de minha mãe 12 000 e o meu 8 000.

___

6. No meu time de basquete todos têm menos de um metro e oitenta de altura. Eu tenho um metro e oitenta e três.

___

7. O grande São Paulo tem cerca de 17 000 000 habitantes. Todas as outras cidades brasileiras têm menos habitantes do que São Paulo.

___

8. Na família de Rogério há quatro carros: o pai tem um Ferrari, a mãe tem um Toyota, a irmã tem um Volkswagen e ele tem um Hyundai.

___

9. Na minha última viagem estive hospedado em três hotéis. O Royal tinha ar condicionado no quarto e vista para o mar. O Atlântico era limpo mas não tinha ar condicionado. No Copacabana deram-me um quarto pequeno, sujo e muito ruidoso.

___

10. Entre os meus primos Waldyr tem um quociente de inteligência de 98, Leninha de 84 e Chiquinho só de 61.

___

5b. Com os elementos abaixo indicados forme frases originais em que use um superlativo.

1. o presidente dos Estados Unidos

___

2. meu namorado / minha namorada

___

3. os elefantes

_____

4. a feijoada

_____

5. os advogados

_____

6. esta universidade

_____

7. meu professor/minha professora de português

_____

8. minha cidade

_____

9. as novelas

_____

6. Expressões com DAR, pp. 268-70

Complete as frases abaixo com outras em que empregue uma expressão com o verbo DAR.

> MODELO: O meu quarto no hotel de Copacabama tinha uma vista esplêndida…
> DAVA PARA A PRAIA.

1. Não podemos alugar esse apartamento tão caro…

_____

2. Vamos ver se podemos resolver esse problema…

_____

3. Joãozinho disse um palavrão durante o jantar.

_____

4. Está um dia muito bonito…

_____

5. Não, isso não se pode fazer assim…

_____

6. Todos esses planos falharam…

_____

7. Você vai aceitar esse salário?…

_____

8. Tenho que ir a casa de Mônica mas tenho pouco tempo.

_____

INSTANTÂNEOS BRASILEIROS—
RONALDINHO—O NOVO REI DE FUTEBOL

A 22 de setembro de 1976, filho de uma família muito pobre, nasceu em Bento Ribeiro, Rio de Janeiro, Luiz Nazário de Lima, mais conhecido como Ronaldo ou Ronaldinho.

Começou a jogar futebol aos doze anos e passou por vários clubes mais modestos até ingressar no Cruzeiro de Belo Horizonte, onde iniciou uma carreira de sucessivas vitórias . Na realidade ele gostaria de ter entrado para o Flamengo, pelo qual havia "torcido" desde pequenino, mas o seu desejo não se concretizou.

O que aconteceu depois foi que Romário recomendou Ronaldinho como o melhor jogador para o substituir no posto que ia deixar no clube holandês PSV Eindho ven. O salto para a fama havia sido dado. Depois de ter marcado 55 golos em 56 encontros, os melhores clubes do mundo brigaram para o poder comprar. O que ganhou foi o Barcelona.Com esta equipa catalã conseguiu 34 golos numa só época e a sua celebridade continuou aumentando. Por essa altura a FIFA (Federação Internacional do Futebol Associado) elegeu Ronaldinho em duas épocas consecutivas como o melhor jogador do mundo. E foi quando o Inter de Milão pagou cerca de 40 milhões de dólares para o trazer para o seu time.

Com extraordinária força de vontade Ronaldinho havia chegado até ao auge da sua carreira. Como ele disse, "o futebol salvou-me das drogas e da delinquência." O mundo era agora seu.

Responda às perguntas abaixo:

1. Quantos anos tem Ronaldinho agora?

_____

2. Com que idade começou a jogar? Onde?

_____

3. Qual foi o primeiro clube brasileiro em que verdadeiramente se distinguiu?

_____

LIÇÃO 12

4. Em que países da Europa se tornou ainda mais célebre?

_____

5. Como foi que o Inter o conseguiu comprar ao Barcelona?

_____

6. O que é que salvou Ronaldinho de uma vida de marginal?

_____

FILMES COLORIZADOS NA TV BRASILEIRA

Quando nos Estados Unidos se colorizou o filme *Casablanca*, uma onda de indignados protestos varreu o país. A nova versão em vídeo, contudo, se vendeu dez vezes mais que em preto e branco e teve idêntico sucesso na televisão. Algo parecido aconteceu no Brasil. Quando a TV Globo passou *Casablanca* a cores conquistou 48 pontos de audiência média a uma hora em que a rede costuma ter 35 pontos. Entusiasmada com estes resultados a Globo resolveu colorizar outros catorze filmes clássicos, entre eles *Capitão Blood*, de 1935, *A Carga da Brigada Ligeira*, de 1936, *Sargento York*, de 1941, *Relíquia Macabra* (*The Maltese Falcon*), também de 1941, e *Segredo das Jóias* (*The Asphalt Jungle*), dirigido por John Huston em 1950.

Para além de problemas éticos e jurídicos a colorização tem provocado uma enorme controvérsia de caráter estético. "Colorizar os clássicos significa uma impertinência tão absurda como pintar desenhos de Leonardo da Vinci," declarou uma vez John Huston. Existem também delicados problemas técnicos. Para uma colorização aceitável é necessário saber utilizar adequadamente os mais de dezesseis milhões de tonalidades que um computador gráfico pode oferecer. Os puristas continuam pois a considerar a colorização como uma heresia e aconselham a tirar a cor dos aparelhos de televisão na hora das exibições. Lá onde se encontrar, por certo John Huston aplaudirá este conselho.

Marque a resposta mais adequada:

1. Colorizar significa; a. produzir filmes a cores; b. transformar filmes a preto e branco em filmes a cores; c. fazer cópias novas de filmes a cores
2. Quando nos Estados Unidos se colorizou o filme *Casablanca*; a. houve muitos protestos; b. a nova versão foi proibida pelo tribunal; c. todo mundo achou que era uma idéia fantástica
3. A versão colorizada de *Casablanca*; a. foi um fracasso comercial; b. só se vendeu no estrangeiro; c. teve muitas vendas
4. Quando a TV Globo passou *Casablanca* em versão colorizada; a. todo mundo desligou o televisor; b. houve muitos protestos; c. o público gostou muito
5. A TV Globo resolveu então ; a. exibir só filmes de Walt Disney; b. colorizar outros catorze filmes clássicos; c. dar preferência aos filmes em preto e branco
6. A colorização tem; a. provocado uma grande controvérsia; b. sido atacada por todos os críticos; c. sido aceite por todos

7. *Sargento York* é um filme; a. sobre a guerra do Vietnã; b. de 1941; c. com Steve Martin

8. A colorização; a. é extremamente fácil de conseguir; b. é um processo bastante rápido; c. implica delicados problemas técnicos

UMA NOITE DE TELEVISÃO BRASILEIRA

Um casal resolve sair à noite e chama uma babá para tomar conta da sua filhinha de sete anos. Mais tarde chega o namorado da babá. Depois entram em casa dois assaltantes proferindo palavrões que disparam sobre o rapaz e torturam a babá com uma faca em frente da garotinha. A polícia aparece e joga um dos assaltantes pela janela. O outro foge mas o seu carro embate com um camião de gasolina que explode e incendeia outros cinco automóveis. Os bombeiros apagam o fogo e ambulâncias levam gente para o hospital enquanto a menina espia isto pela janela.

Esta é uma cena típica da televisão brasileira, ao alcance de qualquer criança. Em 1990 alunos do curso de Rádio e TV da Escola de Comunicações e Artes da USP observaram durante uma semana, das oito da manhã à meia- noite, a programação das quatro principais redes de TV e anotaram todos os casos de violência que foram apresentados. No total contaram 23 cenas de tortura, 56 facadas, 233 batidas de carros, 651 brigas, 886 explosões e 1 940 tiros. A maior dosagem de violência ocorreu durante o horário nobre, das sete às dez da noite, quando muitas crianças ainda olhavam a TV. Esta característica não é, evidentemente, exclusiva da televisão brasileira. Calcula-se que nos Estados Unidos um jovem de 18 anos já assistiu a 3 200 homicídios e 250 000 outros atos de violência enquanto olhava TV.

Não existem estudos completos sobre o impacto que a violência televisiva possa ter sobre as crianças. Mas todo mundo concorda em que não pode ser benéfica.

Agora, escreva uma pequena composição em que toque os quatro seguintes pontos:

1. A violência na televisão americana
2. O seu impacto nos telespetadores, especialmente nas crianças
3. Possibilidades de controle dos pais sobre os programas vistos pelos filhos
4. Até que ponto é legítima a censura oficial à programação da TV .

_____

_____

_____

_____

_____

_____

Um problema de palavras cruzadas

¹	²		³		⁴	⁵	■	⁶	⁷	
⁸		■		■	⁹		¹⁰			
¹¹		■	¹²	¹³	■	¹⁴				
■	¹⁵	¹⁶			■	■		¹⁷		
¹⁸				■	■	¹⁹				
	■	■		²⁰	²¹			■	²²	
	²³		²⁴				²⁵			
²⁶		■	²⁷			²⁸		■		
²⁹	³⁰	³¹	³²		³³					
³⁴				■	³⁵					

Horizontais:
1. Uma das mais importantes redes de televisão no Brasil é a ____ (duas palavras)
6. Podemos ver excelentes novelas ____ televisão brasileira
8. "____, tudo bem?"
9. O oposto de **grossos** é ____
11. As letras intermédias de **tudo** são ____
12. A sílaba final de **Europa** é ____
14. Outra maneira de escrever **TV** é ____
15. ____ Regina foi uma cantora brasileira que morreu por abuso de drogas
17. As duas últimas letras de **cores** são ____
18. Colorizar um filme é uma ____ complicada
19. As duas últimas letras de **Pantanal** são ____
20. Scott gosta de ____ na piscina da USP
23. ____ Nascimento é um cantor famoso
25. "Não posso alugar o vídeo. ____ tenho um real.
27. O filme é dublado, ____ é, os diálogos foram traduzi dos para português
29. ____ Buarque é um compositor muito conhecido
33. As duas letras intermédias de **bebo** são ____
34. O plural de **mar** é ____
35. Scott ____ o nome de muitos artistas brasileiros

Verticais:
1. ____ ou **tô** são formas abreviadas de **estou**
2. Para ver filmes antigos podemos alugar um ____
3. Scott sempre toma suas notas com um ____
4. As duas consoantes de **bife** são ____
5. O número que vem depois de sete é ____
6. Até na China as ____ brasileiras são conhecidas.
7. O plural de **ás** é ____
10. "Este cinema é superchique, ____?"
13. ____ Branca é a cidadezinha onde decorre a história de **Roque Santiero**
16. "Ontem à noite não assisti televisão. ____ um livro"
18. A última sílaba de **parece** é ____
19. As iniciais de **anno domini** são ____
20. ____ cinemas brasileiros exibem-se muitos filmes americanos
21. O número que vem ____ de oito é sete
22. ____ Santeiro foi uma das mais famosas novelas brasileiras
24. Os pais de meus primos são meus ____
26. As iniciais da Assoc. Cristã de Moços são ____
28. ____ é uma exclamação brasileira
30. ____ sete canais de televisão em São Paulo
31. Não é preciso ____ ao Brasil para ver novelas brasilei ras na TV
32. A forma abreviada de **você**.

EXERCÍCIOS SUPLEMENTARES

A. São Paulo has 14 broadcast stations and 28 pay channels. Here is a selection of programs from the broadcast channels.

CULTURA, 2		SBT, 4		GLOBO, 5		REDETV!, 9	
7h	Energia'	6h40	Sessão Desenho	6h45	Bom Dia São Paulo	7h30	Brasil TV
7h30	Vestibulando	8h	A Hora Warner	7h15	Bom Dia Brasil	8h	A Igreja da Graça em seu Lar
8h30	Viaje Al Español	9h	Bom Dia & Cia.	8h	Mais Você	10h	Brazil Connection
9h	Big Bag	11h45	Festolândia	9h25	Bambuluá	10h30	SWS Comércio e Serviços
9h30	Cocoricó	13h15	Os Simpsons	11h55	SPTV	11h30	TV Line
10h	Tots TV	13h45	Um Maluco no Pedaço	12h50	Globo Esporte	12h	TV Esporte
10h30	Castelo Rá-Tim-Bum	14h15	Chaves	13h20	Jornal Hoje	12h30	RTV
11h	X-Tudo	14h45	Filme: "Bandit Contra o	13h50	Vídeo Show	12h45	Elas
11h30	Mundo da Lua		Crime Organizado"	14h20	Roque Santeiro	14h30	A Casa É Sua
12h	I Love Lucy	16h45	Camila	15h25	Filme: "Loucademia de	18h	Interligado Games
12h30	Metrópolis	17h30	Amigos para Sempre		Polícia 5"	18h45	TV Fama
13h	Matéria Pública	18h15	Éramos Seis	17h05	Escolinha do Professor	20h	Jeannie
14h	Os Bichos	19h30	Serafim		Raimundo	20h30	Feiticeira
14h30	Tots TV	20h15	Café com Aroma de Mulher	17h30	Malhação	21h	Jornal da TV
15h	Big Bag	21h10	Programá do Ratínho	18h	Estrela Guia	21h45	Copa do Brasil
15h30	Cocoricó	22h30	Show do Milhão	18h55	SPTV	23h45	Gabi
16h	O Fantasma Escritor	23h30	OZ	19h10	Um Anjo Caiu do Céu	0h45	TV Economia
16h30	RG	0h30	Jornal do SBT	20h15	Jornal Nacional	1h	Perfil
17h30	Grandes Momento's do	1h	Programa Livre	20h50	Porto dos Milagres		
	Esporte			21h35	Futebol 2001		
18h30	Diário Paulista			23h40	Jornal da Globo		
19h	O Mundo de Beakman			0h15	Programa do Jô		
19h30	Expedições			1h50	Intercine: "Buscando a		
20h	Série Cultural				Felicidade", / "Armadilha		
20h30	Opinião Brasil				Fatal"		
21h	Metrópolis			3h40	Filme: "Sangue do Meu		
21h30	Conversa Afiada				Sangue"		
22h	Jornal da Cultura						
22h30	Vitrine						
23h30	Zoom						
0h30	Nossa Língua Portuguesa						

A. que horas e em que canal você pode ver

1. A novela mais famosa?

_____

2. Dois programas de futebol?

_____

3. Preaparação para a faculdade?

_____

4. Lições de Português?

_____

5. Lições de Espanhol?

_____

6. Programas de esportes?

_____

7. Un programa sobre animais?

_____

8. Noticias?

_____

9. um programa para crianças?

_____

10. Um filme cómico americano?

_____

LIÇÃO 12

CANAL 7 — TV Bandeirantes　　Telefone da emissora: 542-2132

6h35 **AGRICULTURA HOJE** Informativo rural	17h **HORÁRIO ELEITORAL GRATUITO** — *Partido Trabalhista Brasileiro*
6h40 **DESENHO**	17h30 **CANAL LIVRE** — Entrevistas. Apresentação de Gilse Campos
6h54 **CADA DIA** - Religioso	
7h **JEANNIE É UM GÊNIO** - Seriado	19h **JORNAL DO RIO** — Noticiário local Apresentação de Paulo Branco e Eliane Teixeira
7h30 **A FEITICEIRA** – Seriado	
8h **DIA A DIA** Jornalístico Com Elys Marina	
9h45 **COZINHA MARAVILHOSA DA OFÉLIA** Culinária com Ofélia Anunciato	19h20 **AGROJORNAL** — Informativo sobre o campo Apresentação de Murilo Carvalho
10h15 **OS IMIGRANTES** · Reprise da novela de Benedito Ruy Barbosa	19h30 **JORNAL BANDEIRANTES** — Noticiário nacional e internacional.
11h **RITUAIS DA VIDA** — Religioso	20h30 **HORÁRIO ELEITORAL GRATUITO** — *Partido Trabalhista Brasileiro*
11h55 **BOA VONTADE** — Religioso	21h **MACHINE MAN** — Seriado
12h **ACONTECE** - Noticiário. Apresentação de Sérgio Rondino	21h30 **DESAFIO** — Esportivo. Apresentação de Luciano do Valle
12h30 **ESPORTE TOTAL** — Esportivo	23h30 **JORNAL DA NOITE** — Jornalismo comentado Apresentação de Doris Giesse e Rafael Moreno
13h30 **FLASH** - Entrevistas. Apresentação de Amaury Jr	
14h30 **VIDEO MIX** — Musical. Apresentação de Emílio Surita	0h **FESTIVAL GLAUBER ROCHA** Filme: *Deus e o Diabo na terra do sol*
15h **TV CRIANÇA** — Infantil Com Relp Relp Esquadrão do Futuro	2h **FLASH** - Entrevistas com Amaury Jr

B. A programação da televisão paulistana.

Marque a resposta correta:

1. *Rituais da Vida* é um programa a. esportivo; b. de comentário político; c. religioso

2. Um programa de notícias é a. *Agricultura Hoje*; b. *Acontece*; c. *Festival Glauber Rocha*

3. *Jornal do Rio* apresenta noticiário a. internacional; b. local; c. esportivo

4. *TV Criança* é um programa a. infantil; b. musical; c. político

5. *Jeannie é um Gênio* é a. uma novela brasileira; b. um filme francês; c. um seriado americano

6. Para aprender a cozinhar se deve ver a. *Machine Man*; b. *Cozinha Maravilhosa da Ofélia*; c. *Jornal da Noite*

7. Para ver um filme de Glauber Rocha você vai ter que esperar até a. às cinco da tarde; b. às nove da noite; c. à meia noite

8. A programação da TV Bandeirantes vai desde a. as 7h30 às 21h45; b. as 9h15 às 23h55; c. as 8h35 às 2h

SE A SUA TV É DA ÉPOCA EM QUE O FRED NAMORAVA A WILMA, O SARGENTO GARCIA ERA CABO E O DIREITO DE NASCER NÃO ERA REGULAMENTA-DO, ESTÁ NA HORA DE CONHECER A NOVA LINHA PHILIPS.

C. Quer comprar uma nova televisão?[1]

1. Você se lembra [*remember*] do programa em que o Fred e a Wilma apareciam?

_____

2. Você acha que o Sargento Garcia é o protagonista de um programa recente?

_____

3. O problema do aborto podia antes ser discutido livremente na televisão?

_____

4. O que você deve fazer se a sua TV é da época destes programas antigos?

_____

_____

[1] *O Direito de Nascer* "The Right to be Born" was an old **novela**. Sargent Garcia was never a corporal [*cabo*] on the show.

LIÇÃO 12 223

D. Todas as afirmações abaixo, referentes ao filme **A Dama e o Vagabundo**, estão erradas. Corrija-as

1. É um filme moderno.

_____

2. Foi produzido por Woody Allen.

_____

3. Está sendo exibido só num cinema.

_____

4. Só pode ser visto por maiores de 13 anos.

_____

5. O título original é **Snow White and the Seven Dwarfs**.

_____

6. É um filme pouco conhecido.

_____

7. É interpretado por atores famosos.

_____

8. Os diálogos estão em inglês.

_____

E. **Como é mesmo?**

Fernando Barbosa from the State of Rio de Janeiro used to have his favorite movies on the Internet as well as quizzes for movies and popular music. All of his favorite movies are American or British. He has given the English title after the Portuguese title, but we have separated them. Can you put them back together? We keep his spelling.

___ A Mosca
___ A Profecia
___ A História Sem Fim
___ A Assassina
___ A Testemunha
___ A Hora Do Espanto
___ A Testemunha Muda
___ Antes Do Amanhecer
___ Assassinos Por Natureza
___ Cabo Do Medo
___ Cães de Aluguel
___ Contatos Imediatos do Terceiro Grau
___ Corra que a Polícia Vem Aí
___ Dança Com Lobos
___ De Volta Para o Futuro
___ Débi & Lóide
___ Dennis, o Pimentinha
___ Duro de Matar
___ Em Nome do Pai
___ Era uma Vez No Oeste
___ Era Uma Vez na América
___ Esqueceram de Mim
___ Estranhos Prazeres
___ Guerra Nas Estrelas
___ Louca Obsessão
___ Máquina Mortífera
___ Meu Pé Esquerdo
___ Na Linha de Fogo
___ Nascido em 4 de Julho
___ O Poderoso Chefão
___ O Clube Dos Cinco
___ O Império Do Sol
___ Os Caçadores da Arca Perdida
___ Os Suspeitos
___ Os Garotos Perdidos
___ Os Cabeça de Vento

___ Os Sete Crimes Capitais
___ Os Intocáveis
___ Os Imperdoáveis
___ Os Últimos Passos de um Homem
___ Pânico
___ Perfume de Mulher
___ Quanto mais Idiota Melhor
___ Quatro Casamentos e um Funeral
___ Querida, Encolhi as Crianças
___ Rápida e Mortal
___ Sem Saída
___ Sexta Feira 13
___ Sobre Ontem a Noite
___ Uma Linda Mulher
___ Velocidade Máxima

1. About Last Night
2. Airheads
3. Back To The Future
4. Before Sunrise
5. Born On Fourth July
6. Cape Fear
7. Close Encounters Of The Third Kind
8. Dances With Wolves
9. Dead Man Walking
10. Dennis The Menace
11. Die Hard
12. Dumb And Dumber
13. Empire Of The Sun
14. Four Weddings a Funeral
15. Friday The 13th
16. Fright Night
17. Home Alone

18. Honey, I Strunk The Kids
19. In The Name of the Father
20. In The Line Of Fire
21. Lethal Weapon
22. Misery
23. Mute Witness
24. My Left Foot
25. Natural Born Killers
26. No Way Out
27. Once Upon a Time In America
28. Once Upon a Time in the West
29. Pretty Woman
30. Raiders Of The Lost Ark
31. Reservoir Dogs
32. Scent Of a Woman
33. Scream
34. Seven
35. Speed
36. Star Wars
37. Strange Days
38. The Omen
39. The Breakfast Club
40. The Quick And The Dead
41. The Naked Gun
42. The Untouchables
43. The Godfather
44. The Lost Boys
45. The Neverending Story
46 The Usual Suspects
47. The Assassin ou Point Of No Return
48. The Fly
49. Unforgiven
50. Wayne's World
51. Witness

LIÇÃO 12—LABORATÓRIO
ESPETÁCULOS E DIVERSÕES

I. Pronúncia: O *lh* e o *nh*

These two combinations of letters should be well known to you by now. We offer this pronunciation lesson now just to make sure you've got them down pat. The combination **lh** is pronounced like the *li* of *million*. If you use the *li* of *million* you'll be perfectly understood.

alho *garlic*	trabalho
mulher	milhão
lhe	olho
ovelha *sheep*	velho

The combination **nh** is pronounced like the *ny* of *canyon*.

unha *fingernail*	sonho *dream*
vinho	espanhol
ponho	Alemanha *Germany*
venho	banho *bath*

II. Os pronomes de objeto indireto—LHE e LHES

Make these sentences better by putting the proper indirect object pronoun in them.

MODELO: (tape) Dou a lição de casa para a professora.
                      (student) Lhe dou a lição de casa.
                      (confirmation) Lhe dou a lição de casa.
                      (repetition) Lhe dou a lição de casa.

Here is the written part:

1. _____

2. _____

3. _____

    LIÇÃO 12   227

Vozes brasileiras—A televisão em São Paulo
Write in the missing words. The **Voz** will be repeated once.

Televisão brasileira é excelente—é uma das _____ do mundo. As nossas

_____ são famosas na China, em Portugal, na Espanha. Os artistas

_____ são excelentes, _____ para novelas.

Quantos canais tem de televisão? Tem a Rede _____ , o SBT... a

Tevêcultura é do _____ de São Paulo, e não tem comerciais. As outras são

_____ e têm muita propaganda.

III. Os pronomes de objeto indireto—ME, TE, NOS e LHES

Answer the questions beginning your answers with **sim**.

MODELO: (tape) Você me diz o segredo?
       (student) Sim, te digo o segredo.
       (confirmation) Sim, te digo o segredo.
       (repetition) Sim, te digo o segredo.

Written part:

1. _____

2. _____

3. _____

IV. O uso dos pronomes direto e indireto com o mesmo verbo
Transform these longer sentences with complete direct and indirect objects into shorter ones which use only pronouns.

MODELO: (tape) Eu trouxe o jornal de hoje a meu pai.
       (student) Eu o trouxe para ele.
       (confirmation) Eu o trouxe para ele.
       (repetition) Eu o trouxe para ele.

Vozes brasileiras—Cantores e cantoras brasileiras: música popular
You will hear the **voz** twice. Circle the words below that don't correspond to what is said.

Roberto Carlos é o ator mais famoso do Brasil. Ele é considerado o príncipe. João Gilberto tem um estilo totalmente distinto do que Roberto Carlos. Eu digo que a classe não privilegiada gosta menos de Roberto Carlos. No Brasil a classe menos privilegiada é menor do que a classe privilegiada, então os amigos de Roberto Carlos são um número muito maior de gente. Eu acredito que a maioria da classe alta prefere Gilberto Gil, Caetano Veloso, Gal Costa, Egberto Nascimento, Chico Buarque. Ele é famoso desde sessenta e oito, faz mais de quarenta anos. Excelente compositor.

V. FALTAR, DOER, IMPORTAR, INTERESSAR e PARECER
In the first part of this exercise, your friend asks you a number of things about you and your sister. Answer with **Sim** to all of the questions. There is a written part to this exercise as well.

MODELO: (tape) A você lhe interessa a geometria?
                    (student) Sim, me interessa a geometria.
                    (confirmation) Sim, me interessa a geometria.
                    (repetition) Sim, me interessa a geometria.

Now, using the verbs of the question—**doer, faltar, interessar**, and **parecer**—write answers to these questions.

1. _____

2. _____

3. _____

4. _____

5. _____

          LIÇÃO 12   229

VI. O grau superlativo

In this exercise, a series of questions will be asked about each drawing. Answer each question using the indicated superlative based on the question. There is a written part following the oral part. The example is based on **a cidade**.

MODELO: (tape) Maria tem uma casa pequena?
                (student) Sim, tem a casa menor da cidade.
                (confirmation) Sim, tem a casa menor da cidade.
                (repetition) Sim, tem a casa menor da cidade.

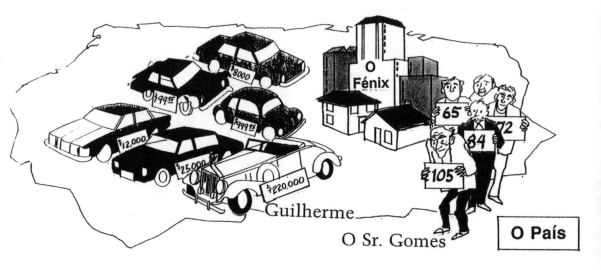

Now write answers asked about the same three drawings.

1. _____

2. _____

3. _____

Vozes brasileiras—A juventude de Chico Buarque de Hollanda
You will hear the **voz** twice. Write in the missing phrases.

Chico Buarque de Hollanda é homem _____. No entanto é

_____ pelas canções que compõe e canta. Usa _____

_____ : bossa nova, marchas, valsas, rock, tangos, _____ .

Chico nasceu no Rio. Seu pai era um _____ e sua mãe uma

pianista carioca. Quando Chico _____ sua família se mudou para

Roma, onde o pai lecionou _____ . Sua irmã Heloísa

_____ . Com quinze anos escreveu a

_____ . Aos dezenove anos entrou na Faculdade de Arquitetura

da USP mas nunca terminou a carreira.

VII. Expressões com DAR
Select and say one of the choices for each of the situations given by the tape.

    MODELO: (tape) Não podemos jantar fora hoje...   a) ele dá um passeio
                                                           b) o dinheiro não dá
                                                           c) deram no seu cavalo

                     (student) o dinheiro não dá
                     (confirmation) o dinheiro não dá
                     (repetition) o dinheiro não dá

1.   a) dar um passeio   4.   a) dou em nada
        b) dar um jeito   b) dou um passeio
        c) dar um pulo   c) dou para esse esporte
2.   a) não dá   5.   a) dar certo
        b) deu no cachorro   b) dar para isso
        c) dar um jeitinho   c) dar um pulo
3.   a) dar um pulo   6.   a) não dá
        b) dar um passeio   b) deu certo
        c) dar em nada   c) deu um pulo

VIII. Texto de compreensão: Roque Santeiro, a fabulosa novela brasileira
Listen to this comprehension text, then write answers asked about it by the tape.

1. _____

2. _____

3. _____

4. _____

IX. Ditado.
Do the dictation in the usual way.

_____

_____

_____

_____

_____

_____

LIÇÃO 13—CADERNO DE TRABALHO
OS FERIADOS

1. Mais comparativos: «Você tem mais aulas do que eu», pp. 277-78

1a. Certo ou errado? Se errado, corrija.

1. A família Rockefeller tem menos dinheiro do que eu.

_____

2. A China tem mais habitantes do que o Luxemburgo.

_____

3. O Japão produz menos automóveis do que a Suécia.

_____

4. Um canário pesa menos do que um hipopótamo.

_____

5. Os brasileiros bebem mais cerveja do que os árabes.

_____

6. Nova Iorque tem menos arranha-céus do que Las Vegas.

_____

7. Uma bicicleta custa mais do que um Ferrari.

_____

8. As gazelas correm menos do que as tartarugas.

_____

9. A minha rua tem mais lojas do que a Quinta Avenida de Nova Iorque.

_____

10. No meu apartamento tem mais livros do que na biblioteca pública.

_____

1b. Estabeleça uma comparação entre o elemento abaixo e outro que você imagine:

       MODELO: Meu irmão
                  Meu irmão vê mais tevê que eu.

1. Meu carro

_____

2. Minha universidade

_____

3. Minha família

_____

4. Meu apartamento

_____

5. Meu pai

_____

6. Meu cachorro

_____

7. Minhas professora

_____

8. Minha cidade

_____

9. Meu namorado / minha namorada

_____

10. Meu melhor amigo

_____

1c. Compare os elementos abaixo.

       MODELO: Meu carro (1991) - O carro de meu amigo (2001)
                  Meu carro é mais velho que o carro do meu amigo.

1. Marília (22 anos) - eu (23 anos)

_____

2. Meu irmão (1,79 metros de altura) - meu pai (1,68 metros de altura)

_____

3. Meu tio (975 reais) - meu primo (147 reais)

_____

4. Meu vizinho (175 quilos) - minha vizinha (64 quilos)

_____

5. Meu quarto (3m x 5m) - o quarto de meu irmão (4m x 6m)

_____

2. O comparativo de igualdade, pp. 279-83

Responda às perguntas abaixo. Use **tão**, **mais** ou **menos** nas suas respostas.

1. Seu pai é tão alto quanto você?

_____

2. Um jornal é tão caro quanto um livro?

_____

3. Um papagaio é tão grande quanto um elefante?

_____

4. Seu irmão é tão inteligente quanto você?

_____

5. Um ônibus é tão rápido quanto um avião?

_____

6. Sua cidade é tão grande quanto São Paulo?

_____

7. Um hambúrguer é tão barato quanto um chiclete?

_____

8. Uma bala [*piece of candy*] é tão nutritiva quanto uma banana?

_____

9. Uma caneta é tão pesada quanto uma máquina de escrever?

_____

10. O Maracanã é tão antigo quanto o Coliseu de Roma ?

_____

3. A forma progressiva: «Ele está estudando», pp. 284-89

3a. Passe as frases abaixo para a forma progressiva:

1. Meu gato dorme no sofá.

_____

2. Minha irmã estuda Medicina.

_____

3. Faz muito calor agora.

_____

4. Os carros hoje em dia custam uma fortuna.

_____

5. Meus amigos fazem seu dever de casa.

_____

6. Papai e mamãe vêem tevê.

_____

7. Roberto faz a pós em História.

_____

8. Laura come demais.

_____

9. Jorge trabalha muito.

_____

10. Você gasta muito dinheiro.

_____

3b. Mude as frases abaixo para a forma progressiva. *Não use o verbo* **estar**.

1. Meu irmão dorme muito.

_____

2. O assaltante fugiu do banco.

_____

3. Meus amigos caminham pela avenida.

_____

4. Papai pinta a casa.

_____

5. A cidade aumenta de tamanho.

_____

4. Palavras positivas e negativas, pp. 290-92

4a. Passe as frases abaixo para a forma negativa:

1. Vi alguém no quintal.

_____

2. Vamos ou à farmácia ou ao supermercado.

_____

3. Meu irmãozinho sempre diz a verdade.

_____

4. Você precisa de alguma coisa?

_____

5. Eles já terminaram o exercício.

_____

6. Jorge ainda trabalha no aeroporto.

_____

4b. Passe as frases abaixo para a forma afirmativa:

1. Não entendo nada de japonês.

_____

2. Nunca vamos a essa lanchonete.

_____

3. Meu irmão não tem mais seu Fusca.

_____

4. Não tem ninguém na sala de espera.

_____

5. Ainda não li esse livro.

_____

6. Eles não têm nenhum amigo em Curitiba.

_____

4c. Responda às perguntas abaixo na forma negativa:

1. O que você sabe sobre Pedro Álvares Cabral?

_____

2. Quem vocês conhecem na USP?

_____

3. Você quer ir ao cinema ou ao teatro?

_____

4. Seu professor já deu as notas do curso?

_____

5. Ainda tem bonde no Rio?

_____

6. Você sempre cola nas provas?

_____

INSTANTÂNEOS BRASILEIROS—
O OUTRO LADO DO CARNAVAL

Por todo o Brasil os dias de Carnaval são uma época de grande violência. Em 1991 o Rio foi a cidade que registrou maior número de homicídios: 82. Em São Paulo 50 pessoas morreram em conseqüência de rixas e acidentes de trânsito e foram assaltadas mais de 100 residências e lojas durante os quatro dias de festejos. Também Salvador contou com 41 homicídios e Recife com 19.

Em 1998 só no Rio ocorreram 123 mortes por causas várias, menos 27, contudo, que no ano anterior. A polícia carioca recebeu também nesse ano 849 participações de assaltos.

Na sua opinião, por que razão se registram tantos crimes durante os quatro dias de Carnaval?

_____

_____

_____

_____

_____

_____

_____

Um problema de palavras cruzadas

Horizontais:

1. O dia 6 de janeiro é o Dia de _____
5. Usamos um _____ para limpar a cara
8. _____ é o mesmo que **comete um erro**
9. O Natal é _____ dezembro
10. "Tem dor de dente? _____ ao dentista!"
11. Um alimento abundante e delicioso é um _____
13. _____ é uma exclamação de dor
15. As três primeiras letras de **bater** são _____
16. O contrário de **boa** é _____
17. Guarujá é uma _____
20. As duas consoantes de **sopa** são _____
21. De dia vemos o sol, de noite vemos a _____
22. A primeira sílaba de **alma** é _____
23. _____ Paulo é a maior cidade brasileira
24. _____ é o mesmo que **penso** ou **creio**
26. As iniciais da **Org. das Nações Unidas** são _____
29. O feminino de **rei** é _____
32. O _____ é no dia 25 de dezembro
34. "_____ amigas" é o mesmo que "as amigas de você"
35. **Fui** é uma forma do verbo _____
36. O feminino de **bom** é _____

Verticais:

1. A festa do fim-de-ano se chama _____
2. Uma _____ é um período da história
3. "Quero _____ no Rio para o Carnaval"
4. Scott foi ver o desfile das escolas de _____
5. Comer sopa de _____ no fim do ano dá sorte
6. _____ é um nome de mulher
7. No **réveillon** se bebe _____
12. As duas vogais de **samba** são _____
14. _____ é uma forma do verbo **ir**
18. As duas primeiras letras de **luz** são _____
19. No Sambódromo _____ desfiles de escolas de samba
20. Havia uma organização nazi que se chamava _____
22. Quatro letras de **acrílico** são _____
25. Depois de sete vem _____
27. Se joga voleibol _____ praias do Rio
28. As três últimas letras de **discute** são _____
30. O contrário de **vestida** é _____
31. _____ Branca é a cidade onde decorre a história de *Roque Santeiro*
33. Muitos verbos portugueses terminam em _____

EXERCÍCIOS SUPLEMENTARES

A. O que Scott disse?

Sônia está realmente simpatizando com Scott. Ela pergunta aos pais se o pode convidar para a ceia de Natal e eles acham que é boa idéia. Então, nesse dia, Scott chega a casa deles com três embrulhinhos na mão.

SÔNIA: Oi, Scott! Como vai? Feliz Natal!

SCOTT: _____

SÔNIA: Entre para aqui. Meus pais vêm já.

SCOTT: _____

SÔNIA: Ah, mamãe, quero lhe apresentar o meu amigo Scott.

MÃE: Muito prazer, Scott. Meu marido vem já. Está falando no telefone. Sônia, abra essa janela, por favor. Está fazendo um calor horrível.

SCOTT: _____

SÔNIA: Estou morrendo de curiosidade por saber o que você trouxe. Mas nós só costumamos abrir os presentes à meia noite. Vou colocar junto da árvore de Natal, tá?

SCOTT: _____

MÃE: Muito obrigado, Scott. Mas você não devia de se incomodar. Não precisava bancar Papai Noel para nós.

SÔNIA: Ah, aí vem papai. Papai, este é meu amigo Scott.

PAI: Muito gosto, Scott. Que ótimo que você aceitou vir passar o Natal conosco.

SCOTT: _____

PAI: O nosso Natal não é muito diferente do Natal de vocês. Só que nos falta a neve.

SCOTT: _____

SÔNIA: Gozado, não é? Nós aqui com um calor tropical e seguindo as tradições do Norte da Europa.

SCOTT: _____

MÃE: Rogério, você não quer servir uns **drinks**? Você gosta de caipirinha, Scott?

SCOTT: _____

PAI: Eu vou tomar uma cerveja. Para você, Cristina, já sei que é uisque com guaraná. Sônia?

SÔNIA: Uma caipirinha também, por favor, papai.

SCOTT: _____

Meia hora depois se sentam à mesa.

MÃE: Temos peru para a ceia. Para você não estranhar, Scott.

SCOTT: _____

SÔNIA: Já planejou alguma coisa para o **réveillon**, Scott?

SCOTT: _____

SÔNIA: Desculpe mas papai já reservou uma mesa no Jangada. É que vão estar aqui meus tios do Recife.

SCOTT: _____

MÃE: Pegue mais peru, Scott. E tem aqui puré de batata. Você come pouco.

SCOTT: _____

MÃE: Esteja à vontade. Não faça cerimônia.

CONFRATERNIZAÇÃO DE FIM DE ANO

O Chamonix dispõe de Salões Especiais (exclusivos) e um clima contagiante para as suas reuniões e banquetes.

RESTAURANT
Chamonix
Al. Lorena, 1052
883-4233
881-8145
Ar Cond.
Estac. próprio
c/ manobrista
Aceitamos C.C.

B. Você está em São Paulo e quer organizar uma festinha de fim-de-ano com uns dez colegas. O Chamonix parece ser um bom lugar. Ligue para lá e faça oito perguntas que o ajudem a planejar essa festinha.

NOTAS: **Ar Cond**. = ar condicionado
Estac. = estacionamento
c/ = com
manobrista = empregado que estaciona seu carro
C.C. = cartões de crédito.

1. _____

_____

2. _____

_____

3. _____

4. _____

5. _____

6. _____

7. _____

8. _____

C. Leia com cuidado a letra deste samba-enredo e depois responda às perguntas abaixo:

G.R.E.S.
Caprichosos de Pilares

Brazil não seremos
jamais, ou seremos?
Autores: Almir de Araujo, Balinha, Marquinho Lessa, Hércules Correa, Carlinhos de Pilares.
Puxador: Carlinhos de Pilares

Tudo bem
Nova mente popular
Um novo sol a brilhar
É isso aí vou caprichar, vou caprichar
Brasil, meu Brasil
Com "S" fica bem mais forte
No Sul, no Centro no Norte
Na voz do nosso povo
Ninguém vai me enganar de novo
Num sorriso de criança
A fé, a esperança a conquistar
O que é da nossa terra
Sem essa de americanizar
Não enfie o pau, noutra bandeira
Mas tira, tira e bota a nossa brasileira
(BIS)
Sou canariquito carioca a cantar
Águia não cala meu bico
Meu ouvido não é penico
Meu Sam é de Sambar
Unido aos heróis brasileiros
Nos pagodes, nos terreiros
Contra o que vem de lá
Canto a liberdade; meu hino, minha
Verdade A feijoada e o vatapá
Quem comeu, comeu
Quem não comeu, não come mais
(BIS)
"Brazil" com "Z" jamais.

---

1. Você entende qual é a mensagem deste samba-enredo?

_____

2. O que implica o fato de Brasil se escrever com s ou com z?

_____

3. O que a águia simboliza?

_____

4. E a feijoada e o vatapá?

_____

5. Você acha que o Brasil sofre grande influência da cultura norte-americana?

_____

D. Pequena história do
Sambódromo no Rio

Antigo sonho dos sambistas, que queriam, desde mil novecentos e setenta—um local definitivo para os desfiles das escolas de samba, o palco da maior festal popular do planeta—tornou-se realidade no dia dois de março de mil noivecentos e oitenta e quatro. Seu primeiro nome foi Avenida dos Desfiles, depois Passarela do Samba. Finalmente, deste vez definitiva, em mil novecentos e noventa e sete, passou a se chamar Passarela Professor Darcy Ribeiro, em homenagem ao senador falecido no ano anterior, idealizador do projeto e responsável pelo apelido de SAMBÓDROMO, como é conhecida mundialmente.

O arquiteto Oscar Niemeyer é o responsável pelo projeto, cuja obra foi construída em tempo recorde de cento e vinte dias. O complexo conta com setscentos metros de extensão e tem capacidade para acomodar sessenta e cinco mil pessoas. É composta, à esquerda, por dez blocos de cimento armado e à direita por outros três setores.

Para o carnaval deste ano algumas mudanças foram feitas pelos organizadores para dar mais conforto. Os postos de saúde foram ampliados. Em vez de dois, serão três os locais para atendimentos de emergência. A alimentação no Sambódromo continua sob a responsabilidade da rede de lanchonetes Bob's. Para o Carnaval deste ano tem doze lanchonetes.

Se você quiser ver mais, inclusive vistas de 360°, podem investigar o http://odia.ig.com.br/sites/carnaval/sambodromo.htm

1. Como se originou a ideia do Sambódromo?

_____

2. Por quantas variantes passou o nome do Sambódromo?

_____

3. Levou muito tempo a construir o Sambódromo?

_____

4. Você já conhece o nome de de Oscar Niemeyer? A propósito de quê?

_____

5. Em que época do ano se utiliza principalmente o Sambódromo?

_____

6. Porque é que você acha que este ano se fizeram melhoramentos no Sambódromo?

_____

Grandes escolas e seus passos

Unidos da Ponte - Número de componentes 1.800. Enredo: *Tá na Hora do Samba*; *Que Fala Mais Alto, Fala primeiro* (homenagem ao compositor Herivelto Martins). Autores do samba: Grilo Freitas, Dilsinho e Denise. Carnvales co: Newton Siqueira. Retros petiva: fundada em 1952, só em 1983 teve acesso ao Grupo 1A. Horário do desfile: 20h 00m. Ensaio: sábados às 22h, à avenida Aviador Niton Campos Soares, 215 - São João de Meriti.

Grêmio Recreativo Escola de Samba Beija-Flor de Nilópo lis - Número de componentes: 3.500. Enredo: *O Mundo é uma Bola*. Autores do samba: Betinho e Jorge Canuto. Carnavalesco: Joãozinho Trinta. Retrospetiva: a Beija-Flor surgiu em Nilópo lis, na Baixada Fluminense, em 1949. Desfilou pela primeira vez entre as grandes em 1974. Em 1976, ganhou seu primeiro campeonato, e repetiu o sucesso em 1977 e 1978. Foi vencedora também em 1980, empatando com a Portela e a Imperatriz Leopoldinense. Seu último título é de 1983. Horário do desfile: 21h45m. Ensaio: sábados às 22h, à rua Pracinha Wal lace Pais, 1.652 - Nilópolis.

Grêmio Recreativo Escola de Samba Estação Primeira de Mangueira. Número de com ponentes: 3.500. Enredo: *Caymmi Mostra ao Mundo o que a Bahia e a Mangueira Têm*. Autores do samba: Ivo, Paulinho e Lula. Carnavales co: Júlio Mattos. Retrospe tiva: embora não seja a mais antiga, a Mangueira e consi derada a mais tradicional escola do Rio, por sua preo cupação em preservar os valores do samba puro e autêntico. Fundada em 1928, foi onze vezes campeã. Um dos maiores trunfos que leva para o desfile é o seu puxador de samba-enredo, o cantor Jamelão, de 73 anos. Horário do desfile: 1h3Om de terça-feira. Ensaio: sábados às 22h, no Palácio do Samba, à rua Visconde de Niterói, 1.082 - Mangueira.

Grêmio Recreativo Escola de Samba Acadêmicos do Sal gueiro - Número de compo nentes: 1.800. Enredo: *Tem que se Tirar da Cabeça aqui lo que não se Tem no Bolso* (homenagem a Fernando Pamplona). Autores do samba: Jorge Melodia, Paulo Emílio, Bicho de Pena e Marcelo Lessa. Carnavalesco: Ney Ayan. Retrospetiva: das grandes escolas do Rio, o Salgueiro está ha mais tempo - dez anos - sem comemorar um campeonato. Desde sua fundação, em 1953, foi campeã sete vezes e é famosa por introduzir novidades no desfile. Horário do desfile: 2h45m de terça-feira. Ensaio: domingos às 22h g à rua Silva Teles, 104 - Andarai.

Grêmio Recreativo Escola de Samba Unidos de Vila Isabel - Número de componentes: 2.500. Enredo: *De Alegria Cantei, de Alegria Pulei, de Três e, Três pelo Mundo Rodei*. Autores do samba: Davi Corrêa e Jorge Macedo. Carnavalesco: Max Lopes. Re trospetiva: a escola surgiu em 1946 e sempre se notabi lizou por seus sambas-enre do, muitos deles de autoria do compositor Martinho da Vila. Horário do desfile: 1h3Om de segunda-feira. Ensaio: sábados às 22h, à rua Barão de São Francisco - Vila Isabel.

E. Scott está conversando no telefone com Sônia sobre o programa dos desfiles no Sambódromo, que ele está olhando. Diga o que você acha que ele respondeu quando ela lhe fez perguntas sobre:

1. os horários dos desfiles do Salgueiro e da Beija-Flor

_____

2. a escola com maior número de componentes

_____

3. o título do enredo do Salgueiro

_____

LIÇÃO 13   245

4. a data da fundação da Mangueira

_____

5. o local do ensaio da Unidos de Vila Isabel

_____

6. a idade do cantor Jamelão, da Mangueira

_____

7. a data em que a Beija-Flor ganhou seu primeiro campeonato

_____

8. o nome dos autores do samba da Unidos de Vila Isabel

_____

9. quantas vezes o Salgueiro foi campeão

_____

10. o ano em que a Beija-Flor desfilou primeiro entre os grandes

_____

11. a data em que a Unidos da Ponte teve acesso ao Grupo 1A

_____

12. quem compôs vários sambas-enredo para a Unidos de Vila Isabel

_____

F. Scott recebeu um dinheirinho dos pais como presente de Natal e agora está planejando passar suas férias de janeiro no Hotel Cabreúva. Você pode imaginar seis razões que o possam levar a essa decisão?

1. _____
   _____
   _____

2. _____
   _____
   _____

3. _____
   _____
   _____

4. _____
   _____
   _____

5. _____
   _____
   _____

6. _____
   _____
   _____

Férias de Janeiro

Pacote de Férias *(Tudo Incluso)*

Primeira Semana
Entrada: 07/01 — 10:00 h
Saída   : 13/01 — 18:00 h
A partir de R$ 91,00

Segunda Semana
Entrada: 14/01 — 10:00 h
Saída   : 20/01 — 18:00 h
A partir de R$ 110,00

Terceira Semana
Entrada: 21/01 — 10:00 h
Saída   : 27/01 — 18:00 h
A partir de R$ 105,00

Quarta Semana
Entrada: 28/01 — 10:00 h
Saída   : 03/02 — 18:00 h
A partir de R$ 163,00

Pacote Especial *(Tudo Incluso)*
Entrada: 04/02 — 10:00 h
Saída   : 08/02 — 10:00 h
A partir de R$ 75,00

Os valores dos pacotes terão +10% T.S.

—— CARTÃO OU CHEQUE PRÉ-DATADO ——

São 54 apartamentos e suítes acarpetados, com TV à cores e canal de VT, ar condicionado, frigobar, varanda com vista panorâmica e mais: Campo de Futebol, Quadra de Tênis, Quadras Poliesportivas (todos iluminados), Sauna, Salão de Jogos e Carteados.

■■■■■ PROGRAMAÇÃO: ■■■■■

- Vôos Panorâmicos sobre a Serra do Japi;
- Charrete e Cavalos p/ Montaria;
- Música ao vivo;
- Equipe de lazer infantil e adultos;
- Atividades das 9 às 23 hs., todos os dias a cargo da "Bio Feliz";
- Recepção com personagens Walt Disney; Teatro infantil;
- Show c/ palhaços Pirilampo; Lambe-Lambe e Arco-Íris;
- Gincanas, torneios, ginástica; Passeio ecológico;
- Casa dos Monstros, caminhadas, brincadeiras de salão.

APENAS 45 MINUTOS DE SÃO PAULO

RESERVAS: (011) 406-4511
Telex 1179424
Fax (011).406-4537

Hotel ★★★★ Cabreúva

G. Marque a resposta mais adequada.

Nos **réveillons** do Caesar Park

1. anuncia-se que
    a. só tem música de fita
    b. não é permitido dançar
    c. tem música ao vivo e dança

2. quando chegar a hora da conta
    a. você tem que pagar em dólares
    b. aceitam todos os cartões de crédito
    c. os hóspedes do hotel não precisam pagar

3. o tema é
    a. a época do jazz
    b. a "Belle Époque"
    c. o Carnaval carioca

4. o cardápio inclui
    a. feijoada completa e caipirinha
    b. salmão e filé **mignon**
    c. bife com fritas, arroz e feijão

5. o preço é de
    a. 100 reais por pessoa
    b. 100 dólares por pessoa
    c. 100 reais por casal

6. o hotel oferece
    a. uma garrafa de champanha por casal
    b. uma garrafa de cerveja por pessoa
    c. uma garrafa de vinho por mesa

7. vai haver
    a. dez músicos tocando marchinhas de Carnaval
    b. um grupo de **country**
    c. uma orquestra sinfônica

8. tem também um bufê com
    a. saladas, pratos quentes e sobremesas
    b. hambúrguers, baurus e cachorros quentes
    c. sanduíches de queijo, presunto ou peru

RÉVEILLON

SÃO PAULO

Nos hotéis, um feliz ano-novo

CAESAR PARK

De volta à "Belle Epoque"

Caesar Park — *Rua Augusta, 1.508, fone 285-6622. Dois réveillons, a partir das 21h00, com música ao vivo e dança. Estacionamento com manobrista. Aceita todos os cartões de crédito.*

"'Belle Époque" é o tema do *réveillon* mais íntimo, que será realizado no restaurante Le Caesare, ao som do conjunto Clima Frio. O jantar será composto de codorna e *champignons* ou supremo de salmão, como entrada; a opção, para o prato principal, fica entre o filé *mignon* com purê de castanhas e batata e o medalhão de vitela com musse de brócolis e batata, mais as sobremesas. Preço: Só R$100,00 por pessoa, incluindo uma garrafa de champanha por casal.

Uma noite mais animada, com dez músicos que lembrarão as boas marchinhas do carnaval, será realizada no salão de eventos do hotel. O "*réveillon* tropical" terá um bufê com doze tipos de salada, cinco pratos quentes e sobremesas. Preço: Só R$100,00 por pessoa, incluindo uma garrafa de champanha por casal.

H. Leia a notícia abaixo, aparecida num jornal português. (Note como a ortografia portuguesa pode variar em relação à brasileira: **espectáculo**, **género**. Também a palavra **fato** significa **roupa** e não **caso**. LUSA é uma agência noticiosa portuguesa.

O carnaval e a mafia

RIO DE JANEIRO — O tradicional desfile das escolas de samba no carnaval do Rio de Janeiro, espectáculo considerado como o maior do género no mundo, é financiado pelos chefes do crime organizado carioca que dominam o jogo ilegal. A situação, do conhecimento público há muitos anos, é deunciada mais uma vez no último número da revista 'Veja', e citado pela Lusa. "Os 'bicheiros' (donos das redes de bancas do ilegal jogo do bicho) apoderaram-se das escolas de samba, pagam os fatos de quem não os pode pagar, fabricam os carros alegóricos, atraem para os desfiles personalidades da televisão, e, no fim, obtêm lucros com o carnaval" refere a revista brasileira. Das 15 escolas de samba que desfilaram na madrugada de terça-feira no Sambódromo, sete estão ligadas ao crime organizado, e apenas uma das grandes não é apoiada pela mafia carioca, acusa a publicação.

Explique por palavras suas de que modo os bicheiros contribuem para o espetáculo do carnaval carioca.

_____

_____

_____

_____

_____

_____

_____

_____

_____

_____

_____

I. Luciana foi à polícia.

1. Por que razão Luciana
compareceu na polícia?

_____

2. Foi-lhe roubado algum documento de identidade?

_____

3. Em que universidade Luciana estava matriculada?

_____

4. O que você acha que Luciana vai fazer agora?

_____

5. Como Luciana pode evitar que o ladrão utilize o cartão de crédito Bradesco?

_____

6. Você alguma vez foi roubado,-a? Se isso aconteceu, conte como foi.

_____

LIÇÃO 13—LABORATÓRIO
OS FERIADOS

I. Pronúncia: O *i* e o *u* finais

Final **i** is always stressed, unless there is an accent elsewhere in the word (as in **táxi**, or **grátis**). Because of preterite verb endings, there are a great many examples of final **i** in Portuguese.

abacaxi	dormi	produzi
abri	frenesi *frenzy*	rubi
ali	guarani *Indian tribe*	tossi
biquini	guri	tupi *Indian tribe*
comi	Haiti	vivi
	ouvi	

Exceptionally, Italian names that end in **i** maintain their original stress without a written accent: **Vivaldi, Verdi, Roselli, Signorelli.**

Final **u** is also always stressed unless there is an accent mark elsewhere in the word. There are not many examples of final **u** in Portuguese—they are all of Indian or foreign origin.

bambu	biju *jewel (Fr.)*	peru *turkey*
bauru	caju *cashew*	tabu
Belzebu *Beelzebub*	menu	tatu *armadillo*

II. Mais comparativos

Look at the drawings below and compare the items given by the tape. Follow the model.

> MODELO: (tape) Livros
> (student) Joana tem mais livros do que Carlos.
> (confirmation) Joana tem mais livros do que Carlos.
> (repetition) Joana tem mais livros do que Carlos.

Vozes brasileiras—O Réveillon

Write in the missing words. The **Voz** will be repeated once.

O Réveillon é a _____ de ano. Réveillon é uma palavra vinda do _____ , não é? Meia noite tem _____ , fogos de artifício, antes come-se uma _____ . Algumas pessoas comem uva à meia-noite, acham que dá _____ também. Comer sopa de lentilha também dá sorte, só nesse dia—_____ a gente come para dar sorte.

III. MAIS DE..., MENOS DE...

Look at the cues below and answer the questions. The plus sign means **mais de** and the minus sign means **menos de**. The model is from **número um**.

> MODELO: (tape) Guilherme tem quantos anos?
> (student) Tem mais de vinte anos.
> (confirmation) Tem mais de vinte anos.
> (repetition) Tem mais de vinte anos.

1. Guilherme 20+
2. Anita 60-
3. Luis 6-

4. Rafael 30+
5. Glória 100+
6. Alberto 2+

IV. TÃO... QUANTO, NÃO TÃO... QUANTO...

Look at the statements as the tape asks about them and make comparisons using **tão... quanto** and **no tão... quanto**. The persons' names plus the trait you are to compare are given below.

> MODELO: (tape) José—Margarida: inteligente
> (student) José é tão inteligente quanto Margarida.
> (confirmation) José é tão inteligente quanto Margarida.
> (repetition) José é tão inteligente quanto Margarida.

1. José (IQ 119) — Margarida (IQ 119)
2. Marília (5'6") — Luísa (5'6")
3. a álgebra (um pouco difícil) — o cálculo (muito difícil)
4. Antônio (tem muito dinheiro) — Ricardo (tem muito dinheiro também)
5. Alfredo (está nervoso) — Roberto (está nervoso também)

6. Tomás (tem 23 anos) — Cristóvão (tem 23 anos)
7. Anita (é muito amável) — Maria (é muito amável)
8. o Ford (bom carro) — o Chevrolet (bom carro)
9. o café de ontem (ruim) — o leite da semana passada (muito ruim)
10. meu irmão (tem 12 anos) — teu irmão (tem 12 anos)

Vozes brasileiras—O Dia de Reis

You will hear the **voz** twice. Circle the words below that don't correspond to what is said.

No Dia de Reis, seis de fevereiro. na minha casa a gente tem uma filosofia que é que você tem que comer maçã. Romã é uma fruta que é cheia de moedas dentro. Você tem que comer seis sementinhas, guardar três, e enterrar seis. É para receber sorte no ano, para trazer saúde. É uma coisa que a gente faz na **minha** família.

V. TANTO... QUANTO, NÃO TANTO... QUANTO

Look below for answer clues. If the amounts listed are the same, use a form of **tanto... quanto**; if one is less than the other, use **não tanto... quanto**. The model is from **número um**.

MODELO: (tape) Tem tantos rapazes quanto garotas na nossa aula?
        (student) Sim, tem tantos rapazes quanto garotas na nossa aula.
        (confirmation) Sim, tem tantos rapazes quanto garotas na nossa aula.
        (repetition) Sim, tem tantos rapazes quanto garotas na nossa aula.

1. na aula: rapazes = 13, garotas = 13
2. na aula: escrivaninhas = 20, estudantes = 18
3. tráfego no Rio = muito, tráfego em São Paulo = muito
4. flores: Maria = 24, Anita = 24
5. crédito: o estudante = pouco; a pessoa mais velha = muito
6. boas notas: Otávio = 2, José = 4

VI. A forma progressiva

Restate the sentences given by the tape using the progressive. Use **estar** in your solutions.

MODELO: (tape) Eles jogam futebol.
        (student) Eles estão jogando futebol.
        (confirmation) Eles estão jogando futebol.
        (repetition) Eles estão jogando futebol.

        LIÇÃO 13   253

Vozes brasileiras—O «Dia da Mentira»

You will hear the **voz** twice. Write in the missing phrases.

O primeiro de abril é o _____. Brinca-se, mente-se muito. O professor

pode _____ : «Alunos, que hoje tem uma prova!» Dependendo do

_____ do professor e da relação entre o professor e os alunos, pode ser uma

_____. Por exemplo, os alunos podem inventar que viram o professor

dançando com uma aluna, e o pro fessor _____ . Fazem brincadeiras assim.

Na família, você _____ e diz para teu irmão, «Olha, teu

carro foi roubado!»

VII. As palavras positivas e negativas

Answer these questions with negative responses. Keep the answer's negative word in the same relative position as the question's positive word.

> MODELO: (tape) Você vê alguém?
> (student) Não, não vejo ninguém.
> (confirmation) Não, não vejo ninguém.
> (repetition) Não, não vejo ninguém.

The written part is different from the oral part. Write the positive version of the sentence if negative, and vice versa.

1. _____

2. _____

3. _____

4. _____

5. _____

VIII. Texto de compreensão: Entre o Natal e o Carnaval

Listen to the comprehension text and write answers to the questions asked.

1. _____

2. _____

3. _____

4. _____

IX. Ditado.

You will hear this dictation three times. The first time, just listen attentively. The second time, write what you hear during the pauses. The third time it will be read with no pauses so that you can verify your work.

_____

_____

_____

_____

_____

_____

LIÇÃO 14—CADERNO DE TRABALHO
A NOVA ECONOMIA BRASILEIRA

1. O imperativo indireto, pp. 299-303
1a. Dê uma forma mais suave a estes imperativos usando **querer**, **desejar** ou **precisar**:

1. Abra a porta.
_____

2. Espere um momentinho.
_____

3. Me diga seu nome.
_____

4. Fique conosco.
_____

5. Vá ao açougue.
_____

6. Me dê uma carona.
_____

7. Empreste-nos dinheiro.
_____

8. Traga mais uma cerveja.
_____

9. Feche a janela.
_____

10. Sirva a comida agora.
_____

1b. Termine as frases abaixo:

1. Doutor, preciso que _____

2. Dona Cleonice, quero que a senhora _____

3. Papai, lhe peço que _____

4. Meus amigos, desejo que _____

5. Meninos, prefiro que _____

6. Sr. Ramos, sugiro que _____

7. Meu filho, papai e mamãe querem que você _____

8. Os alunos precisam que a professora _____

9. Os senhores desejam que _____

10. Sugerimos que os nossos visitantes _____

11. Ela me pede que _____

12. Meu médico recomenda que _____

13. Joana prefere que seu namorado _____

14. A polícia não permite que _____

15. Os regulamentos aprovam que _____

16. Nossa diretora autoriza que _____

1c. Complete com uma forma de subjuntivo do verbo indicado:

Não é possível que…

1. (**trazer**) _____
2. (**chegar**) _____
3. (**mentir**) _____
4. (**começar**) _____
5. (**dormir**) _____
6. (**ficar**) _____
7. (**conhecer**) _____

3. Verbos usados com imperativos indiretos, p. 309

3a. Complete as frases abaixo:

1. Os dentistas sugerem que _____

2. A professora recomenda que _____

3. Papai insiste em que _____

4. A lei não permite que _____

5. É preciso que nós _____

6. É importante que a menina _____

7. É melhor que vocês _____

4. Os números ordinais, pp. 310-11

4. Complete com um número ordinal escrito por extenso:

1. Outubro é o _____ mês do ano.

2. Os calouros são os alunos do _____ ano.

3. Os países mais pobres constituem o _____ Mundo.

4. Henrique _____ foi um rei de Inglaterra que teve várias mulheres.

5. Dom Pedro _____ foi o filho de Dom Pedro Primeiro.

6. Depois de criar o mundo, no _____ dia Deus descansou.

7. O D é a _____ letra do alfabeto.

8. Se começarmos com segunda-feira, o sábado é o _____ dia da semana.

9. As lojas mais chiques de Nova Iorque estão na _____ Avenida.

10. As mais conhecidas sinfonias de Beethoven são a Quinta e a _____ .

INSTANTÂNEOS BRASILEIROS —
E AGORA UMA VOZ AMERICANA

[Para uma prespetiva histórica…] No verão de 1989 um programa americano de televisão perguntava: "Que você pensava de uma inflação de 30% por ano nos Estados Unidos?" (Não precisa responder. Nós sabemos.) E então o programa continuava: "Pois bem, no Brasil tem inflação de mais de 30% *por mês*." E para ilustrar a situação mostrava o locutor bebendo um chopp, por cujo preço se podia comprar uma geladeira cinco anos antes. E com o que então se pagava por encher de gasolina o tanque do carro se podiam comprar *dois carros* cinco anos antes!

Perguntas:

1. Qual é o índice atual de inflação nos Estados Unidos?

_____

2. Quando você estava na escola primária quanto pagava por um bilhete de cinema? E agora quanto paga?

_____

3. Quanto pagava então por um cachorro quente? E agora?

_____

4. Quanto você paga agora por um hambúrguer? Quanto acha que vai pagar daqui a cinco anos?

_____

5. Quanto você crê que seus (futuros) netos vão pagar por um semestre na universidade?

_____

Um problema de palavras cruzadas

1		2		3		4	5		6
				7	8			9	
					10			11	
12			13	14					
		15				16	17		18
		19		20	21				
	22					23			
24		25							26
27	28		29			30		31	
32							33		

Horizontais:

1. Com a inflação o _____ de vida sobe cons tantemente
4. É preciso _____ a várias lojas para encontrar o preço mais baixo
7. Quando há qualquer problema político cria-se _____ na Bolsa de Valores
10. As iniciais de **Corpo Diplomático** são _____
11. O feminino de **as** é _____
12. 2% ao ano é uma inflação _____ insignificante
15. Scott _____ muito com as piadas de seus colegas
16. Meu amigo e eu temos o mesmo nome. Ele é meu _____
19. Um dos grandes problemas do Brasil é uma _____ galopante
22. As duas primeiras sílabas de **rotular** são _____
23. Tomo aspirina quando tenho _____ de cabeça
25. O pai de Scott é o _____ Davis.
27. _____ é uma terminação do presente dos verbos em **ar**
29. As duas consoantes de **sido** são _____
30. Uma loja que vende livros usados é um _____
32. Se eliminarmos a última letra de **meteoro** temos _____
33. _____ são catedrais

Verticais:

1. Você pode pagar a dinheiro, com cartão de crédito ou com _____
2. Com a inflação galopante os _____ sobem menos que os preços
3. As duas primeiras letras de **ópera** são _____
4. Os preços de vários produtos básicos são _____ pelo Governo
5. A primeira sílaba de **ritual** é _____
6. _____ é o mesmo que **ele e eu**
8. _____ depois de uma data significa **antes de Cristo**
9. Você pode passar três cheques e eles vão _____ um cada mês
13. Uma _____ é um resumo
17. Nas ilhas dos _____ se fala português
18 "Tenho que ir _____ banco descontar um che que."
20. O singular de **fundos** é _____
24. O Tio _____ é o símbolo dos Estados Unidos
26. _____ é um pedido internacional de socorro
28. "Você _____ dá uma ligadinha?"
31. O _____ é a segunda letra do alfabeto

EXERCÍCIOS SUPLEMENTARES

A. Um jornal do nordeste

Aqui não se discute.

No Norte/Nordeste do Brasil A Tarde é o jornal de maior circulação. Quando você tiver alguma coisa a dizer a esta região, comece pela Bahia. Use A Tarde.

A TARDE

Filiado ao
IVC

A Tarde é o líder ▼ absoluto no Norte/Nordeste.

	Dom	2ª	3ª	4ª	5ª	6ª	Sab
A Tarde	71.873	60.120	57.965	64.713	57.388	62.010	58.684
Diário de Pernambuco (PE)	69.623	28.409	28.949	30.564	28.910	29.768	34.898
O Povo (CE)	26.965	25.223	25.193	25.650	24.816	25.942	26.802
Diário do Nordeste (CE)	17.612	14.373	14.846	14.733	14.184	14.962	14.942
Gazeta de Alagoas (AL) *	9.295	—	5.325	4.952	5.018	4.972	6.332
Diário de Natal (RN)	—	—	10.570	9.013	10.056	9.502	9.213
O Norte (PB)	7.152	3.394	4.177	3.989	4.233	4.095	4.869
O Dia (PI)	5.791	—	4.194	4.196	4.129	4.196	4.533
Jornal de Alagoas (AL)	4.423	—	3.332	3.347	3.443	3.436	3.752
Jornal de Hoje (MA)	3.930	2.878	3.696	3.668	4.203	4.364	4.705
Diário da Borborema (PB)	2.038	1.589	1.637	1.562	1.556	1.621	1.557

Fonte IVC.   Informação jurada do Editor.   Fevereiro 86.   * Dezembro 85.

1. Em 1986 qual era o jornal de maior circulação no Norte/Nordeste do Brasil?

_____

2. E o de menor circulação?

_____

3. Em que dia da semana A *Tarde* publica mais exemplares? Por que você acha que isso acontece?

_____

4. Por que você acha que o *Diário de Natal* não dá números para domingo e segunda?

_____

5. Como é a edição de domingo dos jornais americanos? Quais são algumas das seções que eles contêm?

_____

B. Comer ouro?

> **TEMPERADO A OURO -** *Enquanto uns não tem o que comer e outros não comem no prato, tem gente que usa prato de ouro. Mas há outros mais sofisticados ainda que chegam a comer ouro. Esta é a novidade do cardápio do Le Caesar, do hotel Caesar Park, em São Paulo, que tempera com finíssimas partículas do nobre metal tanto o consomê de entrada como o peito de frango com cogumelos selvagens. E para quem quiser completar a refeição bebendo ouro, pode salpicá-lo no vinho. Excêntrico ou extravagante, certo é que o cardápio do restaurante deste hotel cinco estrelas está conquistando uma ótima freguesia. Os médicos asseguram que o ouro é totalmente inofensivo ao organismo.*

1. Há gente que come ouro?

_____

2. Em que circunstâncias?

_____

3. Onde se pode comer ouro?

_____

4. Como se pode também beber ouro?

_____

5. O Le Caesar é um restaurante barato?

_____

6. Faz mal ao organismo comer e beber ouro?

_____

7. O que você pensa desta moda?

_____

LIÇÃO 14   263

C. Leia a notícia abaixo e os pequenos textos que se seguem. Todos se referem à chamada economia informal, isto é, a atividades econômicas não legalizadas e que portanto não pagam impostos.

Segredos de Monte Sião
Como é a capital do tricô invisível

Situado a 485 quilômetros de Belo Horizonte, o município de Monte Sião era até vinte anos atrás uma inexpressiva região produtora de café e gado de corte. Hoje, a cidade é uma das mais prósperas do sul de Minas Gerais e se orgulha de ser conhecida como a capital nacional do tricô. Na realidade, Monte Sião teria todas as condições de ser co-

nhecida também como a capital brasileira da economia invisível. Com 20 000 habitantes, Monte Sião tem uma ativa indústria têxtil, com 400 fábricas e mais de 300 butiques, das quais a metade, estima-se, é completamente clandestina. A produção de peças de lã e malha, que se desenvolveu na cidade depois de uma feira promovida pela prefeitura em 1972, mobiliza quase todos os habitantes do município

e é vendida para as grandes lojas de São Paulo e da própria região. "Somos um oásis no meio da crise," diz o prefeito Mário Márcio Zucato, provavelmente dono de uma malharia que fabrica 500 peças de roupa por semana. "O único problema é o da prefeitura, que tem pouca arrecadação de impostos."

Neste momento, ha 250 prédios de apartamentos em construção em Londrina, no Paraná. Como em qualquer outro lugar, essa pujança tem um pé na informalidade. Compra-se material de construção mais barato sem nota fiscal ou com valores fictícios.

Em Blumenau, Santa Catarina, Marcos Leyendecker faz tecidos para malhas, e todo o seu negócio está oficializado. Dos seus 1 500 clientes, porém, 500 são totalmente informais e andam por baixo do pano. "Cresci graças aos informais," diz ele.
No bairro paulistano da Freguesia do

Ó, Severino Tonel de Albuquerque e seu filho Geraldo especializaram-se em recuperar automóveis amassados e vendê-los com bons lucros. "De cada dez clientes só três saem daqui com nota fiscal," diz ele.

Para o ministro-chefe do Gabinete Civil, Ronaldo Costa Couto, o vigor da economia informal no Brasil é um sinal da força desconhecida do pais. "A escalada da economia invisível talvez seja a essência do jeito brasileiro de enfrentar a crise," diz ele.

Ao trocar seu emprego num banco por uma vaga na feira do Brique da Redenção, no Parque Farroupilha, em Porto Alegre, Jaqueline Fujiwara multiplicou por sete sua renda mensal. "Nunca mais volto a ser empregada com carteira assinada," promete ela.

Responda agora a estas perguntas:

1. A economia informal está muito disseminada no Brasil?

_____

2. Como era Monte Sião vinte anos atrás?

_____

3. Como é agora?

_____

4. Que porcentagem das fábricas e butiques são clandestinas?

_____

5. A indústria das malhas trouxe prosperidade a Monte Sião?

_____

6. Que problemas a economia informal causa à prefeitura?

_____

7. Por que razão em Londrina se compra material de construção sem nota fiscal ou com valores
   fictícios?

_____

8. Marcos Leyendecker cumpre com a lei? E os seus clientes?

_____

9. Que opinião Ronaldo Costa Couto tem sobre a economia informal?

_____

10. Sobre que porcentagem dos seus clientes Severino e Geraldo pagam impostos?

_____

11. Por que Jaqueline Fujiwara prefere ser feirante a ser empregada?

_____

12. O que você pensa de todo este sistema?

_____

LIÇÃO 14

D. Estatísticas várias

VIOLÊNCIA URBANA Homicídios por 100 000 habitantes		GASTOS COM A ALIMENTAÇÃO % do salário		ÁGUA E ELETRICIDADE % de casas com estes serviços		MORTALIDADE INFANTIL Óbitos por 1 000 nascimentos	
Cidade do Cabo*(África do Sul)*	64,6	Ho Chi Minh*(Vietnã)*	80	Johanesburgo*(África do Sul)*	27,7	Kanpur*(Índia)*	157
Cairo*(Egito)*	56,3	Lima*(Peru)*	70	Kinshasa*(Zaire)*	33,0	Recife*(Brasil)*	122
Alexandria*(Egito)*	49,3	Katowice*(Polônia)*	67	Lagos*(Nigéria)*	50,0	Daca*(Bangladesh)*	108
Rio de Janeiro*(Brasil)*	36,5	Daca*(Bangladesh)*	63	Calcutá*(Índia)*	56,7	Karachi*(Paquistão)*	97
Manila*(Filipinas)*	30,4	Kinshasa*(Zaire)*	63	Recife*(Brasil)*	57,3	Kinshasa*(Zaire)*	86
Cidade do México*(México)*	27,6	Bangalore*(Índia)*	62	Cidade do Cabo*(África do Sul)*	58,0	Lagos*(Nigéria)*	85
São Paulo*(Brasil)*	26,0	Istambul*(Turquia)*	60	Surabaya*(Indonésia)*	59,2	Hiderabade*(Índia)*	83
Porto Alegre*(Brasil)*	23,6	Calcutá*(Índia)*	60	Nova Délhi*(Índia)*	65,5	Lahore*(Paquistão)*	83
Bogotá*(Colômbia)*	21,1	Guangzhou*(China)*	60	Bangalore*(Índia)*	66,8	Surabaya*(Indonésia)*	75
Miami*(EUA)*	20,7	Lagos*(Nigéria)*	58	Nanjing*(China)*	69,6	Istambul*(Turquia)*	59

1. Em qual destas cidades

     a. você teria mais perigo de ser assassinado/a?
     b. você pagaria mais pela sua alimentação?
     c. você teria menos probabilidades de ter água e eletricidade em casa?
     d. existe uma maior mortalidade infantil?

_____

_____

2. O que você pensa das estatísticas referentes à violência urbana no Brasil?

_____

3. Como se situa a cidade de Recife quanto ao abastecimento de água e eletricidade?

_____

4. É alto o índice de mortalidade infantil no Recife? Por que você pensa que isso acontece?

_____

E. O Mercosul e a União Européia

A América Latina sempre desejou uma relação econômica mais forte com a Europa. Com a criação da Comunidade Européia os governos latino-americanos ansiavam que houvesse maiores investimentos em nosso continente. Tal não aconteceu. A Europa estava bastante ocupada com seu próprio processo de integração, fazendo uma política protecionista contra Terceiros Países, como a Política Agrária Comum que prejudicou o comércio da Comunidade com países latino-americanos, que eram seus fornecedores tradicionais.

Nos anos sessenta e setenta a relação entre a Europa e a América Latina foram caracterizadas pela assinatura de acordos bilaterais de cooperação política entre a Comunidade e países latinos, tais acordos foram chamados de acordos de primeira geração.

Nos anos oitenta foram firmados importantes acordos de cooperação entre a Comunidade e o Brasil, o Grupo Andino e a América Central, acordos de segunda geração.

O fim da ditadura militar e da adoção dos governos de programas de desregularização dos Mercados a liberalização comercial e o fomento de investimentos favoreceu a aproximação das relações entre os países latino-americanos, levando a assinatura do Tratado de Assunção em 26 de março de 1991. a primeira proposta para o estabelecimento de um acordo interregional aconteceu em uma reunião de ministros de Assuntos Exteriores do Mercosul e UE em 23 de abril de 1994.

Em 22 de dezembro de 1994, pouco depois da assinatura do Protocolo de Ouro Preto, que dotou o Mercosul de personalidade jurídica de Direito Internacional, foi assinada a Declaração Conjunta Solene que incluiu a possibilidade de caminhar para um acordo de livre comércio entre os dois blocos.

O Próximo passo foi a assinatura, em 12 de dezembro de 1995 em Madri, do Acordo- Quadro Interregional de Cooperação entre a UE e o Mercosul criando um processo associativo que incluiu numa etapa superior: a criação de uma Zona de Livre Comércio.

Marque a resposta mais apropriada:

1. A América Latina
a. nunca revelou qualquer interesse em manter relações econômicas com a União Européia.
b. sempre desejou estreitar os contatos com as economias européias.
c. preferiu ter relações econômicas com os países do Leste Europeu.

2. Não se fizeram importantes investimentos europeus no mercado latino-americano porque
a. a União Européia estava preocupada com a instabilidade política de alguns países latino- americanos.
b. a Europa se debatia com os seus próprios problemas e preferiu não se aproximar da América Latina.
c. os países europeus estavam mais interessados em estabelecer relações com as grandes potências econômicas asiáticas.

3. Nos anos sessenta a oitenta
a. a Europa assinou vários acordos de cooperação com países latino-americanos.
b. a União Européia recusou-se absolutamente a negociar com a América Latina.
c. apenas se interessou em assinar acordos bilaterais com o Brasil.

LIÇÃO 14 267

4. Uma mais intensa cooperação econômica entre os países latino-americanos foi favorecida
a. pela necessidade de criar uma barreira à influência econômica norte-americana.
b. pelo aparecimento de novas ditaduras militares na América Latina.
c. por fatores como o fim de um governo forte no Brasil e uma atitude latino-americana mais liberal em relação à economia.

5. Um acordo entre a União Européia e o Mercosul conduziu
a. ao estabelecimento de numerosas empresas latino-americanas em países europeus industrializados.
b. a um importante incremento das tarifas aduaneiras entre a Europa e a América Latina.
c. à criação de uma zona que permite relações comerciais livres entre os dois blocos.

G. Bradesco

Cartões Pessoa Física

Bradesco World Card Gold Visa

Com o Bradesco World Card Gold Visa você tem o mais completo conjunto de serviços e benefícios reunidos em um só Cartão de Crédito. Confira aqui alguns dos principais benefícios.

- Aceito no Brasil e no Exterior.
- Uma das maiores redes de estabelecimentos credenciados do mundo.
- Várias opções de datas de pagamento: dias 1º, 5, 10, 15, 20 e 25.
- Débito automático em conta-corrente no Bradesco ou pagamento através de fatura bancária.
- Saques de emergência no Brasil através das unidades BDN - Bradesco Dia e Noite e, no Exterior, nos caixas automáticos das Redes Visa e Plus.
- Total segurança e rápida reposição em caso de perda ou roubo do Cartão.
- Cartão adicional com 50% de desconto na anuidade.
- Central de Atendimento Gold, no Brasil, e GAC - Global Assistance Center, no Exterior, dia e noite, inclusive aos sábados, domingos e feriados.
- VISAPHONE, um serviço especial para ligações internacionais em diversos países, de forma fácil, rápida e econômica.
- Opção de pagar as compras e despesas em até 30 dias sem juros ou parcelar em até 12 meses, no ato da compra, para gastos feitos no Brasil (acrescido dos encargos devidos).
- Crédito Rotativo - Possibilita o financiamento de parte dos gastos das compras ou saques feitos no Brasil (acrescido dos encargos devidos).
- World Assistance: serviços de assistência em viagens, no Brasil e no Exterior.
- World Service: Serviço de compra e entrega de ingressos para espetáculos e shows na cidade de São Paulo e Rio de Janeiro e de compra nos Estados Unidos, Paris e Londres.
- Adiantamento de emergência em caso de perda ou roubo do Cartão no Exterior.
- Seguro Visa de Automóveis Locados nos Estados Unidos e Canadá.
- Seguro automático de bagagens nos vôos internacionais.
- Assistência médico hospitalar no Exterior.
- Assistência jurídica de emergência, no Brasil e no Exterior.

Nenhuma das frases abaixo é verdadeira. Escreva a frase certa.

1. O Bradesco World Card Gold Visa oferece serviços muito limitados.

_____

2. Você não pode usar este cartão nos Estados Unidos.

_____

3. Com este cartão não é possível sacar dinheiro urgentemente.

_____

4. Se você perder o cartão vai ter um tremendo problema para o substituir.

_____

5. Você não pode obter um cartão adicional para sua esposa.

_____

6. As Centrais de Atendimento funcionam de segunda a sexta, das oito da manhã às cinco da tarde.

_____

7. O VISAPHONE permite-lhe fazer gratuitamente chamadas para o Exterior.

_____

8. Para compras feitas no Brasil exisre um juro de 18% pelos primeiros trinta dias.

_____

9. Se o seu cartão for roubado no estrangeiro você não pode receber dinheiro de emergência.

_____

10. Se você alugar um carro na França ou na Alemanha você pode obter um Seguro Visa de Automóveis Locados.

_____

LIÇÃO 14—LABORATÓRIO
A NOVA ECONOMIA BRASILEIRA

I. Pronúncia: Onde acentuamos as palavras portuguesas

It is easy to predict where words are stressed in Portuguese. Any word that you see written you will know where to stress by applying the rules given below, and through the same rules, any word that you hear pronounced you should be able to write and know if it has an accent on it or not.

1. Words ending in the consonants **l**, **r**, or **z**, or in a consonant plus **i, im, is** or **u, um, us** are stressed on the last syllable, provided there is no accent mark elsewhere:

pap**el**	com**i**
az**ul**	abacax**i**
profess**or**	pud**im** *pudding*
capat**az** *foreman*	per**u** *turkey*
cart**az** *poster*	tat**u** *armadillo*

2. Words that end in **m, s,** or any vowel other than **i** or **u**, are stressed on the second vowel back, even where there are two vowels together at the end of a word (unless there is an accent mark elsewhere):

co**mem**	**ma**pa
voltam	**li**vro
jovem	ver**da**de
homem	**fri**o
volta	pos**sui** *she possesses*
jovens	co**meu**
come	par**tiu**

3. Words that do not fall into 1 or 2 above have a written accent mark. Notice that *any* word stressed three syllables back must have an accent. In the examples below, try to see why the accent is necessary:

táxi	**sá**bado
a**mên**doa *almond*	es**tá**
ci**ên**cia *science*	**fé**rias
a**má**vel *pleasant*	in**só**lito *uncommon*
cha**péu**	**ní**vel
po**lí**cia	**ú**til
último	

Notice how the circumflex is commonly seen as the accent which precedes an **m** or an **n**. But if an **i** or a **u** precede the **m** or **n**, only the acute is used (príncipe, clínico, olímpico, latifúndio *large estate*, húngaro, petúnia).

The **til** (= *tilde* in English) is also an accent mark, and is shows stress as well as nasalization:

irmã	avião
maçã	emoções
funções	

But if there is an accent mark elsewhere in the same word, it takes precedence:

órgão Estêvão
órfãos Cristóvão

Vozes brasileiras—A inflação e o reajuste do salário
Write in the missing words. The **Voz** will be repeated once.

O preço sobe, o _____ não—ou sobe muito pouco em relação à inflação. O
_____ controla o salário e o governo controla também o reajuste do salário.
Existe um _____ estipulado pelo governo que diz que o salário pode
_____ tanto por mês. A gente não _____ de
«um por cento» ou «dois por cento» por lá—a gente fala de «por cento,» «vinte e cinco por cento» por
_____ .

II. As formas do imperativo indireto
Change the indicative forms into the subjunctive. Put **que** before your form.

MODELO: (tape) Vocês saem.
(student) Que vocês saiam.
(confirmation) Que vocês saiam.
(repetition) Que vocês saiam.

Vozes brasileiras—Quando tinha muita inflação…
You will hear the **voz** twice. Circle the words below that don't correspond to what is said.

Aconteciam muitas coisas sérias. Um amigo meu foi para os Estados Unidos e trouxe a mais alta das notas
que estavam na circulação, para mostrar para todo mundo um bilhete de valor de um bilhão e para poder
pagar o táxi do aeroporto para casa depois de voltar da viagem. Passou três anos viajando, voltou e pegou
o táxi para casa. Na hora de sair, tirou a nota. O taxista olhou para ele e disse: "Essa nota não vale muito,
acabou de sair de circulação. Agora temos o dinheiro novo e daquele dinheiro antigo só vale a nota de
dez milhões." Meu amigo perguntou quanto que valia a nota de dez milhões. O taxista respondeu: "Vale
dez centavos do real novo."

III. Usos do imperativo indireto

Your friend tells you what people are not doing. You say what you want them to do. Follow the model.

MODELO: (tape) João não vem.
(student) Mas quero que João venha.
(confirmation) Mas quero que João venha.
(repetition) Mas quero que João venha.

Written section:

1. _____

2. _____

3. _____

4. _____

5. _____

Vozes brasileiras—O décimo-terceiro

You will hear the **voz** twice. Write in the missing phrases.

Uma coisa que a gente tem no Brasil, não sei se tem em _____ do mundo, é o

décimo- terceiro. É assim: você _____ por mês, lógico, mas ao final do ano,

você recebe um salário mais, para _____. Você recebe um salário a mais, para

as compras de Natal. Ninguém reclama— _____.

IV. O que eles querem?

Look at the drawings and write original answers to the questions.

The model is on this page, and the drawings for you to base answers on are on the next page.

MODELO: (tape) O que o senhor Gomes quer?

Quer que a lanchonete abra.

O Sr. Gomes

LIÇÃO 14   273

1. _____

2. _____

3. _____

4. _____

V. Texto de compreensão: O Mercosul

Listen to the comprehension text and write answers to the questions asked.

1. _____

2. _____

3. _____

4. _____

VI. Ditado.

You will hear this dictation three times. The first time, just listen attentively. The second time, write what you hear during the pauses. The third time it will be read with no pauses so that you can verify your work.

_____

_____

_____

_____

_____

Lição 15—Caderno de Trabalho História e Geografia

1. O subjuntivo expressando dúvida ou probabilidade, pp. 317-21
2. O subjuntivo expressando emoção, pp. 324-26

1a. Complete as frases abaixo.

1. Quando verifica sua conta de banco, Scott duvida que…

_____

2. Sônia é bastante cética [*skeptic*] e não acredita que…

_____

3. Marina se vai encontrar com Scott às cinco mas não acha que…

_____

4. Scott estudou bastante para a prova mas não está certo que…

_____

5. Não pode ser que Scott e Maria Lúcia…

_____

6. Não é certo que Scott…

_____

7. É provável que Sônia…

_____

8. Não me parece que Gustavo…

_____

9. Não é possível que Scott e Sônia…

_____

10. Não parece bem que Scott…

_____

1b. Complete as frases abaixo usando a forma do subjuntivo dos verbos entre parênteses.

> MODELO: Scott tem medo que (*chegar*)...
> Scott tem medo que **o dinheiro não chegue dos Estados Unidos.**

1. Scott duvida que (*ir*) _____

2. Marina lamenta que (*fazer*) _____

3. O professor de Scott sente muito que (*estudar*) _____

4. Sônia tem medo que (*dizer*) _____

5. É pena que Scott (*saber*) _____

6. É triste que Maria Lúcia (*ser*) _____

7. É ridículo que Scott e Sônia (*estar*) _____

8. É estranho que os amigos de Scott (*falar*) _____

3. Mais expressões com ESTAR COM e TER, pp. 328-29

3a. Preencha com uma expressão com **ter** ou **estar com.**

1. Rui nunca pode manter equilibradas suas contas no banco. Não _____

_____ os números.

2. Eu me machuquei no outro dia e ainda _____ no ombro.

3. Eu não _____ ! Não fui eu quem quebrou o vidro da janela.

4. O estereotipo que muitos europeus e americanos têm do homem tropical é que ele

_____ por causa do sol quente e do ritmo lento da vida.

5. As crianças não conseguiram dormir depois de ver esse filme horrível sobre Drácula.

_____ vampiros.

Nome_____ Date_____ Aula_____

6. Nós _____ que seu pai ficasse tão doente. Você disse que ele

_____ cabeça e garganta mas ninguém sabia que doença ele tinha?

7. Meus avós eram imigrantes da Rússia. Para eles era muito difícil se acostumar à vida aqui e sempre

_____ quando lembravam de sua terra.

8. Há alguma coisa para comer na geladeira? _____.

9. Estamos atrasados! Não queremos chegar tarde; _____.

3b. Reescreva a frase substituindo a parte grifada com outra expressão com **ter** ou **estar com:**

1. Pergunte a data do nascimento de Eça de Queirós para Angelinha. Ela *tem talento para* as datas.

_____

2. *Tememos muito* que vocês percam o trem para São Paulo.

_____

3. *Sentimos* que não possam completar seus negócios na cidade.

_____

4. Eu *não tenho a responsabilidade se* eles decidirem sair para o Rio sem fazer reservas num hotel.

_____

5. Ricardo me convidou a acompanhá-lo à praia. Pode me ajudar a conseguir que mamãe dê
   licença? Você sempre *tinha sucesso com ela.*

_____

6. *Doem-me os dentes* e não vou ter oportunidade de ir ao dentista até depois de amanhã. Que azar!

_____

3c. Preencha com uma expressão com **ter** ou **estar com.**
1. Afonso pôs três cobertores na cama. Ele _____.
2. O professor disse que a prova de química ia ser difícil. Todos os alunos _____

_____.

3. A Leila trabalha todas as noites e estuda todos os dias. Não descansa muito e por isso
   sempre _____.

4. Que horror! Não tem bebidas em casa e eu _____. Preciso comprar
    Coca-Cola no supermercado mas não tenho tempo agora mesmo porque

_____.

5. Faz muito sol no jardim e Vicente _____.

6. Vou me deitar, _____.

7. Eu acho que a minha irmã vai ganhar dinheiro jogando em Las Vegas porque _____

_____.

8. Eu vou fechar as janelas porque _____.

9. Faz muito tempo que não visito Belo Horizonte; eu _____.

3d. Traduza para português:

1. The children are sleepy. They need to sleep now.

_____

2. She's hungry. She wants to eat dinner soon.

_____

3. We don't feel like studying. We're lucky it's nice out today because we're leaving for the beach.

_____

4. I miss my grandparents. I feel like visiting them this weekend.

_____

5. He's afraid that we're going to forget something.

_____

6. It's cold out today. Are you cold or are you hot?

_____

3e. Responda às perguntas abaixo com uma frase que inclua expressões com **ter** ou **estar com**.

MODELO: Por que Scott… quer ir ao dentista
Porque ele está com dor de dentes.

Por que Scott…

1. olha tantas vezes as fotografias de sua família?

_____

2. levou para seu apartamento um vira-latas [**stray dog**] que encontrou na rua?

_____

3. está muito nervoso antes do exame de português?

_____

4. sai correndo para pegar um táxi?

_____

5. está tomando uma aspirina?

_____

6. vai matar a aula de literatura brasileira?

_____

7. é o aluno favorito da Professora Cláudia?

_____

8. não se interessa pela política brasileira?

_____

9. não foi preso depois daquele acidente de trânsito?

_____

10. gosta de participar nos espetáculos do teatro universitário?

_____

4. O particípio passado e seu uso com ESTAR, pp. 330-31

4a. Responda às perguntas abaixo usando um particípio passado e qualquer outro elemento explicativo.

MODELO: A janela (*fechar*)
A janela está fechada. Faz frio.

1. A porta (*abrir*) _____

2. A carta (*escrever*) _____

3. O bebê (*cobrir*) _____

4. A frase (*dizer*) _____

5. O pacote (*entregar*) _____

6. O guaraná (*beber*) _____

7. A lição (*aprender*) _____

8. O cachorro (*morrer*) _____

9. A conta (*pagar*) _____

10. O dinheiro (*gastar*) _____

11. A mesa (*pôr*) _____

12. A composição (*ver*) _____

13. O dever de casa (*fazer*) _____

14. O turista (*perder*) _____

15. O jogo (*ganhar*) _____

4b. Modifique as frases abaixo segundo o modelo.

       MODELO: Teresinha escreveu as cartas.
                           As cartas estão escritas.

1. Eu já fiz o jantar.

_____

2. Os alunos leram o artigo.

_____

3. A empregada pôs a mesa.

_____

4. Eu perdi minhas chaves.

_____

5. Nós vendemos a casa na praia.

_____

6. Ele abriu o livro de texto.

_____

7. As crianças beberam todo o leite.

_____

8. O garçom serviu os pratos.

_____

9. Eles pagaram as contas.

_____

10. Você terminou o projeto.

_____

INSTANTÂNEOS BRASILEIROS— A REPÚBLICA DE CANUDOS

Em 1902 Euclides da Cunha escreveu uma das mais famosas obras da literatura brasileira, *Os Sertões*. Este romance trata da vida e da luta de Antônio Conselheiro, uma das mais curiosas figuras da história do Brasil.

Antônio Conselheiro foi um místico e visionário que por vinte anos percorreu os sertões do Nordeste reconstruindo igrejas, pregando um catolicismo populista e criando à sua volta um grupo de dedicados seguidores. Em 1893 o grupo estabeleceu-se numa fazenda abandonada do interior chamada Canudos. Dois anos depois os seguidores de Antônio Conselheiro eram já mais de 25.000 e Canudos constituía a segunda cidade mais importante do estado da Bahia.

Alarmada com a emergência deste grupo, a jovem República brasileira decidiu dispersá-lo. Canudos sofreu diversos ataques por parte das tropas enviadas para submeter a comunidade, mas de cada vez os seguidores de Antônio Conselheiro resistiram ferozmente. Só em 1897, depois de um ano de intensos ataques e bombardeamentos, é que as tropas conseguiram entrar em Canudos. Ali só encontraram quatro sobreviventes, entre eles um velho e uma criança.

Em espírito Antônio Conselheiro não morreu. A sua memória continua a ser venerada, entre outros, pelos cerca de 20.000 habitantes de Nova Canudos, uma comunidade que anos depois se formou perto do local do massacre.

Responda às seguintes perguntas:

1. Qual é o tema principal de *Os Sertões*?

_____

2. O que Antônio Conselheiro se propunha quando percorria os sertões do Nordeste?

_____

3. Por que você acha que ele teve tantos seguidores?

_____

4. O que foi a República de Canudos?

_____

5. Como o Governo Brasileiro reagiu à criação desta comunidade?

_____

6. Que caráter teve a luta pela posse de Canudos?

_____

7. Como essa guerra terminou?

_____

8. A memória de Antônio Conselheiro desapareceu hoje em dia?

_____

ESSA TERRÍVEL PIRANHA...

Quando se fala em piranha se pensa sempre em voracidade, ferocidade e coisas assim. Se contam histórias horripilantes de homens e animais devorados por elas em poucos minutos. Contudo, pesquisas recentes parecem provar que as piranhas não não tão terríveis assim. Algumas viram até vegetarianas durante parte do ano. É certo que as suas poderosas mandíbulas podem causar enormes danos. Mas um ataque de piranhas não é sempre inevitável. Muitas vezes os índios—até mesmo crianças—nadam em rios onde elas abundam.

Há pelo menos trinta variedades deste peixe. As piranhas adultas medem de 22 a 50 centímetros de comprimento. Têm excelente vista e olfacto e podem detectar qualquer agitação na água a grande distância. São como os tubarões: comem de tudo. Nos seus estômagos foram já encontrados pedaços de aves, cobras, pequenos mamíferos, peixes inteiros e até um jovem jacaré mas também frutos e sementes. Piranha frita é um prato muito apreciado em muitas partes da América do Sul. Então quem é mais perigoso: a piranha para o homem ou o homem para a piranha?

Preencha os espaços em branco.

1. A principal caraterística geralmente associada à piranha é a _____.

2. As piranhas podem _____ homens e animais em poucos minutos.

3. Alguma piranhas viram _____ durante uma parte do ano.

4. Às vezes adultos e crianças _____ em rios infestados de piranhas.

5. Existem pelo menos trinta _____ de piranhas.

6. As mandíbulas das piranhas são excecionalmente _____.

7. O tamanho máximo de uma piranha é _____.

8. As piranhas têm a capacidade de _____ qualquer agitação na água a grande distância.

9. As piranhas, tal como os tubarões, _____ de tudo.

10. No estômago de uma piranha chegou a ser encontrado um pequeno _____.

11. Além de pedaços de animais, no estômago das piranhas também se encontraram

_____

Um problema de palavras cruzadas

Horizontais:

1. O Brasil foi descoberto por Pedro Álvares _____ em 1500
6. "_____ calor está fazendo!"
9. Um problema internacional dos nossos dias é o das _____ territoriais
10. De dia faz sol mas de noite às vezes faz _____
11. Getúlio _____ foi presidente por duas vezes
12. As três primeiras letras de **Rússia** são _____
13. _____ e Eva foram os primeiros habitantes da terra
14. As três primeiras letras de **Leonor** são _____
15. As duas primeiras letras de **durante** são _____
16. "_____ Festas! Feliz Natal e Ano Novo!"
19. Paula foi fazer compras com _____ mãe
21. Se uma coisa está longe, dizemos "aquilo," se está perto dizemos "_____"
22. Foi Pero Vaz de _____ quem primeiro deu notí cias do Brasil ao rei de Portugal
24. As duas primeiras consoantes de **rinoceronte** são _____
25. Scott é _____ inteligente quanto Gustavo
26. Os _____ da FEB combateram em Itália duran te a Segunda Guerra Mundial

Verticais:

1. O _____ foi um animal introduzido no Brasil pelos portugueses
2. O _____ é a letra que está entre o **GÊ** e o **I**
3. O _____ foi outro animal introduzido no Brasil pelos portugueses
4. O _____ é um prato de carne e legumes com muito molho
5. Todas as aves têm _____
6. O Presidente Jânio _____ foi deposto por um golpe militar
7. As duas vogais de **rua** são _____
8. Alguns historiadores pensam que o Brasil foi desco berto acidentalmente, por um _____ de navegação
15. _____ é o mesmo que **de aí**
16. As três últimas letras de **Arábia** são _____
17. O oposto de **em frente** é _____
18. "Vou-me deitar. Tenho muito _____."
19. Scott gosta de _____ aos sábados com seus amigos
20. Catorze e sete são vinte e _____
23. A segunda, terceira e quarta letras de **antigo** são _____
25. " '_____ legal!"

EXERCÍCIOS SUPLEMENTARES

A. Você não vai entender este texto mas podemos assegurar a você que é um fragmento da célebre carta de Pero Vaz de Caminha. Diga o que sabe sobre esta carta e sobre o descobrimento do Brasil na página seguinte.

E agora leia este pequeno fragmento da mesma carta de Pero Vaz de Caminha, transcrito em português moderno:

Estando Afonso Lopes, nosso piloto, num daqueles navios pequenos, a mando do Capitão, por ser homem vivo e destro para isso, meteu-se logo no esquife a sondar o porto, dentro, e tomou numa almadia dois daqueles homens da terra, mancebos e de bons corpos. E um deles trazia um arco e seis ou sete setas; e andavam muitos na praia, com seus arcos e setas, mas não lhe serviram. Trouxe-os logo e já de noite ao Capitão e foram recebidos com muito prazer e festa. A feição deles é serem pardos, quase avermelhados, de rostos regulares e narizes bem feitos; andam nus sem nenhuma cobertura; nem se importam de cobrir nenhuma coisa, nem de mostrar suas vergonhas. E sobre isso são tão inocentes como em mostrar o rosto.

destro *competente*
jovem
esquife *um barco pequeno*
almadia *canoa*

mancebo
pardos *escuros*
não lhe serviram *não*
    utilizara os arcos e setas
feição *aspeto*

avermelhados *quase vermelhos*
vergonhas *órgãos sexuais*

Marque a resposta correta:

1. Afonso Lopes era a. o capitão da armada, b. um dos pilotos, c. um dos padres que iam a bordo
2. Afonso Lopes estava num dos navios pequenos por ordem a. do rei de Portugal, b. do Governador Geral do Brasil, c. do Capitão da armada
3. O Capitão era a. Pedro Álvares Cabral, b. Cristóvão Colombo, c. Américo Vespuccio
4. Afonso Lopes capturou a. três índios velhos, b. dois índios jovens, c. quatro índias de meia idade

5. Um dos índios trazia a. uma pistola e cinqüenta balas, b. um sabre e uma lança, c. um arco e setas
6. Os índios que estavam na praia a. atacaram os portugueses, b. não usaram os seus arcos e setas,
   c. dispararam as suas armas de fogo
7. Os dois índios foram recebidos na nau do Capitão com a. grande alegria, b. enorme cerimônia, c.
   um pouco de hostilidade
8. Os índios eram a. brancos e louros, b. de cor amarela,c. pardos, quase avermelhados
9. Os dois índios estavam a. vestidos de branco, b. completamente nus, c. em calção de banho
10. Para os índios era perfeitamente natural a. usarem muita roupa, b. cobrirem-se com peles de animais,
    c. andarem nus

E agora, o que sabe sobre esta carta e sobre o descobrimento do Brasil?

_____

_____

_____

_____

_____

_____

_____

_____

_____

_____

_____

B. A geografia do Brasil

1. A maior parte das cidades brasileiras está situada
na costa ou no interior?

_____

_____

2. Brasília também está na costa?

_____

_____

3. Por que razão Brasília foi construída no interior?

_____

_____

4. O Brasil tem fronteira com o Chile?

_____

_____

5. Fortaleza está no Sul ou no Nordeste?

_____

6. Onde é Porto Alegre?

_____

7. O Brasil é maior que o Paraguai?

_____

8. Todos os países que têm fronteira com o Brasil são de língua espanhola?

_____

LIÇÃO 15

C. Scott combina com seu amigo Carlos Eduardo um fim-de-semana em Santos. Escreva um diálogo em que eles discutam a viagem: por que caminho chegar, o que visitar, onde comer e onde se hospedar.

SANTOS

Santos, a "Noiva o Mar", foi fundada em 1543 por Brás Cubas. Dista 65 km da Capital é muito procurada pelos turistas de todo o Brasil e do exterior devido às suas belas praias, ao carnaval famoso e ao pôrto, o maior do País.

Qualquer um dos caminhos que liga São Paulo à Santos oferece magníficos cenários ao turista:

Pela via Anchieta, moderna auto-pista com uma paisagem maravilhosa que se descortina do alto da Serra do Mar.

Pela Estrada Velha do Mar, pista única, que oferece diferentes visões da cidade santista e da serra.

Pela Estrada de Ferro Santos-Jundiaí, a viagem, além do aspecto panorâmico, apresenta como ponto de interêsse o sistema de planos inclinados, utilizado pela ferrovia para transpor a Serra.

Pela Estrada de Ferro Sorocabana, caminho longo, porém bonito, passando por dezenas de túneis.

ATRAÇÕES TURÍSTICAS

PRAIAS — Gonzaga, Boqueirão, José Menino e Embaré.

MORRO SANTA TEREZINHA — No bairro do Marapé, atrás da praia José Menino é o ponto mais alto da cidade.

MONTE SERRAT — No centro da cidade. O alto do môrro é alcançado por um bondinho.

MORRO NOVA CINTRA OU CIDADE NOVA — No Jabaquara era o local onde se refugiavam os negros, na época da escravidão.

AQUÁRIO MUNICIPAL — Na Ponta da Praia, apresenta exemplares de peixes comuns e exóticos.

ORQUIDÁRIO MUNICIPAL — Parque natural, com exposição de plantas e orquídeas raras. Situa-se na Praça Washington.

PANTEÃO DOS ANDRADAS — Na praça do Rio Branco, é um relicário de lembranças dos Andradas. Nêle repousam os restos mortais de José Bonifácio, Patriarca da Independência, e de seus irmãos Martim Francisco e Antonio Carlos.

MUSEUS

MUSEU DO INSTITUTO HISTÓRICO E GEOGRÁFICO — Telas de Benedito Calixto, seção evocativa do período escravagista e uma coleção de ofídios e animais marinhos. Na Av. Conselheiro Nébias, 689.

MUSEU SANTISTA — Jóias, vestimentas, armas, moedas, selos e vários objetos raros e antigos. Av. Conselheiro Nébias, 553.

MUSEU DE PESCA — Na Avenida Bartolomeu de Gusmão, 192, na Ponta da Praia. Mostra de exemplares da fauna marinha.

FÉSTAS

Carnaval: com bastante colorido e desfiles de ranchos, escolas e blocos.

D. Durante sua visita a Santos Scott bateu um montão de fotos [*took a lot of pictures*]. Agora ele as quer mandar pelo correio para revelar. Veja o anúncio abaixo, mostre como Scott preencheu a etiqueta e depois responda às perguntas.

NOME_____

ENDEREÇO_____

CEP_____ CIDADE_____ ESTADO_____

PARA FECHAR ESTE ENVELOPE, DOBRE E PASSE COLA AQUI.
IMPR. EDIT. ABRIL S.A.

1. Quanto tempo demora para Scott receber as cópias?

_____

_____

2. É preciso botar selo no envelope com as fotos?

_____

_____

3. Scott vai mandar dinheiro agora?

_____

_____

4. Quantos filmes se devem colocar em cada envelope?

_____

_____

5. Scott tem que pagar pelas fotos que não saírem?

_____

_____

APROVEITE A MELHOR OFERTA DE REVELAÇÃO DE FILMES DO PAÍS. ENVIE SEU FILME PARA REVELAR NA FOTOPTICA.

NOME 1

END 1

COMPLEMENTO

BAIRRO 1

CIDADE

ESTADO 1

CEP 1

TELEFONE (

VEJA COMO É FÁCIL:

1 - Preencha a etiqueta acima com seus dados.

2 - Preencha também etiqueta ao lado e destaque-a, prendendo-a no filme, com durex, e colocando-a dentro deste envelope.

3 - Leve este envelope à Agência do Correio mais próxima. O selo já está pago.

4 - Em poucos dias você recebe uma cópia a mais de cada foto, um filme Kodak, o melhor filme do mundo, álbum para as fotos e protetores para os negativos.

5 - Se você revelar 3 filmes até 30/06/04, ganha uma maleta térmica.

Obs.: Para garantir o recebimento de sua maleta térmica, preencha o envelope sempre da mesma forma, sem abreviar o nome e endereço. Se for necessário abreviar algum dado, repita-o também da mesma forma nos seus envelopes.

POSES	ISO
135 □	KODAK □
126 □	FUJI □
110 □	3M □
Outros _____	CURT □

NÃO MANDE DINHEIRO AGORA!
Você só paga pelas fotos que saírem.

Preencha a etiqueta acima em letra de fôrma, destaque-a e prenda no corpo do filme, com durex, para sua maior segurança. Em seguida, coloque seu filme dentro do envelope (apenas um filme por envelope). Preencha também a outra etiqueta.

LIÇÃO 15 291

LIÇÃO 15—LABORATÓRIO
HISTÓRIA E GEOGRAFIA

I. Pronúncia: O alfabeto português e normas para a ortografia

a. Here are the letters of the Portuguese alphabet, with how they are pronounced.

a á	j jota	r érre
b bê	k cá	s ésse
c cê	l éle	t tê
d dê	m éme	u u
e é	n éne	v vê
f éfe	o ó	w óbliu
g gê	p pê	x chis
h agá	q quê	y ípsilon
i i		z zê

In São Paulo there is a fast-food stand that offers an item called "X-Burger."

b. "Como se escreve…?" Spell the words listed below. Remember to identify accented vowels following the pattern that you know: ã = "a com til," ê = "e com acento circunflexo," ó = " o com acento agudo."

1. _____   6. _____

2. _____   7. _____

3. _____   8. _____

4. _____   9. _____

5. _____   10. _____

II. O subjuntivo expressando dúvida ou probabilidade

Your friend is sure the actions he reports are true, but you are extremely doubtful about each thing he says, and you say so. Use the expression given for each set in your manual. Follow the model, which uses **número um**, below.

> MODELO: (tape) ¡Anita está na lanchonete!
> (student) **Duvido** que esteja na lanchonete.
> (confirmation) Duvido que esteja na lanchonete.
> (repetition) Duvido que esteja na lanchonete.

1. Duvido…	4. Não me parece…	7. É possível…
2. Não acredito…	5. Não é certo…	8. Não pode ser…
3. Não é provável…	6. É impossível…	9. Não é certo…

Now, your friend doubts a number of things that you believe to be true. Use the given expressions to show your belief. Follow the model, which uses **número um** below.

> MODELO: (tape) Duvido que Anita esteja aqui.
> (student) Acredito que está aqui.
> (confirmation) Acredito que está aqui.
> (repetition) Acredito que está aqui.

1. Acredito…	4. Acredito…
2. Não duvido…	5. É certo…
3. Me parece…	

Vozes brasileiras—Paulistas, cariocas, fluminenses, etc.

Write in the missing words. The **Voz** will be repeated once.

Quem nasceu em São Paulo cidade é _____ . Eu nasci no interior do estado—

sou _____ . Quem nasce na cidade do Rio de Janeiro é

_____ e quem nasce dentro do estado do Rio de Janeiro é _____-

_____; em Minas Gerais, _____ ; no Rio Grande do Sul, gaúcho;

em Santa Catarina, catarinense; no _____, paranaense; na Bahia,

_____ ; em Pernambuco, pernambucano; Mato Grosso, matogrossense;

Amazonas, amazonense; Goiás, goiano.

III. O subjuntivo expressando emoção

Your friend says some things to you that affect you emotionally. React to the statements using the cued phrases. The modelo uses **número um**.

> MODELO: (tape) Minha irmã está doente.
>
> (student) Que pena que esteja doente.
>
> (confirmation) Que pena que esteja doente.
>
> (repetition) Que pena que esteja doente.

1. Que pena…	7. É ridículo…
2. Sinto…	8. É estranho…
3. Me surpreende…	9. É triste…
4. Tenho medo…	10. É pena…
5. Que ótimo…	11. Tenho medo…
6. Espero que…	

Written part:

1. Espero _____

2. Duvido _____

3. É triste_____

Vozes brasileiras—A nova constituição

Here is something new since this text is not in the book. You can do it! You will hear the **voz** twice. Circle the words below that don't correspond to what is said.

A última constituição foi feita em mil novecentos e quarenta e seis. A partir de quinze de outubro deste ano foi promulgada uma outra constituição. No ano que vem nós vamos eleger um novo rei diretamente depois de vinte e cinco anos, não é? O Brasil está numa situação estranha, de esperança, de transição. Está sendo inagüentável, mas a gente espera que melhore. O brasileiro está com uma esperança genuína. Uma grande mudança no Brasil.

IV. Mais expressões com ESTAR COM e TER
Choose from the cues in your manual to give reactions to the situations given on the tape. The clues are given on the next page.

MODELO: (tape) You are going to be late for your appointment. You say:

a) Tenho dor de cabeça
b) Tenho muita preguiça
c) Tenho muita pressa

(student) Tenho muita pressa
(confirmation) Tenho muita pressa
(repetition) Tenho muita pressa

1. a) Estou com preguiça
   b) Tenho dor de cabeça
   c) Tenho jeito para arte

2. a) Ele está com medo da aula
   b) Ele tem culpa disso
   c) Ele tem jeito com os cachorros

3. a) Estamos com medo do bicho
   b) Estamos com pena dela
   c) Estamos com saudades dele

4. a) Tenho culpa do crime
   b) Tenho jeito para isso
   c) Tenho muita preguiça

5. a) Tenho pena do pobre
   b) Tenho jeito com o papel
   c) Tenho saudades do meu gato.

6. a) Isso não tem nada que ver com o que você dizia
   b) Tenho saudades dela
   c) Tenho dor de dentes

7. a) Ela está com medo
   b) Ela está com preguiça
   c) Ela está com pena

8. a) Ele tem jeito com os carros
   b) Ele tem jeito para cozinhar
   c) Ele tem muita preguiça

V. O participio pasado e seu uso com ESTAR

The first part is a form exercise on the past participles. After the infinitive is given, just say its past participle form.

> MODELO: (tape) abrir
> (student) aberto
> (confirmation) aberto
> (repetition) aberto

In the second part, follow the model to reflect the use of the past participle with **estar.**

> MODELO: (tape) Você preparou a comida?
> (student) Sim, já está preparada.
> (confirmation) Sim, já está preparada.
> (repetition) Sim, já está preparada.

De uma leiturinha—Os primeiros anos do Brasil

Here is another text that does not appear in the book. Do you know enough about Brazil's history to do this exercise? You will hear the section from a **leiturinha** twice. Write in the missing phrases.

No ano de mil e quinhentos, quando _____ comandava a

_____ portuguesa à Índia, que ia contornar o

_____, no extremo _____,

os seus navios se desviaram para oeste e descobriram o Brasil, que se encontrava na zona

_____ a Portugal. Quando se olha para um mapa moderno

se pode ver que a linha estabelecida pelo Tratado de Tordesilhas se estende

_____ do que é hoje Belém até Porto Alegre. Para leste

_____ que é um pouco menos que metade da extensão do

Brasil atual.

VI. Texto de compreensão: História moderna do Brasil

Listen to the comprehension text and write answers to the questions asked.

1. _____

2. _____

3. _____

4. _____

VII. Ditado.

You will hear this dictation three times. The first time, just listen attentively. The second time, write what you hear during the pauses. The third time it will be read with no pauses so that you can verify your work.

_____

_____

_____

_____

_____

_____

LIÇÃO 16—CADERNO DE TRABALHO
« SAMPA»—A CIDADE DE SÃO PAULO

1. Verbos reflexivos, pp. 341-44

Complete a frase duma forma lógica usando o verbo sugerido:

1. Nosso conselheiro quer que nós (formar-se)… *to graduate*

_____

2. O presidente do clube prefere que todos (reunir-se)…

_____

3. Mamãe não quer que vocês (machucar-se)…

_____

4. É preciso que todos (lavar-se)…

_____

5. Eu sinto muito que você não (divertir-se)…

_____

6. Mamãe faz que as crianças (deitar-se)…

_____

7. O garçom sugere que elas (sentar-se)…

_____

8. Nos dias de frio é recomendável que todos (vestir-se)…

_____

9. Não achamos que o/a professor,-a (chamar-se)…

_____

10. O treinador insiste em que os jogadores (levantar-se)…

_____

2. O infinito e o particípio presente reflexivos, pp. 345-46

2a. Preencha com o verbo indicado no tempo apropriado:

1. Não me incomode agora, eu vou (deitar-se) _____ neste momento!

LIÇÃO 16 299

2. Na reunião do mês passado todos (divertir-se) _____ muito.

3. Ultimamente o clube brasileiro (reunir-se) _____ às cinco horas em vez das seis horas.

4. Você não vai (vestir-se) _____ ?

5. No dia de folga da empregada nós (servir-se) _____ diretamente das panelas na cozinha.

6. Eles sempre (machucar-se) _____ quando jogavam futebol.

7. Ultimamente vovozinha (levantar-se) _____ muito cedo, antes de todos nós acordarmos.

8. Mamãe (pentear-se) _____ quando chegou Papai.

2b. Complete as frases abaixo usando os verbos entre parênteses e qualquer outro elemento explicativo.

   MODELO: Tenho que (lembra-se)…
             Tenho que me lembrar de ir ao supermercado.

1. Prefiro (sentar-se) _____

2. Não queremos (levantar-se) _____

3. Meus amigos vão (divertir-se) _____

4. O professor parece que (chatear-se *be upset*) _____

5. Meu pai pensa (aposentar-se *retire*) _____

6. Mamãe vai (vestir-se) _____

3. Verbos reflexivos com uma preposição, pp, 346-50

3a. Preencha os espaços com um verbo apropriado na forma reflexiva, seguido de **de**:

   SCOTT…

1. não apresentou o seu dever de casa a tempo. Ele não _____ que o professor o tinha pedido para hoje.

2. foi passar uns dias na praia. _____ segunda-feira ser feriado.

3. ligou várias vezes para Teresa para a convidar a sair com ele. Por fim _____ que ela não queria mesmo sair com ele.

4. João faltou à consulta com o dentista. _____ que era ontem às quatro.

5. ligou para sua casa nos Estados Unidos. De repente _____ que era o aniversário de mamãe nesse dia.

6. foi ao médico. _____ que tinha uma forte dor de estômago.

7. ouviu seu amigo dizer que todos os americanos eram imperialistas. Ele _____ essa interpretação.

3b. Preencha os espaços com um verbo apropriado na forma reflexiva, seguido de **a**.

1. Durante muito tempo Scott não sabia se devia ou não vir para o Brasil. Por fim _____- _____ matricular-se na USP.

2. A princípio Scott achou estranhos alguns costumes brasileiros. Depois _____ _____ eles.

3. Scott sempre teve interesse pela filatelia. Agora, em São Paulo, _____ colecionar selos brasileiros.

3c. Responda com uma frase completa.

1. Com que língua o português mais se parece?

_____

2. Com quem George Washington se casou?

_____

3. Com que os ecologistas se preocupam?

_____

4. Com que os americanos se surpreenderam no dia 7 de dezembro de 1941?

_____

3d. Responda às perguntas abaixo.

1. Você sempre se apercebe dos erros que faz em português?

_____

2. Vocês alguma vez se esquecem de trazer dinheiro para a universidade?

_____

3. Você se lembra do nome da sua professora da escola primária?

4. Na última vez que você foi ao médico, de que se queixou?

5. Por que você se decidiu a estudar nesta universidade?

6. A que ocupação você se vai dedicar depois de terminar o curso?

7. Você se parece com seu pai?

8. Vocês se preocupam muito com os exames finais?

4. Equivalents of «TO BECOME», pp. 3514-52
Traduza:

1. Scott becomes very nervous when he talks to a pretty girl.

2. Scott became a good student only after he arrived in Brazil.

3. Scott is probably going to become a Portuguese teacher after he graduates.

4. Scott became quite familiar with São Paulo.

5. Scott did not become rich when he sold lemonade in front of his house.

6. Scott became quite scared when a burglar tried to enter his apartment.

7. Scott became very popular among his friends at USP.

8. Scott became famous in high school when he ran over [atropelou] a teacher with his car.

5. Os Recíprocos, pp. 354-55

5a. Responda às perguntas abaixo.

1. Os australianos e os canadenses se entendem quando falam inglês?

_____

2. Os israelitas e os árabes se amam?

_____

3. Scott e Maria Lúcia se conhecem?

_____

4. Você se escreve com alguém na Tailândia?

_____

5. Scott e Sônia se vêem muitas vezes?

_____

6. Os alunos da sua turma se ajudam entre eles?

_____

7. Onde você e seus amigos se encontram?

_____

8. Você e seus pais se escutam mutuamente?

_____

9. Cachorros e gatos se odeiam?

_____

10. Você e seu namorado / sua namorada se admiram um ao outro?

_____

INSTANTÂNEOS BRASILEIROS

O trecho abaixo foi escrito por um aluno brasileiro da sétima série, Rodrigo. Ele tem treze anos e vive em Belo Horizonte.

UM DIA NA MINHA ESCOLA

RODRIGO: Acordo de manhã. É sexta-feira e o dia começa a clarear. Pego meu material e vou estudar. Olho em minha agenda: só tenho dever de matemática. Não tenho prova. Resolvo meus deveres e vou almoçar. Depois arrumo a pasta e pronto: estou indo para a escola.

Ao chegar lá é meio dia. Olho para as mesas de *ping-pong*. Estão vazias, pois ainda é cedo. Seguro em minha mão a raquete e bolinha. Dou o saque. Meia hora depois meu colega chega com sua bola. Vamos para a quadra e o jogo começa.

Quando dá cinco pra uma toca o sinal. Encaminho-me para a sala e a professora entra: começa mais um dia de aula. Ela dá a matéria e exercícios para fazermos. Vem o segundo horário. E aquilo se repete. Quando termino esse horário tem um pequeno intervalo de cinco minutos. Levanto-me para descansar. Vem o terceiro horário. No final dessa aula inicia-se o recreio. Saio correndo em direção do espirobol e lá fico todo o tempo. Toca a sirene e volto para a sala.

Ao final do quinto horário é hora de ir embora. Vou de encontro a meu irmão, tomamos o ônibus e vamos para casa. Lá chegando, ligo a tevê e arrumo a janta. Vou ver a novela. Amanhã é sábado. Dia de sair com meu pai. Rezo e vou me deitar.

Esse é o meu contínuo dia escolar.

Diga por palavras suas o que Rodrigo faz durante o seu dia de aulas. E quanto a você? Como é um dia normal de aulas? O que faz?

_____

_____

_____

_____

_____

_____

_____

UM HOTEL MUITO ESPECIAL EM SÃO PAULO

A Casa de Detenção de São Paulo não é bem um hotel—mas em certos casos parece. Lá se alojam 7 200 "hóspedes" mas só alguns—traficantes de cocaína que podem pagar em dólares pelos serviços que recebem—é que têm serviço de primeira classe, no Pavilhão 6, vivendo em celas com tevê a cores, rádio AM-FM, ventilador, mesas, cadeiras e geladeira com fruta, queijo, carne, ovos e água mineral. Em cada cela só está um destes presos privilegiados ou no máximo dois. (Nas celas para os "sem terra" ou "favelados," do mesmo tamanho, há quinze a vinte presos.) Também é possível comprar a outros presos todo o tipo de drogas, bebidas e alimentos. Quase sempre o pagamento por estes artigos é feito com cigarros. Também pagam para ter proteção quando saem das suas celas para tomar sol ou fazer exercícios na sala de ginástica. Os traficantes, vários deles bolivianos, peruanos e colombianos, não usam o uniforme cáqui da prisão mas sim roupa de cores diferentes e relógios e correntes de ouro. As suas camas são de madeira e o chão está sempre limpo. É quase como no Hilton ou no Sheraton, não é?

As frases abaixo estão erradas. Corrija-as.

1. A Casa de Detenção de São Paulo é um hotel de cinco estrelas.

_____

2. A Casa de Detenção aloja só 500 presos.

_____

3. Normalmente só há um preso em cada cela.

_____

4. Os presos do Pavilhão 6 só comem bife de sola, arroz e feijão.

_____

5. Os traficantes têm tratamento especial porque são simpáticos.

_____

6. Todos os presos sem exceção têm que usar uniforme cáqui.

_____

7. Os pobres traficantes só podem ver tevê a preto e branco.

_____

8. É absolutamente impossível conseguir cocaína nesta prisão.

_____

SCARLETT O'HARA VIVE NO BRASIL?

A cidade de Americana fica a cento e trinta e um quilômetros de São Paulo. O que torna esta cidade diferente é que foi fundada por norte-americanos, três mil sulistas que emigraram para o Brasil quando terminou a Guerra Civil para aí se dedicar à agricultura.

Dos duzentos mil habitantes atuais da cidade, só uns trezentos são descendentes dos fundadores. Estes, contudo, mantêm as suas tradições. Para comemorar o quatro de julho, por exemplo, os rapazes usam uniformes cinzentos do Exército Confederado e as meninas se vestem como Scarlett O'Hara, a heroína de *E o Vento Levou*. Depois comem cachorros quentes, frango frito e torta de abóbora, bebem Coca-Cola e dançam *square-dances*.

1. Quem foi Scarlett O'Hara?

_____

2. Você viu *E o Vento Levou*? De que trata este filme?

_____

3. Onde a cidade de Americana é situada?

_____

4. Por que se chama assim?

_____

5. Quantos habitantes tem agora a cidade? Quantos deles são de origem norte-americana?

_____

6. Como eles celebram o quatro de julho?

_____

LIÇÃO 16   305

Um problema de palavras cruzadas

Horizontais:

1. _____ é uma famosa praia perto de São Paulo
7. No Instituto _____ fazem pesquisas sobre cobras
9. Scott pensa _____ no sábado a uma boate
11. A segunda e a terceira letras de **beber** são _____
12. Uma _____ é um restaurante típico italiano
13. _____ é outra maneira de escrever **Chico**
15. O _____ é a terceira letra do alfabeto
17. Os cachorros ladram mas os gatos _____
19. Scott vai _____ um presentinho quando for a casa de Sônia
22. A primeira sílaba de **Ricardo** é _____
24. O Bairro da _____ é a área japonesa de São Paulo
29. Tem sempre muitas gente _____ praias perto de São Paulo
30. Muitos bares têm _____ condicionado
31. O Parque de _____ é em São Paulo

Verticais:

1. A segunda e a terceira letras de **lutar** são _____
2. _____ é o deus romano do vinho
3. As três últimas letras de **Americana** são _____
4. As consoantes de **titânico** são _____
5. A segunda, terceira, quarta, quinta, sexta e sétima letras de **Guatemala** são _____
6. Scott _____ não fala perfeitamente o português
7. O _____ é uma área onde tem muitos restaurantes
8. _____ em latim significa **onde**
10. A primeira sílaba de **rato** é _____
14. Abreviação dum país: capital = San José.
16. A imperatriz _____ deu o nome à cidade de Teresó polis
18. A primeira pessoa do condicional de **ir** é _____ (Se não sabe, veja a Lição 19)
20. _____ é o oposto de **ir**
21. _____ é um prefixo que significa pequeno
23. Uma _____ é um animal feroz
25. Scott se encontra muitas vezes com seus amigos num
26. A primeira pessoa do presente de **dar** é _____
27. "Você me pode _____ uma ligadinha às sete?"
28. A primeira pessoa do pretérito de **ver** é _____

EXERCÍCIOS SUPLEMENTARES

> **Feira Oriental** — Interessante e muito freqüentada feira permanente da cidade, onde podem ser encontrados objetos artesanais (a maioria japoneses e até de países andinos), plantas e comidas japonesas. Um programa diferente. Todos os domingos, das 14h00 às 18h00. Grátis. *Praça da Liberdade.*

A. Marque as respostas corretas:

A Feira Oriental...

1. é no Bairro dos Pinheiros

2. é dentro do parque de Ibirapuera

3. é no bairro da Liberdade

4. só abre aos domingos

5. está aberta todos os dias

6. só abre à noite

7. só pode ser visitada por convite

8. tem entradas muito caras

9. é grátis

10. apresenta comida japonesa

11. só tem comida baiana

12. não serve comida

13. só vende artigos chineses

14. só vende artigos japoneses

15. também vende artigos de países andinos

16. é pouco conhecida

17. é muito freqüentada

18. é completamente desconhecida

LIÇÃO 16

B. Você tem aqui anúncios de vários restaurantes étnicos e regionais de São Paulo. Responda agora às perguntas na página seguinte.

GOLDEN FISH

园酒角金

Sob a orientação do mestre Ma Kim Fu, a Golden Fish oferece todos os dias a comida chinesa mais autêntica de São Paulo.

ESTACIONAMENTO GRÁTIS

Av. Divino Salvador, 61 - Tels.: 61-2536 e 533-3294
atrás da Igreja de Moema - S. Paulo - Moema
Aceitamos cartões de crédito.

O Profeta

"O Trivial Mineiro"

Nunca foi tão gostoso ser brasileiro.

Venha deliciar-se com o trivial mineiro e as mais finas iguarias da tradicional culinária brasileira, com música ao vivo no almoço ou jantar.

MÚSICA AO VIVO

Ao som de piano

Al. dos Aicás, 40 - Indianópolis
Tel: 549-5311 - São Paulo - SP.

PLANETA'S
★ RESTAURANTE

COZINHA INTERNACIONAL AR CONDICIONADO

RUA AUGUSTA, ESQ. MARTINHO PRADO, 212

TELS.: 258.9701 e 256-5330

ESTAC. PRÓPRIO

CIPOZINHO

Bacalhau na Brasa.
Bacalhau à portuguesa e ao forno p/ 2 pessoas.
20 anos
de tradição em V. Mariana.
Pintado na Brasa.
Churrascos e Pizzas.
Aberta diariamente p/almoço.
À noite de 2ª a sáb.
Música ao vivo.

s/couvert artístico   Serviço
fácil estacionamento   completo
                        p/viagem

R. Luís Góes, 1360 - tel.: 275-9220

Khan el Khalibi
EGYPT

CASA DE CHÁ EGÍPCIA

• Serviço Colonial
• Apresentações de Dança do Ventre
• Um lugar exótico, diferente, inesquecível

FONE: 571-3295

DE 3ª A DOMINGO A PARTIR DAS 14H.

7 ambientes orientais

Rua Dr. José de Queiroz Aranha, 320   Metrô Ana Rosa

 FAROL DA BARRA
COMES & BEBES DA BAHIA
CHOPP

SARAPATEL · VATAPÁ MOQUECAS E O MELHOR ACARAJÉ DE S.PAULO:

ABERTO DE 4ª A 2ª FEIRA A PARTIR DAS 19H.
MÚSICA AO VIVO TODAS AS NOITES COM PAULINHO, MARUJO & CIA.
ACEITA-SE CARTÕES DE CRÉDITO ELO - CRED. E NACIONAL.

AV. IBIRAPUERA, 2454 - MOEMA SÃO PAULO

---

papparella
L'osteria

Cantina e pizzaria
Massas de fabricação própria
Carnes, aves e assados
CAMPEÃO do festival do espaghetti 1985

Aberto todos os dias
das 11 às 2 da manhã.

Promoção de aniversário: visite-nos
esta semana e ganhe 10% de desconto.

Al. Santos, 248 - Paraíso - Tel.: 288-3230

1. Onde você pode ir para comer pratos italianos?

_____

2. E para experimentar a comida baiana?

_____

3. Você pode encontrar comida mineira no Golden Fish? Então onde?

_____

4. O Cipozinho abre no domingo à noite?

_____

5. Quanto custa estacionar seu carro no Golden Fish?

_____

6. No Farol da Barra você pode pagar com cartão de crédito?

_____

7. Em que estação de metrô você salta para ir ao Khan el Khabibi?

_____

8. Em que restaurantes você pode ouvir música ao vivo?

_____

9. Para ir ao Planeta's você precisa procurar vaga na rua para estacionar seu carro?

_____

10. O Cipozinho abriu recentemente?

_____

11. A que horas o Papparella fecha?

_____

12. Se você quiser comprar comida para levar na sua viagem, onde pode ir?

_____

13. No Khan el Khabibi tem espetáculo de capoeira? Então que tipo de espetáculo?

_____

14. A que horas o Farol da Barra abre?

_____

15. O que você ganha em ir ao Papparella esta semana e não na semana que vem?

_____

LIÇÃO 16

C. É ruim fumar.

ATENÇÃO NÃO FUME!

NÃO PREJUDIQUE A SUA SAÚDE E A DOS OUTROS!

1. Por que é ruim fumar? Que conseqüências pode ter?

_____

2. Se você fumar, pode prejudicar a saúde dos outros? O que é um fumante passivo?

_____

3. O que significa que este menino esteja dando um pontapé num cinzeiro? O que ele vai fazer no futuro?

_____

4. Neste caso quem aconselha você a não fumar? Quando a isto, que atitude tomam as companhias que fabricam cigarros?

_____

D. Scott foi convidado para jantar em casa de Sônia. Então ele foi a uma loja e comprou um presentinho para levar à mãe dela.

Casa Miranda

PRESENTES
UTILIDADES DOMÉSTICAS
ARTIGOS P/ RESTAURANTES

CIA MIRANDA & CIA. LTDA.

MATRIZ: Rua Antonio Raposo, 12/36 - Esquina da Rua 12 de Outubro
Telefone: 832-1766 — Lapa — São Paulo — S P

FILIAL: Rua John Harrison N.o 375 — Fone: 831-8544 PBX
CEP 05074 - Telex 11.82670 CDMD - Lapa - São Paulo

Nota Fiscal № 55082
CONSUMIDOR
1.a VIA
R. Antonio Raposo, 12/36 - Esq. da Rua 12 de Outubro

Série D-1

São Paulo   Estado de São Paulo

Inscrição no C.G.C.(M.F.) N.º 61.199.162/0001-95
Inscrição Estadual N.º 101.006.963.112

Natureza da Operação: Venda a Consumidor

Data da Emissão da Nota_____de_____de 2_____

Código	Quant.	Un.	DESCRIÇÃO DAS MERCADORIAS	PREÇOS R$ Unit.	TOTAL
3 8 5 - 4 6 3 - 1	1		floreiro	1	60,00

NÃO VALE COMO RECIBO   **TOTAL R$** 60,00
O ICMS é pago de acordo com a Lei em vigor.
Gráf. Nagy Ltda. - Av. Eliseo C. Siqueira, 222 - J. Sto. Elias - I. 109041155111 - 43881184/0001-22 - PBX 831-9655 - 300 Tls. - 50x3 - 45.001 a 60.000 - 07/90 - Aut. 2168

1. A que loja Scott foi?

_____

2. Em que bairro é a Casa Miranda?

_____

3. O que a Casa Miranda vende?

_____

4. O que ele comprou? Para que serve?

_____

5. Quanto custou?

_____

6. Você sabe o que isso representa em dólares ao câmbio atual?

_____

7. Por que o governo diz que o vendedor passe uma nota fiscal?

_____

LIÇÃO 16   311

E. O que você acha que Scott escreveu neste postal que mandou de São Paulo para seu amigo Ricardo, que vive no Rio? Qual você acha que sejam o nome completo e o endereço de Ricardo? O que Scott vai escrever nos cinco retângulos do lado direito?

RPC

SELO

BRASIL
500-181 - SÃO PAULO - SP
Vista Noturna - Shopping Center Eldorado
Nocturne View - Eldorado Shopping Center

F. Veja esta lista de bares de São Paulo, que Scott tem visitado. Responda às duas perguntas seguintes:

Do chope ao conhaque raro

Geralmente, o relógio dá o tom dos bares paulistas. Das 18h00 às 20h00, a freqüência é basicamente de profissionais, que esticam as conversas de trabalho ou apenas procuram relaxar, ao som de música suave e aquecidos por alguns drinques. A partir das 20h00, começam a chegar grupos de amigos que se reúnem para um bate-papo, uma bebidinha antes ou depois do jantar e, ainda, aqueles que querem espairecer sozinhos ou conhecer gente nova. Apesar dos milhares de bares que se espalham por São Paulo, é possível conhecer um pouco do que a cidade oferece, assim que o sol se põe, seguindo um pequeno roteiro:

A Baiúca — Praça Franklin Roosevelt, 256, centro, fone 255-2233. De segunda a sábado, das 18h00 às 4h00. C/C: American Express, Credicard, Diners e Elo. Música ao vivo em ambiente aconchegante, num dos mais tradicionais bares da cidade.

Ácido Plástico — Rua Urupiara, 432, Santana, fone 299-3070. Diariamente, das 17h00 às 2h00. Músicas variadas de fita, num ambiente de igreja.

Bar Brasil — Rua Bela Cintra, 1.209, fone 280-3643. Diariamente, das 11h00 ao último cliente. A freqüência, jovem e alegre, fez deste bar um palco para discussões políticas. Anexo funciona salão de beleza e butique.

Blend — Rua Pedroso Alvarenga, 461, Itaim-Bibi, fone 852-0325. De segunda a sábado, das 18h00 às 3h00. C/C: American Express, Credicard, Elo, Nacional. Estacionamento com manobrista. Mercearia anexa. Serve vinho, de serpentina, em copos. Três grupos se revezam com MPB e jazz.

Brahma — Av. Ipiranga, 787, centro, fone 223-6720. De segunda a sábado, das 11h00 às 24h00. C/C: Elo e Nacional. Destaque para o chope.

Bucco — Rua Tabapuã, 1.655, Itaim-Bibi, fo-

ne 814-9125. Diariamente, das 18h00 às 4h00. Manobrista. Grande variedade de uísques nacional e importado.

Clyde's — Rua da Mata, 70, Itaim-Bibi, fone 852-1383. De segunda a sábado, das 12h00 às 2h00. C/C: American Express, Credicard, Diners e Elo. Estacionamento com manobrista. Decoração inspirada em bar americano e também tem um simpático restaurante.

Logan's — Al. Joaquim Eugênio de Lima, 1.377, Jardins, fone 289-9711. De segunda a sábado, das 18h00 à 1h00. C/C: todos. Manobrista. Também jantar.

London Tavern (Hilton Hotel) — Av. Ipiranga, 165, centro, fone 256-0033. De segunda a sábado, das 12h00 às 3h00. C/C: todos. Ambiente aconchegante, com decoração rústica em madeira, e dança. Muito procurado por casais. Música mecânica.

Metrópolis — Av. Paulista, 2.668 (esquina com Av. Angélica), fone 255-1225. Diariamente, das 11h00 ao último freguês. C/C: todos. Almoço e jantar. Música ao vivo com MPB e jazz.

Pandoro European Bar — Av. Cidade Jardim, 60, Jardim Europa, fone 282-4330. Diariamente, das 9h00 à 1h00. C/C: todos. Estacionamento com manobrista. Mercearia anexa. No andar superior, restaurante.

Piano's (Grand Hotel Ca'd'Oro) — Rua Augusta, 129, centro, fone 256-8011. Diariamente, das 11h00 às 15h00 e das 17h30 à 1h00. C/C: American Express. Manobrista. Sóbrio e confortável, recomendável seleção de bebidas, música de piano e baixo.

Piano's — Rua Oscar Freire, 811, Jardins, fone 853-4948. Diariamente, das 18h00 às 2h00. C/C: American Express, Diners, Elo e Nacional. Manobrista à porta. Agradável música de piano, cantor e violão. Não aceita mulheres desacompanhadas.

Rock Dreams — Al. Lorena, 1.626, Jardins, fone 883-1707. De terça a domingo, das 19h00 às 3h00. Sanduíches e video-clips diversos dão um toque especial a esse bar em estilo americano.

San Francisco Bay — Rua Barão de Capanema, 30, Jardins, fone 853-4596. De segunda a sexta, das 18h00 às 3h00; sábado e domingo, das 20h30 às 3h00. C/C: todos. Manobrista. Ótimo piano. Luz suave numa sala que se abre para um bonito jardim.

Supremo — Rua da Consolação, 3.437, Jardins, fone 282-6142. De terça a domingo, das 12h00 às 15h00 e das 18h00 à 1h00. C/C: nenhum. As vagas na rua são tão concorridas quanto as das mesas do bar e restaurante.

Tati — Rua Clodomiro Amazonas, 121, Itaim-Bibi, fone 881-9819. Diariamente, das 18h00 às 4h00. Bilhar. Vagas difíceis para estacionar na rua.

The Queen's Legs — Rua Dr. Melo Alves, 490, Jardins, fone 64-5319. Diariamente, das 18h00 às 3h00. C/C: todos. É considerado um dos pioneiros no gênero, com gamão, dama ou xadrez.

Toulouse Lautrec — Rua Manoel Guedes, 139, Itaim-Bibi, fone 282-8675. Diariamente, das 17h30 às 4h00. C/C: American Express e Elo. Lareira no inverno. Jogos de xadrez, dominó e gamão.

Trianon Bar (Maksoud Plaza) — Al. Campinas, 150, Bela Vista, fone 251-2233. Diariamente, das 18h00 às 2h00. C/C: todos. Manobrista. Abre ao som de piano, que se reveza, mais tarde, com cantor e baixo, num ambiente aconchegante. Em suas prateleiras, uma raridade: o conhaque francês Nennessy Baccarat, velho de cinqüenta anos, que custa Cr$ 1.560.000 a dose.

Zur Alten Mühle — Rua Princesa Isabel, 102, Brooklin, fone 240-4669. De segunda a sábado, das 17h00 à 1h00. Confortável, em estilo alemão, tira um dos melhores chopes da cidade e prepara bons canapés.

---

1. A que horas geralmente os profissionais freqüentam os bares paulistas? Para que eles vão lá?

_____

2. Que clientela habitualmente se encontra nestes bares depois das oito da noite? Para que eles vão lá?

_____

Agora explique por que todas as frases abaixo não podem estar certas.

1. Scott se encontrou com Marina no Toulouse-Lautrec no sábado às duas da tarde.

_____

2. Scott foi ao Pandoro European Bar para almoçar mas lá lhe disseram que não serviam comida.

_____

3. Scott pagou a sua conta do Blend com o seu cartão de crédito Visa.

_____

4. Como Scott chegou um pouco tarde, Maria Lúcia entrou sozinha no Piano's, na Rua Oscar Freire, e esperou lá dentro por ele.

_____

5. Scott achou que a London Tavern era muito ruidosa, devido à música ao vivo.

_____

6. Quando Scott pediu um uísque no Bucco o garçon disse que não tinham.

_____

7. Scott não gostou do Bar Brasil porque lá só havia pessoas de idade, muito deprimidas, que discutiam seus problemas de saúde.

_____

8. Às onze e trinta da noite o garçom do Metrópolis disse a Scott e seus amigos que eles tinham que sair porque iam fechar o bar.

_____

9. Scott gosta de ir ao Supremo porque sempre encontra vaga para estacionar mesmo em frente da porta.

_____

10. No Trianon Bar Scott pagou 10 reais cruzeiros por uma dose de conhaque Hennessy Baccarat.

_____

11. Scott achou que A Baiúca era demasiadamente moderna para o seu gosto.

_____

12. Scott se sentiu perfeitamente à vontade no Zur Alten Mühle devido ao seu ambiente tipicamente americano.

_____

LIÇÃO 16–LABORATÓRIO
« SAMPA»–A CIDADE DE SÃO PAULO

I. Pronúncia: O a não acentuado

In Portguese, the **a** is always pronounced **ah!**, whether it it stressed or not. English speakers have problems with the unstressed **a** which they tend naturally to pronounce **uh**. Pronounce the list of words below after the tape, making sure that all of the unstressed a's, given in boldface, are pronounced **ah!**.

americana	dentista	praça
amiga	distância	resposta
cabeça	floresta	sábado
carta	mapa	sistema
chamada	novela	

II. Verbos reflexivos

Look at the drawings below and answer questions about them. Remember that the verb **fazer** refers to all actions, as demonstrated in the model.

MODELO: (tape) O que faz Iara?
(student) Se lava.
(confirmation) Se lava.
(repetition) Se lava.

Iara

José

Anita

Augusto

Dormovil

Paulina

Luíza

Vozes brasileiras—Uma cidade cosmopolita
Write in the missing words. The **Voz** will be repeated once.

Acho que São Paulo é uma cidade onde há grande _____ de lojas,

restaurantes e _____ . É uma cidade muito cosmopolita e creio que é uma

cidade muito boa em _____ de geração de _____. E devido

a isso corre uma migração muito grande do _____ o Brasil para São Paulo,

mais do que para o Rio porque existem maiores _____ de empregos variados

e creio que uma _____ melhor de pessoas de fora, de um modo geral.

III. O infinitivo reflexivo
Transform the sentences given by the tape to include the expressions suggested below. The model uses
Seção número um.

MODELO: (tape) Me visto de manhã.
               (student) Vou me vestir de manhã.
               (confirmation) Vou me vestir de manhã.
               (repetition) Vou me vestir de manhã.

Seção Nº 1. IR   Seção Nº 2. ACABAR DE   Seção Nº 3. TER VONTADE DE

Written Section:

1. _____

2. _____

3. _____

IV. O verbo reflexivo na forma progressiva
Say these sentences in the progressive form. Put the pronouns before the **-ndo** form.

MODELO: (tape) Me vejo no espelho.
               (student) Estou me vendo no espelho.
               (confirmation) Estou me vendo no espelho.
               (repetition) Estou me vendo no espelho.

Vozes brasileiras—Uma rivalidade entre cariocas e paulistanos
You will hear the **voz** twice. Circle the words below that don't correspond to what is said.

Dizem, não é a minha opinião mas dizem, que tem uma rivalidade muito grande entre cariocas e paulistanos. Acredito que muita gente em São Paulo não gosta de fluminense e muita gente no Rio não gosta de paulista. Não sei onde começou essa rivalidade. Eu só ouvi falar que no Rio dizem que os paulistas, ou paulistanos principalmente, vivem para ganhar e os cariocas trabalham para viver. Os paulistas, em verdade, não tecem nenhum comentário sobre os cariocas.

V. Exercício número cinco: Verbos reflexivos com uma preposição

Here is a bilingual conversation. Your friend asks you certain things, and you respond starting with **sim**, always using a reflexive verb that uses a preposition.

MODELO: (tape) Do you remember João?
                (student) Sim, me lembro de João.
                (confirmation) Sim, me lembro de João.
                (repetition) Sim, me lembro de João.

Written part:

1. _____

2. _____

3. _____

4. _____

VI. Os reflexivos recíprocos

Put the two short sentences together to make a sentence with a reciprocal reflexive. Leave subjects out of your solutions, as in the model.

MODELO: (tape) Eu conheço Anita. Ela me conhece.
                (student) Nos conhecemos.
                (confirmation) Nos conhecemos.
                (repetition) Nos conhecemos.

Vozes brasileiras—Onde levaria o estrangeiro
You will hear the **voz** twice. Write in the missing phrases.

Se eu _____ São Paulo a um estrangeiro e esse estrangeiro fosse estudante ou _____ vida acadêmica, eu o levaria à _____ porque acho muito interessante. _____ a Universidade de São Paulo é um dos lugares onde ainda as pessoas _____ com bastante respeito. Eu _____ a museus, a vários restaurantes, jardins, levaria a muitos *shows* porque São Paulo tem uma vida noturna _____ . Então levaria essa pessoa a muitos *shows*, a alguns *shoppings* e viajaria _____ .

VII. Texto de compreensão: Brevíssima história de São Paulo

Listen to the comprehension text and write answers to the questions asked.

1. _____

2. _____

3. _____

4. _____

Exercício VIII. Ditado.
Do the dictation in the usual way.

_____

_____

_____

_____

_____

_____

LIÇÃO 17—CADERNO DE TRABALHO
O RIO DE JANEIRO

1. O passado do subjuntivo, pp. 363-65

1. Escreva as frases abaixo no passado do subjuntivo.

1. que eu faça _____

2. que eles ponham _____

3. que nós digamos _____

4. que vocês tragam _____

5. que ela estude _____

6. que você vá _____

7. que elas comam _____

8. que vocês vejam _____

9. que ele coma _____

10. que eu venha _____

11. que nós sejamos _____

12. que você estude _____

13. que elas possam _____

14. que vocês estejam _____

15. que eles tenham _____

2. Usos do passado do subjuntivo, pp. 366-68

2a. Escreva usando o passado do subjuntivo. Só precisa escrever a parte que começa com *que*.

MODELO: O que Papai propôs... *fazer lasanha*
Papai propôs *que eu fizesse lasanha para o jantar.*

1. beber uma caipirinha _____

2. ir a Petrópolis _____

3. tirar uma soneca _____

4. comprar uma televisão nova _____

5. passar férias na Europa _____

6. tomar café _____

7. abrir o champanhe _____

8. convidar o Tio Alberto _____

9. pintar a casa _____

10. ligar o ar condicionado _____

2b. Preencha os espaços com os verbos no presente. Depois passe todo o parágrafo para o passado—vai precisar de outro papel.

Muitas vezes nosso diretor manda que os empregados (*vir*) _____ trabalhar no sábado. Preferimos que ele (*esperar*) _____ até a próxima semana porque estamos certos que nós (*poder*) _____ terminar todo o trabalho na segunda com um pouco mais de esforço. Mas ele insiste em que todos (*estar*) _____ na repartição às oito da manhã. Também sugere que nós (*trazer*) _____ o almoço porque é possível que não (*ter*) _____ oportunidade de sair na hora de comer. Nessa situação, a única coisa que eu posso fazer é esperar que ele (*sair*) _____ da repartição para um encontro com os outros diretores porque assim não há dúvida que eu (*ir*) _____ me escapar da repartição mais cedo.

2c. Complete as frases abaixo usando os verbos entre parênteses, na forma afirmativa ou negativa.

Quando eu tinha dez anos meus pais queriam que eu...

1. (aprender)_____

2. (ir) _____

3. (fazer) _____

4. (falar) _____

5. (vestir-se) _____

6. (estudar) _____

7. (comer) _____

8. (dormir) _____

9. (ler) _____

2d. Mude *Espero que hoje* para *Esperava ontem que* e modifique as frases abaixo:

Espero que hoje...

1. meu irmão não leve meu carro.

_____

2. Papai chegue cedo a casa.

_____

3. Carlos ponha o dinheiro no banco.

_____

4. o professor leia nossos trabalhos.

_____

5. o mecânico conserte meu Fusca.

_____

6. Clara vá ao dentista.

_____

7. meus amigos comprem o livro para mim.

_____

8. meu / minha namorado/a me dê um presentinho.

_____

9. você estude a lição.

_____

10. ninguém deixe recado para mim.

_____

3. Como se..., p. 369

Combine os segmentos da Coluna A com os da Coluna B de modo a formar frases lógicas.

A	B
1. Cristina fala inglês	a. estivéssemos na prisão
2. Eles gastam dinheiro	b. fosse o dono da casa
3. Ela dança	c. soubessem toda a verdade
4. Vocês trabalham	d. estivesse louca
5. Está nevando COMO SE	e. fosse bailarina profissional
6. Ele se comporta	f. fosse americana
7. Elas falam	g. quisessem acabar tudo hoje
8. Meu irmão come	h. estivéssemos no inverno
9. A mulher grita	i. tivessem uma fortuna
10. Nós nos sentimos	j. a comida fosse acabar hoje

1. _____

2. _____

3. _____

4. _____

5. _____

6. _____

7. _____

8. _____

9. _____

10. _____

4. A voz passiva verdadeira, pp. 371-75

4a. Escreva dez frases na voz passiva usando os elementos indicados.

1. as pirâmides / antigos egípcios

_____

2. a América / Cristóvão Colombo

_____

3. os antibióticos / farmácia

_____

4. *O Sonho de uma Noite de Verão* / William Shakespeare

_____

5. o Toyota e o Nissan / Japão

_____

6. o alemão, o francês e o italiano / Suíça

_____

7. as *Bachianas Brasileiras* / Heitor Villa-Lobos

_____

8. o hino nacional / público

_____

9. o Presidente Kennedy / Lee Harvey Oswald

_____

10. a comida / empregada

_____

4b. Pobre Scott! Um táxi o atropelou na Avenida Consolação. Então uma ambulância o levou ao hospital. Uma enfermeira o atendeu aí. Então chamaram um médico. Um interno examinou-o. Radiografaram-no* e depois deitaram-no numa cama. Entretanto a enfermeira lhe deu um analgésico. Felizmente não encontraram nenhuma fratura. Puseram-lhe gelo na perna e depois de uma hora autorizaram-no a ir para casa.

Relate este incidente em dez frases, todas na voz passiva.

_____

_____

_____

_____

---

* Did we mention that the pronoun **o** becomes **-no** after an **-m**?

LIÇÃO 17

[Aqui está o texto de novo] Pobre Scott! Um táxi o atropelou na Avenida Consolação. Então uma ambulância o levou ao hospital. Uma enfermeira o atendeu aí. Então chamaram um médico. Um interno examinou-o. Radiografaram-no e depois deitaram-no numa cama. Entretanto a enfermeira lhe deu um analgésico. Felizmente não encontraram nenhuma fratura. Puseram-lhe gelo na perna e depois de uma hora autorizaram-no a ir para casa.

_____

_____

_____

_____

INSTANTÂNEOS BRASILEIROS—
A FLORESTA DA TIJUCA

Alguns ecologistas pensam que sem a Floresta da Tijuca a temperatura do Rio de Janeiro podia subir dez graus centígrados, até 50 ou 51 no verão. Única no mundo dentro de um centro urbano, representa um importantíssimo papel de condicionador climático e filtrante da cidade.

No tempo da Colônia a floresta foi quase totalmente destruída. Cortava-se madeira para construção e para lenha. Fazia-se carvão para ser usado em olarias e engenhos de açúcar. Chegou-se mesmo a plantar lá café. Foi contudo salva pelo Imperador D. Pedro II, que traçou um plano de recuperação da mata, mandando plantar inúmeras espécies de árvores.

Hoje em dia a floresta está de novo degradada. Cercada de favelas, leva-se de lá outra vez madeira para construir casas na vizinhança, caçam-se os pequenos animais que a habitam. Os favelados acendem velas para fazer despachos, o que provoca incêndios. Depois de cada final de semana a floresta fica cheia de latas de cerveja, garrafas de plástico, papéis e outro lixo. Os marginais chegam mesmo a "desovar" aí cadáveres.

A floresta, agora Parque Nacional, tem contudo bons amigos que a pretendem recuperar e há planos para que em breve os visitantes possam de novo apreciar plenamente as suas belezas.

1. Qual é a importância da Floresta da Tijuca?

_____

2. Você sabe o que quer dizer "despacho"? E "desovar"?

_____

3. Quais são os principais problemas com que a Floresta da Tijuca presentemente se debate?

_____

4. Que medidas se podem tomar para evitar uma maior depredação da mata?

_____

5. Que problemas ecológicos existem na cidade onde você vive?

_____

AS PRIMEIRAS ESCOLAS DE SAMBA DO RIO

As primeiras escolas de samba do Rio de Janeiro apareceram em 1928. A partir de 1935 começaram a receber subsídios do governo e ficaram sujeitas a uma legislação que as obrigava a colaborar numa campanha de propaganda patriótica. Durante o governo do presidente Getúlio Vargas as escolas deviam apresentar temas para a sua atuação suscetíveis de estimular o amor pelos símbolos nacionais. Uma escola que propôs o tema da Branca das Neves e os Sete Anões não conseguiu o subsídio oficial.

O desfile das escolas de samba pela Avenida Rio Branco ficou assim sujeito a regras, penalidades e prêmios. As dezesseis escolas participando no desfile tinham agora de obedecer a 50 artigos que determinavam um horário extremamente rígido, a seleção de temas, o número de participantes e outros aspectos. Os prêmios passaram a ser concedidos por 454 juízes, que atribuíam pontos pelo valor dos temas, harmonia, fantasias [costumes], música e coreografia.

Escreva cerca de 80 palavras comparando esta situação com os atuais desfiles carnavalescos no Sambódromo.

_____

_____

_____

_____

_____

_____

_____

_____

Um problema de palavras cruzadas

1		2	3	4	5		6	7	
	■	8					9		■
10					■	11			12
	■	13		■	14			■	
15				16		■	17	18	
	■	19				20		21	
22	23		■	24	25		26		
■			27						
28		29			■		■		
30								■	

Horizontais:

1. _____ é uma das mais famosas praias do Rio
8. O _____ agora é um estado mas até há poucos anos era um território
9. "Você quer ir à Bahia, negra? Então _____!"
10. _____ Santeiro é uma famosa novela da tevê brasileira
11. O _____ é uma letra grega que corresponde ao **r**
13. A segunda e a terceira letras de **cuca** são _____
14. _____ é uma contração de **não é?**
15. O Brasil é banhado pelo _____ Atlântico
17. As consoantes de **copra** são _____
19. _____ é um prefixo que significa **três**
21. _____ é a terminação do passado dos verbos regulares ingleses.
22. Num bloco de Carnaval há sempre a _____ das baianas
24. O _____ Municipal é um dos edifícios mais famosos do Rio
27. Uma mulher que se dedica às letras é uma _____
28. Deitar água noutro líquido é _____
30. A estátua de Cristo Rei foi construída sobre o Morro do _____

Verticais:

1. Um habitante do Rio é um _____
2. A Ilha de _____ é na Baía de Guanabara
3. O Pão de _____ é um dos morros do Rio
4. _____ é o mesmo que **acredita**
5. As duas vogais de **cabe** são _____
6. A rainha Dona Maria foi _____ de Dom Pedro Primeiro
7. A primeira sílaba de **nada** é _____
11. Andar com o carro para trás é **fazer marcha à** _____
12. _____ é o mesmo que **conceder perdão**
14. **Em** mais o dá _____
16. Se você acrescentar um **i** no fim de _____ fica com o nome de uma cidade ligada ao Rio por uma ponte.
18. As primeiras quatro letras de **perder.**
20. A _____ da Tijuca é uma linda praia perto do Rio
23. Até _____!
25. **E** em francês é _____
26. "_____ legal!"
27. As três primeiras letras de **lacre** são _____
28. As duas primeiras letras de **acarajé** são _____
29. _____ foi uma cidade da Caldéia

326   **LIÇÃO 17**

EXERCÍCIOS SUPLEMENTARES

A. Mário, um amigo de Scott, vai casar dentro de dois meses e está procurando alugar um apartamento. Ele gosta da área das Laranjeiras por ser uma das mais antigas do Rio. No *Jornal do Brasil* encontrou alguns anúncios interessantes. Como você os interpreta?

NOTAS:

LARANJEIRAS E COSME VELHO

LARANJEIRAS — ADMIN. ORION aluga, Conde de Baependi, 74, ap. 202. Sl., 2 qtos., c/ arms. e deps. compls. Chaves c/ port. e tratar tel. . . . . 255-3446. Associada à ABADI CRECI J-115.

LARANJEIRAS — ADMIN. ORION aluga, Alvaro Chaves, 28, ap. 101: mob. c/ tel. sl. 2 qtos. banh? coz. área serv? e deps. compls. empreg. Chaves c/ port. e tratar tel. 255-3446. Associada à ABADI. CRECI J-115.

LARANJEIRAS — Alugo de frente, R. Pinheiro Machado, 103 ap. 402, sl. 3 qtos. bah coz. área, dep. emp. garage. Chaves port. SERGIO CASTRO IMOVEIS. R. Assembleia, 40—59. 231-0990 — 242-8945. CRECI 22.

LARANJEIRAS — Alugo, R. General Mariante, 98 ap. 901 — 2 salas, 3 quartos, 3 banhs. sociais em mármore, parte de serv. azulejos decorados — armários embutidos em todas as dependências, telefone interno — 2 vagas garagem — chaves port. SERGIO CASTRO IMOVEIS. R. Assembléia. 40—59. 231-0990 — 242-8945. CRECI 22.

LARANJEIRAS — Fte. Aluga-se ap. 2 qtos. sl. dep. compl. de empr. e gar. R. Paissandu 406/506 Ch. c/ port. Tel. 242-4321 Calisto Al. 6.000.

admin. = administração, *isto é uma firma de aluguel de imóveis*
ap. = apartamento
área serv°. = área de serviço
arms. = armários
banh° / **bah.** = banheiro
ch. = chaves
coz. = cozinha
deps. compls. (empreg.) = dependências completas para a empregada, *isto é, quarto e banheiro*
fte. = frente

gar. = garagem
mob. = mobiliado
port. = porteiro
qtos. = quartos
R. = Rua
sl. = sala
tel. = telefone

1. O primeiro apartamento tem acomodações para a empregada?

_____

2. Quantos quartos esse apartamento tem?

_____

3. O segundo apartamento tem telefone instalado?

_____

4. Por que é importante que um apartamento tenha já telefone instalado?

_____

5. O quarto apartamento tem garagem? A quantas vagas se tem direito?

_____

6. Mário e sua futura esposa pensam ter dois filhos. Nesse caso quais seriam os apartamentos mais apropriados? Por quê?

_____

7. Hoje em dia não é fácil nem econômico ter uma empregada permanente. Nesse caso, como você acha que Mário e a esposa poderiam utilizar o quarto da empregada?

_____

8. Qual destes apartamentos lhe parece que vai ser o mais caro? Por que você diz isso?

_____

9. E qual lhe parece que possa ser o mais barato? Por quê?

_____

B. Como vai a sua cultura?

1. Jamaica, Porto Rico e Cuba se situam a) no Mar da China, b) nas Caraíbas, c) ao largo da Califórnia

2. A enologia é a ciência que estuda a composição, o fabrico e a conservação a) do azeite, b) do queijo, c) do vinho

3. As Guerras Púnicas se travaram entre os romanos e os a) persas, b) cartagineses, c) gregos

4. O estado africano fundado em 1822 para os escravos americanos libertados se chama a) Líbano, b) Líbia, c) Libéria

5. Nikolai Rimski-Korsakov distinguiu-se no campo da a) medicina, b) música, c) literatura

6. A capital da Nova Zelândia é a) Auckland, b) Wellington, c) Christchurch

7. O brasileiro Santos Dumont foi um dos pioneiros da a) navegação submarina, b) aviação, c) televisão

8. Napoleão Bonaparte nasceu na a) Provença, b) Córsega, c) Normandia

9. O célebre patriota italiano que contribuiu para a unificação do seu país no século dezenove foi a) Giuseppe Garibaldi, b) Benito Mussolini, c) Mario Lanza

10. Os elefantes são a) paquidermes, b) ovíparos, c) marsupiais

O seu professor tem as respostas. Conte um ponto por cada resposta certa. Depois avalie como está sua cultura:

9-10 pontos	VOCÊ É UM GÊNIO!
7-8 pontos	VOCÊ AINDA PODE IMPRESSIONAR SEU PROFESSOR.
5-6 pontos	NÃO ESTÁ COMPLETAMENTE MAL.
3-4 pontos	VOCÊ PODERIA MELHORAR UM POUQUINHO, NÃO ACHA?
1-2 pontos	COMPRE UMA ENCICLOPÉDIA.
0 pontos	SEM COMENTÁRIOS.

CARROÇA LOTADA   O Brasil tem o maior número de habitantes por carro

| 1,3 | 1,9 | 2,3 | 3,1 | 5,7 | 11,4 |
| EUA | Alemanha | Japão | Espanha | Argentina | Brasil |

C. Como vai a sua matemática?

1. Supondo que os Estados Unidos têm cerca de 250.000.000 de habitantes, aproximadamente quantos carros existem neste país? E no Japão (cerca de 125.000.000 de habitantes) E no Brasil (cerca de 150.000.000 de habitantes)?

_____

2. Quantos carros você acha que existem numa família média americana de um casal com dois filhos adolescentes?

_____

3. Quantos carros existem na sua família? Por que são necessários?

_____

6. Que outros meios de transporte utilizam as pessoas que não têm carro?

_____

7. O que você acha do sistema de transportes públicos da sua cidade?

_____

8. Quais são as vantagens e desvantagens de ter carro?

_____

_____

_____

_____

_____

_____

_____

LIÇÃO 17

D. Foi deste modo que um jornal brasileiro noticiou as medidas de segurança que se iriam pôr em prática durante a ECO-2003, que teve lugar no Rio de Janeiro no verão de 1992.

RIO, CIDADE SITIADA

Blindados nas ruas, helicópteros do Exército nos céus, uma operação pente fino, para garantir a segurança dos VIPs participando da conferência internacional sobre o meio ambiente. A polícia brasileira está pronta para o pior.

1. Você se lembra do que foi a ECO-2003? Que finalidade teve?

_____

2. Quais foram algumas das medidas de segurança que se tomaram?

_____

3. Por que razão foi necessário tomar estas medidas de segurança?

_____

4. O que você entende por "operação pente fino"?

_____

5. Quais foram alguns dos VIPs que participaram na ECO-2003?

_____

6. A polícia brasileira estava preparada para o pior. Os seus receios se concretizaram?

_____

E. Um grupo de agências brasileiras de viagens recomenda as seguintes precauções aos turistas que visitam o Rio de Janeiro:

No seu hotel:
•Depois de se registrar guarde seus documentos e objetos de valor num dos cofres individuais do hotel.
•Conheça a localização das saídas de emergência.
•Aconselhe-se com o pessoal do hotel sobre o Rio e os seus costumes, onde ir e o que fazer.

Na praia:
•Não leve objetos de valor para a praia. Isto inclui dinheiro, câmaras, relógios, passaportes e jóias.
•Tenha cuidado com a exposição ao sol. A brisa fresca do Rio pode ser enganadora e o sol pode queimar muito, especialmente ao meio-dia.

Na rua:
•Não exiba relógios de ouro, jóias ou câmaras.

•Não leve consigo grandes quantias e nunca deixe ver o conteúdo de sua carteira. Use cheques de viagem e assegure-se de que guarda separadamente uma lista com os seus números.
•Viaje de táxi ou vá numa excursão.
•À noite evite as praias e lugares isolados.
•Não converse com vendedores ou mendigos. Evite qualquer aproximação por parte de desconhecidos.

Se precisar de auxílio:
•Telefone ao seu hotel ou dirija-se ao guia da sua excursão.
•Numa emergência ligue para a polícia. O número é o 190 e num telefone público não é necessário utilizar moedas ou fichas.
•Se perder o seu passaporte telefone imediatamente para seu consulado ou sua embaixada. É vantajoso manter uma fotocópia do passaporte no seu quarto de hotel.

Stan, um amigo de Scott, veio passar duas semanas no Rio e não quis ouvir os conselhos que Scott lhe deu sobre as precauções a tomar. Quais você acha que foram dez das imprudências que ele cometeu?

MODELO: Na praia de Copacabana deixou sua câmara à vista sobre a toalha.

1. _____

2. _____

3. _____

4. _____

5. _____

6. _____

7. _____

8. _____

9. _____

10. _____

F. Marque com uma cruz os serviços e vantagens que são mecionados neste anúncio.

1. arrumação de quartos

2. tratamento de roupas

3. assistência médica

4. portaria e telefonistas

5. cassino e salas de jogos

6. vista para o mar e montanha

7. proximidade da praia e divertimentos

8. agradável decoração dos apartamentos

9. aulas gratuítas de inglês

10. muito espaço

11. TV a cores e ar condicionado

12. agência bancária no edifício

13. piscina, sauna e restaurante

14. refeições servidas no quarto

15. serviço de fax

Prazer de levantar e não arrumar a cama.

Prazer de não lavar e passar nem uma peça de roupa, e receber a tempo e a hora tudo limpo e passado.

Prazer de não precisar ir para a cozinha, a não ser que isso lhe dê prazer.

Prazer de não se preocupar nem um minuto com a segurança do seu apartamento.

Prazer de ter uma portaria e telefonistas à sua disposição dia e noite, inclusive para receber recados.

Prazer de chegar na janela e ver o mar, a lagoa e as montanhas de uma cidade que dá prazer de morar.

Prazer de estar ao lado da praia, cinemas, teatros, casas de show, restaurantes, bares, boites, boutiques e shopping centers.

Prazer de viver num apartamento decorado no estilo que você gosta, com salão, 1 ou 2 quartos com suíte, banheiro, copa-cozinha completa, telefone, TV a cores e ar condicionado. (Para 4 ou 6 pessoas).

Prazer de usar uma piscina, sauna, restaurante com american bar, sala de ginástica e salão de reunião, sem precisar sair do Flat.

Prazer de tirar vantagem dos serviços de um hotel de categoria internacional, sem perder o prazer de se sentir em casa.

Prazer de morar no Rio Flat Service, e agora no Atlântico Flat Service ou no Leblon Flat Service, que chegaram para completar a rede.

Prazer de ter tempo de sobra para viver tudo que dá prazer nessa vida.

RIO FLAT SERVICE
Rua Almirante Guilhem 332, esq. de Ataulfo de Paiva

ATLÂNTICO FLAT SERVICE
Rua Santa Clara, 15

LEBLON FLAT SERVICE
Rua Prof. Antonio Maria Teixeira, esq. de Afrânio de Melo Franco
Central de Reservas: Tel.: 274-9546 Telex: (021) 32914 - SSRF.

LIÇÃO 17—LABORATÓRIO
O RIO DE JANEIRO

I. Pronúncia: Os sons j, g, k, s

In Portuguese, you can pronounce any word that you see because a consonant with the same letter is always pronounced the same way.

Same letters, different pronunciation: give / **g**in, gee / **gee**se

The consonants below will always be spelled and pronounced the same way:

G, as in English **go**:   "**K**", as in English **cove**:

gue:	ligue	guerra		que:	queijo	disquete
qui:	quilo	aqui		gui:	águia	distinguido
ca:	casa	faca		ga:	legal	bengala
co:	coisa	seco		go:	comigo	gordo
cu:	maracujá	faculdade		gu:	seguro	regular

The **C**, as in English **cement**:

ce:	certo	cedo
ci:	cima	negócio
ça:	Eça	calça
ço:	peço	faço
çu:	Iguaçu	caçula

The soft **J** sound, pronounced like the **S** in English **pleasure**, is always spelled with a **J** before **A, O,** and **U**, but can be spelled with either a **G** or a **J** before **E** and **I**. There are very few words with **JI**.

ja:	já	arranja				
jo:	anjo	jovem				
ju:	ajuda	justiça				
ge:	gente	general		je:	ejetor	jeito
gi:	gíria	gigante		ji:	lojista	jibóia

Here are two simple rules regarding **G** or **J** in verbs. When the verb ends in **GIR** or **GER** that **G** will change to **J** in forms that end in **O** or **A**:

eleger — elege, ele*j*o, ele*j*a / proteger — protege, prote*j*a, prote*j*o

corrigir — corrige, corrigimos, corri*j*a, corri*j*o / fugir — foge, fugimos, fu*j*a, fu*j*o

If a verb ends in **JAR**, the **j** will remain before any vowel:

beijar — beijo, beija, bei*j*e / planejar — planejo, planeja, plane*j*e

Vozes brasileiras—O Rio—uma cidade bonita
Write in the missing words. The **Voz** will be repeated once.

Acho que a coisa mais interessante sobre o Rio—e _____ brasileiro vai

concor dar—é a _____ natural da cidade. Se a pessoa vai principalmente

para a Zona Sul do Rio, como a gente fala, a beleza _____ não é muito fria,

como na maioria das cidades brasileiras. Tem as praias, tem muita _____ e a presença

natural. O Rio parece que foi _____ de uma forma bem natural e faz tudo

bem atraente.

II. O passado de subjuntivo: Formas
Say these present subjunctive forms in the past.

> MODELO: (tape) que você chegue
> (student) que você chegasse
> (confirmation) que você chegasse
> (repetition) que você chegasse

Vozes brasileiras—O contraste no Rio
You will hear the **voz** twice. Circle the words below that don't correspond to what is said.

Outra coisa que é interessante sobre o Rio é o _____ . Ao mesmo tempo que

é uma cidade muito natural, o contraste da _____ com a riqueza no Rio

grita para qual quer _____ que vai visitar o Rio. Por exemplo, mesmo na

Zona Sul, onde tem Copacabana, Ipanema, _____ , bem atrás da praia, mais

assim uns três ou quatro _____ , tem essas favelas nas montanhas, que é uma

coisa mais _____ , para uma pessoa ver porque o

_____ de pobreza é terrível, a condição de vida, a moradia, as casas são as

piores que existem.

III. O passado de subjuntivo: Usos

Say the present sentences in the past. The subjunctive following desire, doubt, and emotion will all be seen. All past verbs in the first part of your responses will be in the imperfect.

MODELO: (tape) Quero que você o diga para mim.
(student) Queria que você o dissesse para mim.
(confirmation) Queria que você o dissesse para mim.
(repetition) Queria que você o dissesse para mim.

Written part:

1. _____

2. _____

3. _____

4. _____

Vozes brasileiras—Copacabana

You will hear the **voz** twice. Write in the missing phrases.

Copacabana… _____ em frente à praia na

_____ tem um restaurante ou um bar com mesas do lado de

fora, _____ . Então, quer dizer, o calçadão é o lugar que

_____ de pessoas andando para cima e

_____ ou eles ficam nesses bares. Eles agora têm um

_____ , que a gente chama feira *hippie*,

_____ , nas tardes de domingo, aí eles vendem

_____ de coisa—quadros, não só pintura mas até

_____ de pintores famosos, coisas de couro que eles trazem da Bahia…

IV. A voz passiva verdadeira

The tape will say several active sentences. Put them into the passive. Be careful to keep the tense of the verb the same.

MODELO: (tape) Abri a porta.
(student) A porta foi aberta por mim.
(confirmation) A porta foi aberta por mim.
(repetition) A porta foi aberta por mim.

LIÇÃO 17   335

Written part:

1. _____

2. _____

3. _____

V. Texto de compreensão: O Rio de Janeiro colonial
Listen to the comprehension text and write answers to the questions asked.

1. _____

2. _____

3. _____

4. _____

VI. Ditado.
You will hear this dictation three times. The first time, just listen attentively. The second time, write what you hear during the pauses. The third time it will be read with no pauses so that you can verify your work.

_____

_____

_____

_____

_____

LIÇÃO 18—CADERNO DE TRABALHO
BRASÍLIA

1. O subjuntivo com os verbos de comunicação, pp. 385-88

1a. Mude as frases abaixo segundo o modelo:

MODELO: O sargento diz / os soldados / limpam bem os fuzis.
O sargento diz *para os soldados que limpem bem os fuzis.*

1. ...fazem bem as camas

_____

2. ...trazem uniformes limpos

_____

3. ...engraxam as botas

_____

4. ...dirigem os jipes

_____

5. ...trabalham na cozinha

_____

6. ...marcham vinte quilômetros

_____

7. ...varrem [*sweep*] o quartel

_____

8. ...se formam na parada

_____

9. ...pintam o portão do comando

_____

10. ...carregam as bazucas

_____

1b. Segundo o modelo, use o verbo de comunicação sugerido em vez do verbo de desejo e faça qualquer alteração necessária.

      MODELO: Quero que os meninos lavem as mãos. (*dizer*)
                      Digo *para os meninos que lavem as mãos.*

1. Precisam que eles os ajudem. (*propor*)

_____

2. Ela deseja que você a acompanhe à festa. (*pedir*)

_____

3. Papai prefere que Juquinha não coma todas as balas. (*dizer*)

_____

4. Quero que você me dê o seu número de telefone. (*recomendar*)

_____

5. O médico quer que eu faça dieta. (*propor*)

_____

6. Eu prefiro que vocês fiquem em casa. (*sugerir*)

_____

2. Os diminutivos e os aumentativos, pp. 391-93

Dê o diminutivo das seguintes palavras:

1. carro _____	11. chopp _____
2. casa _____	12. menina _____
3. prova _____	13. avião _____
4. mala _____	14. curso _____
5. apartamento _____	15. bar _____
6. caderno _____	16. problema _____
7. mesa _____	17. garoto _____
8. parque _____	18. praia _____
9. moça _____	19. favor _____
10. música _____	20. momento _____

Escreva o aumentativo das seguintes palavras:

1. casa _____
2. prato _____
3. abraço _____
4. cachorro _____
5. mulher _____
6. dinheiro _____
7. carro _____
8. solteiro _____
9. rapaz _____
10. doida _____

11. tempo _____
12. garoto _____
13. palavra _____
14. viola _____
15. beijo _____
16. gordo _____
17. solteira _____
18. nariz _____
19. sala _____
20. trabalho _____

3. Como expressar conjetura, pp. 396-97

3a. Responda às perguntas abaixo. Você não sabe, terá de conjeturar.

1. Onde Scott está agora?

_____

2. Como está vestido?

_____

3. Com quem está?

_____

4. O que está fazendo?

_____

5. Onde ele vai depois?

_____

6. Como vai para lá?

_____

7. O que vai fazer lá?

_____

LIÇÃO 18

8. Quanto tempo vai ficar lá?

_____

9. A que horas vai voltar para casa?

_____

10. O que vai fazer então?

_____

3b. Faça uma pergunta conjetural sobre cada uma das frases abaixo.

      MODELO: Estão tocando à porta.
                        Será o carteiro?

1. A professora chegou com uma cara muito séria.

_____

2. Mamãe está tossindo [*coughing*] muito.

_____

3. Gustavo está triste.

_____

4. Este rapaz fala muito bem inglês.

_____

5. Scott sai muito com Sônia.

_____

6. Esta música parece conhecida.

_____

7. Ela não sabe onde é a danceteria.

_____

8. Maria da Graça gasta muito dinheiro.

_____

9. Aquela senhora comprou dez pacotes de fraldas [*diapers*].

_____

10. Este restaurante parece superchique.

_____

4. O futuro, pp. 399-400

4a. Responda usando o futuro nas suas respostas.

1. Onde você irá nas próximas férias?

_____

2. Com quem irá?

_____

3. Como irão?

_____

4. Quando partirão?

_____

5. Quanto tempo ficarão lá?

_____

6. O que farão?

_____

7. Onde se hospedarão?

_____

8. Quanto dinheiro gastarão?

_____

9. Quando voltarão?

_____

10. O que farão depois?

_____

4b. Escreva dez coisas que você fará no próximo fim-de-semana.
    MODELO: No próximo fim-de-semana irei à lavanderia lavar minha roupa.

1. _____

2. _____

3. _____

4. _____

5. _____

       LIÇÃO 18   341

6. _____

7. _____

8. _____

9. _____

10. _____

INSTANTÂNEOS BRASILEIROS—
FAVELIZAÇÃO DE BRASÍLIA COMEÇOU HÁ DOIS ANOS

A disseminação de favelas até ao centro de Brasília originou uma forte pressão da parte da classe média no sentido de que o governador Joaquim Roriz retirasse os favelados, que ocuparam áreas nobres da cidade (uma delas muito perto da casa do Presidente) durante o Plano Piloto, entre os últimos doze a trinta anos. A desocupação foi conseguida oferecendo aos sem-teto lotes legalizados. Foi dessa forma que a favela Samambaia saiu do papel e teve implantados 50 000 lotes em 24 meses.

A maioria dos favelados de Brasília saiu do Nordeste em busca de trabalho. Na primeira fase da chegada instalaram-se em precárias casas feitas de papelão e plástico, depois conseguiram um quarto de fundo em alguma residência e finalmente um lote onde ergueram um barraco.

Para muitos a distribuição de lotes não passou de uma operação de maquiagem. Determinaram-se áreas habitacionais, ou de comércio e quadras de esporte e abriram-se grandes ruas e avenidas mas apenas se implantaram infra-estruturas mínimas, com poucos postes de luz, chafarizes comunitários [*public fountains*] abastecidos por caminhões pipas e fossas negras [*open sewage*] abertas pelos próprios moradores. Contudo o governador defende a sua ação como o único meio de agilizar a retirada dos sem-teto das ruas e considera a sua experiência um modelo para outras regiões

Comente o texto acima sob os seguintes aspectos:

1. a importância do fenômeno das favelas

_____

2. as razões pelas quais foram criadas favelas em Brasília

_____

3. a ação das autoridades no sentido de resolver a situação

_____

4. o verdadeiro valor das medidas de desfavelização

_____

Um problema de palavras cruzadas

1				2	3	4	5		
		6	7						
8	9							10	
11					12		13		
		14		15		16			
17	18		19			20			
21		22							
23					24		25		
	26						27		
28			29						

Horizontais:

1. A rodovia Brasília-Belém é conhecida como a rodovia ____
2. Clotilde foi ao sapateiro para ele lhe colocar ____ novos nos sapatos
6. ____ é o mesmo que **fazer uma operação**
8. O Palácio da ____ é a residência oficial do Presidente do Brasil
11. George ____ foi uma escritora francesa
12. Uma ____ é um inseto bastante importuno
14. O ____ é um país vizinho da Arábia Saudita
16. As três últimas letras de **neon** são ____
17. O pretérito de **leio** é ____
19. O deus egípcio do sol era ____
20. A primeira sílaba de **cimento** é ____
21. Brasília foi criada para se conseguir uma maior penetração para o ____
23. As cinco primeiras letras de **atascar** são ____
24. **Em breve** em inglês se diz ____
26. ____ **País** é um importante jornal espanhol
27. O símbolo químico da **prata** é ____
28. Nos climas quentes é necessário o ____ condi cionado

29. ____ Niemeyer foi um dos arquitetos que projetaram Brasília

Verticais:

1. ____ é a capital do Brasil
2. "____ ou não ser, eis a questão," disse Hamlet
3. O ____ farpado é usado em vedações
4. Em quase todo o mundo se dirige pelo ____ direito da rua
5. ____ quer dizer referente à parte de trás
6. Um ____ é um objeto voador não identificado
7. A Praça dos Três ____ é a mais importante de Brasília
9. ____ é o mesmo que **ali**
10. ____ é o nome que se deu ao trabalhador nordestino que conseguiu emprego na construção de Brasília
13. O ____ é o símbolo químico do carbono
15. São ____ foi um dos evangelistas
18. ____ é um prefixo que significa **entre**
20. Lúcio ____ foi o outro arquiteto que planejou Brasília
22. Roberto é ____ e qual seu pai
25. Um sufixo feminino correspondente a **ão** é ____

LIÇÃO 18   343

EXERCÍCIOS SUPLEMENTARES

A. Os três trechos abaixo foram extraídos duma revista e referem-se à evolução que Brasília vem sofrendo desde a sua criação.

> **Templo universal de heróis, intelectuais, repentistas, artistas de circo e migrantes, Brasília vem assistindo a um novo projeto de vida arquitetônico nos últimos três anos: a união do ontem, do amanhã e do agora. Obras como o Panteão da Pátria, homenagem a Tancredo Neves, na Praça dos Três Poderes, visam à perpetuação da história. Enquanto isso, a concepção urbanística inovadora de Oscar Niemeyer e Lúcio Costa dá seus primeiros passos nas cidades-satélites, construindo moradias de baixo custo para aliviar os efeitos da superpopulação — mais de 1.800.000 pessoas. Criando espaços e abrindo perspectivas, Brasília, patrimônio cultural da humanidade, prepara seu futuro. E confirma sua vocação: é a cidade do terceiro milênio.**

1. O que marca a atual evolução de Brasília?

_____

2. Onde o Panteão da Pátria se situa?[1]

_____

3. Qual é a função das cidades-satélites?

_____

4. Qual era a população de Brasília na altura da publicação?

_____

5. Por que se diz que Brasília é a cidade do terceiro milênio?

_____

_____

[1] O Panteão da Pátria, em forma de pomba [*dove*], obra de Oscar Niemeyer, possui no interior os nomes de heróis brasileiros com mais de cinqüenta anos de falecimento e peças de alto valor histórico.

O dia 7 de dezembro de 1987 foi decisivo para Brasília. Talvez o mais importante desde a inauguração, em 21 de abril de 1960. O Comitê do Patrimônio Mundial da UNESCO, reunido em Paris, decidiu inscrever a capital brasileira no patrimônio cultural da humanidade.

Pela primeira vez, um bem contemporâneo entrou na galeria dos monumentos universais. Todos os integrantes da lista caminharam por mais de século pela história do mundo, como atesta a representação brasileira: Ouro Preto, Olinda, Missões, o Santuário de Congonhas, o Pelourinho de Salvador. E o Parque de Iguaçu, já que o repertório inclui também referências da natureza.

1. Em que data Brasília foi inaugurada?

_____

2. Por que o dia 7 de dezembro de 1987 foi importante?

_____

3. O que é a UNESCO?

_____

4. Que outros lugares do Brasil fazem parte do patrimônio cultural da humanidade?

_____

5. São geralmente modernas as cidades que fazem parte do patrimônio cultural da humanidade?

_____

Cidade-menina, ainda na placenta da história, Brasília sofre acelerado processo de explosão demográfica, conseqüência do fenômeno das migrações. As avenidas, os palácios, os eixos, tudo atrai populações deserdadas na esteira do sonho de uma vida melhor.

1. Por que Brasília é considerada aqui "cidade-menina, ainda na placenta da história"?

_____

2. Com que ritmo a população de Brasília tem aumentado?

_____

3. A que essa explosão demográfica se deve?

_____

4. Por que os deserdados são atraídos por Brasília?

_____

5. O que faz Brasília diferente das outras cidades brasileiras?

_____

LIÇÃO 18   345

Carteira de habilitação

B. 1. Depois de passar no exame, quanto tempo demora em Brasília a obtenção de uma carteira de habilitação para motorista?

_____

2. Essa obtenção é mais rápida em Belo Horizonte? E no Rio?

_____

_____

3. Quanto tempo demora a obtenção dessa licença no seu estado?

CIDADE	TEMPO
Belo Horizonte	1 hora
Londrina	8 horas
Recife	2 dias
São Paulo	3 dias
Brasília	8 dias
Rio de Janeiro	15 dias

_____

4. Que requisitos você precisa preencher no seu estado para obter uma carteira de motorista?

_____

Passaporte

1. Entre as várias cidades brasileiras aqui mencionadas, onde é mais rápido obter um passaporte?

_____

2. E onde é mais demorado?

_____

3. Quanto tempo demora para obter um passaporte na sua cidade?

CIDADE	TEMPO
Brasília	10 minutos
São Paulo	15 minutos
Recife	15 minutos
Londrina	1 hora
Rio de Janeiro	1 hora
Belo Horizonte	1 dia

_____

4. Que documentos você precisa apresentar para obter um passaporte?

_____

C. Não, quando foi a Brasília Scott não se hospedou no Garvey Park Hotel. Não tinha dinheiro para um hotel de quatro estrelas. Mas até que gostava. Abaixo você pode ver quais as razões por que Scott gostaria de ficar lá. Mas estarão todas certas? Se não estiverem, por favor corrija.

O Garvey Park Hotel…

1. é na Praça dos Três Poderes

_____

_____

2. é perto da Esplanada dos Ministérios

_____

_____

3. tem quinze andares

_____

4. tem só 100 quartos e suítes.

_____

5. conta com três restaurantes e piano bar

_____

6. tem praia privativa

_____

7. tem estacionamento próprio

_____

8. oferece *room service* durante o dia

_____

9. tem salões para reuniões

_____

10. oferece mostras de arte e espetáculos.

_____

- Situado ao longo do Eixo Monumental, a 5 minutos da Esplanada dos Ministérios e 15 minutos do aeroporto.
- O melhor 4 estrelas de Brasília, com 12 andares, 432 apartamentos, suítes júnior, senior e presidencial.
- Três restaurantes, Piano bar, sauna, clínica de estética, galeria de lojas, piscina, estacionamento próprio.
- Room service 24 horas.
- 3 salões de reuniões, mostras de arte e espetáculos, equipado com som e sistema de comunicação.

Garvey *Park hotel*
★★★★

SHN Quadra 2 - Bloco J - Telex: (061) 2199 - Tel: 223 9800 - Brasília

D. Estes são alguns dos pontos turísticos que se podem visitar em Brasília. Suponha que você só tem tempo para visitar quatro deles. Diga quais vai visitar e por quê.

CATEDRAL METROPOLITANA — Construída em homenagem à patroeira da cidade, Nossa Senhora Aparecida, foi inaugurada em 31 de maio de 1970 e tombada pelo então Departamento da Patrimônio Histórico e Artístico Nacional. Tem 40 metros de altura e capacidade para quatro mil pessoas. A planta da nave é circular e situá-se abaixo do nível do terreno. O acesso é feito por uma passagem subterrânea, cujo piso e paredes laterais são pretos. A entrada fica então sob penumbra e cria um contraste com o interior do templo, que recebe luz natural filtrada por vitrais. Apresenta 16 colunas que nascem no plano da praça situada ao seu redor e que se unem para sustentar a cobertura. No topo do templo ha uma cruz metálica abençoada pelo Papa Paulo VI e que incorpora um fragmento da cruz de Cristo. Na frente da Catedral há as esculturas dos quatro Evangelistas, de autoria de Alfredo Ceschiatti. Ao lado, situá-se uma casca de concreto, que serve de cúpula à Capela do Batistério. No interior do templo pendem do teto três anjos de alumínio fundido, presos por cabos de aço. O altar-mor foi doado pelo Papa Paulo VI. A Catedral possui um acervo de obras de arte, que inclui imagens de santos, pintura de artistas famosos e até um fac-símile do Santo Sudário.

PALÁCIO DA ALVORADA — Primeiro edifício inaugurado em Brasília, em junho de 1958, foi projetado antes mesmo do Plano Lúcio Costa, e construído para ser a residência oficial do Presidente da República. É um prédio retangular, circundado por uma galeria coberta apoiada em colunas, cujo formato deu origem ao símbolo da cidade. utilizado no brasão do DF. Possui um importante acervo artístico, uma capela e um anexo de serviços. Em sua frente, há um espelho d'água, onde os visitantes costumam jogar moedas e fazer pedidos. Por isso, é também denominado de "Fonte dos Desejos."

MINISTÉRIOS — É um conjunto formado por 18 unidades idênticas situadas ao longo do Eixo Monumental. Alguns ministérios possuem prédios anexos, projetados também por Niemeyer e ligados ao edifício principal por "túneis aéreos." A regularidade da Esplanada dos Ministérios é interrompida por dois palácios: o Ministério das Relações Exteriores (Itamaraty) e o Ministério da Justiça.

PRAÇA DOS TRÊS PODERES — Uma das soluções mais interessantes do Plano Lúcio Costa, abriga os Palácios do Planalto, o Supremo Tribunal Federal e o Congresso Nacional, que constituem os Três Poderes da República. além do Museu Histórico.

CONGRESSO NACIONAL — O prédio principal tem dois pavimentos, um subsolo e dois plenários: o de teto convexo pertence à Câmara dos Deputados, e o côncavo ao Senado Federal. Um amplo corredor, com esteira rolante, faz a ligação com os quatro anexos onde funcionam os gabinetes, as diretorias, as assessórias e os serviços administrativos e assistenciais.

PALÁCIO DO JABURU — É a residência oficial do vice-presidente da República. O prédio tem planta quadrada e quatro pilares piramidais nas extremidades que sustentam a cobertura. Além da parte residencial, tem uma social, onde se realizam despachos e reuniões. Destacam-se os jardins de Burle Marx, com árvores frutíferas e plantas da região. Uma escultura de Alfredo Ceschiatti e vitrais de Marianne Perreti. O nome "jaburu," pássaro da região, deve-se à proximidade da Lagoa do Jaburu.

TEATRO NACIONAL — Apresenta a forma de uma pirâmide irregular, truncada no ápice, e com 45 metros de altura no lado mais alto. A fachada é uma composição plástica de cubos e retângulos, de autoria de Athos Bulcão. O projeto acústico B de Aldo Calvet. Possui três salas de espetáculos. A maior delas é a Sala Villa-Lobos, com capacidade para 1.300 espectadores. A Sala Martins Penna comporta 450 pessoas e a Alberto Nepomuceno, 90. Abriga ainda um anexo para atividades administrativas, além de salas e galerias de arte. Posteriormente, foi inaugurado um restaurante no terraço do teatro.

PALÁCIO DA JUSTIÇA — Sede do Ministério da Justiça, destaca-se pela solução de suas fachadas e pelos jardins. Das lajes curvas entre os arcos da fachada da principal, caem cortinas d'água, que concorrem para o equilíbrio ambiental.

PALÁCIO DO ITAMARATY — Sede do Ministério das Relações Exteriores. É um edifício de planta quadrada, com quatro fachadas iguais, formadas por uma sucessão de arcos plenos e circundadas por um espelho d'água. O acesso ao prédio se faz através de passarelas. As fachadas criam uma transição sombreada para o interior que juntamente com o espelho d'água, amenizam a temperatura ambiente. O paisagista Burle Marx foi quem idealizou o espelho, onde existem flores, plantas aquáticas e arbustos, além da escultura. "O Meteoro," de Bruno Giorgi. No interior. destacam-se os grandes vãos livres dos salões.

_____

_____

_____

_____

_____

_____

E.

A condição humana

Um estudo recém-divulgado pelo ONU *classifica 130 países de acordo com um novo conceito—o Índice de Desenvolvimento Humano (IDH), baseado no poder de compra da população, expectativa de vida e taxa de alfabetização dos adultos. Abaixo algumas comparações interessantes.*

Países	Poder de compra per capita (em dólares)	Expectativa de vida (anos)	Adultos alfabetizados (em &)	Classificação de acordo com o IDH
Costa Rica	3 670	75	93	28°
Brasil	4 307	65	78	51°
Austrália	11 782	76	99	7°
URSS	6 000	70	99	26°
Uruguai	5 053	71	95	29°
Arábia Saudita	8 320	64	55	67°
Japão	13 135	78	99	1°
Niger	452	45	14	130°

1. Entre os países mencionados qual é o que tem maior poder de compra? E o menor? Como o Brasil se situa nesta escala?

_____

2. Qual é a expectativa de vida para os brasileiros? Os japoneses podem esperar viver mais anos que os brasileiros? E os habitantes da Arábia Saudita?

_____

3. Qual é o índice de analfabetismo no Brasil? E no Japão? E no Níger?

_____

4. De acordo com o IDH, como você considera a posição do Brasil entre os 130 países classificados? E a do Japão?

_____

E agora uma perguntinha meio difícil: qual é o país que tem mais baixo índice de natalidade? Não sabe? Pergunte ao seu professor.

_____

F. Como você sabe, muitos carros brasileiros funcionam com uma mistura de gasolina e álcool de cana-de-açúcar. Olhando para a tabela abaixo, diga se lhe parece que é vantajoso o uso do álcool. Essas vantagens se registram em todos os casos? Qual é a sua estimativa geral da situação?

O mal que sai pelo cano
Comparação das emissões de veículos a álcool e a gasolina em grama/quilômetro

	ÁLCOOL	GASOLINA	EFEITOS
Monóxido de carbono	14,38	41,69	Afecção do sistema transportador de oxigênio.
Hidrocarbonetos	1,23	3,91	Dor de cabeça, mal-estar, torpor.
Óxido de nitrogênio	1,29	1,14	Irritação das vias respiratórias.
Aldeídos	0,157	0,029	Câncer, irritação dos olhos e das vias respiratórias.

_____
_____
_____
_____
_____
_____

Nome_____ Date_____ Aula_____

LIÇÃO 18—LABORATÓRIO
BRASÍLIA

Exercício I. Pronúncia: Os sons de *p*, *t* e *k*

The sounds of **p**, **t**, and **k** in Portuguese are quite different from the corresponding sounds in English. If you place your hand close to your mouth when you say the English words in the first column, you will see that the **p**, **t**, and **k** sounds are accompanied by a rather strong puff of air. Repeat the English words in the first column with your hand in front of your mouth:

pin   spin
tick   stick
kit   skit

When you do the same operation with the words in the second column of English examples above, you will see that there is no strong puff that accompanies the **p**, **t**, or **k** because the **s** softens their sound.

It is this *second* pronunciation of **p**, **t**, and **k** which comes closest to the Portuguese sound. Now repeat the Portuguese examples with the tape, trying to pronounce the **p**, **t**, and **k** in the Portuguese way:

pai	pimenta	terra	cadeia
pagar	ponto	todo	camisa
parece	talento	talvez	cara
pasta	tempo	cabeça	carta
pé	termo	comida	casado
pijama			consigo

You should practice this list at home until you feel no puff or air or until you don't put out a lighted match anymore. A good trick to get used to the Portuguese pronunciation is to begin each word with an **s** at first; for example, **spai, spagar, sparece**. Then mimic the same pronunciation but without the **s**.

Notas culturais—Juscelino Kubitschek fala da nova capital
Write in the missing words in the spaces. The **Voz** will be repeated once.

A fundação de Brasília como modo de _____ o nosso interior, de atrair

colonos, de estender para _____ uma civilização que parece enraizada na

costa foi em si uma _____ formidável. Materializou evidentemente uma

aspiração que é _____ mais velha que a nossa independência e voltou a

expressar o _____ pioneiro que sempre caracterizou os brasileiros. Não

importamos _____ nem peritos em urbanização para desenhar Brasília.

_____ e construimos a cidade com os nossos próprios talentos nacionais—

Niemeyer e Lúcio Costa—e os _____ que a erigiram, do empreiteiro ao can-

dango, eram todos a nossa gente.

II. O subjuntivo com os verbos de comunicação

In this exercise, substitute the first verb of the model sentence for the one listed in your manual. The example used **número um.**

MODELO: (tape) Quero que você venha agora.
(student) Digo para você que venha agora.
(confirmation) Digo para você que venha agora.
(repetition) Digo para você que venha agora.

1. dizer   6. permitir
2. escrever   7. propor
3. pedir   8. recomendar
4. mandar   9. sugerir
5. pedir   10. dizer

Written section:

1. dizer

_____

2. pedir

_____

3. mandar

_____

Leitura—Uma nova capital: uma velha idéia

You will hear this part of a **leitura** twice. Circle the words below that don't correspond to what is said.

Brasilia foi oficialmente terminada em abril de mil novecentos e sessenta quando o Palácio do Congresso ficou terminado, mas a idéia de trazer a capital para o interior do país era já muito velha. Em mil novecentos e vinte e dois, quando D. Pedro I foi nomeado imperador ele queria mudar a capital para o litoral e escolheu o nome de Brasília. A Constituição de mil oitocentos e noventa e um tinha um artigo que determinava a mudança da capital. Nesse tempo, evidentemente, não havia maneira de fazer um projeto de tais proporções.

III. Os diminitivos

Put the words given by the tape into their diminutive form. Follow the model to answer the questions asked by the tape using the same pattern for each answer: **Não é...**, **é....**

MODELO: (tape) Eu tenho uma casa.
                 (student) Não é uma casa, é uma casinha.
                 (confirmation) Não é uma casa, é uma casinha.
                 (repetition) Não é uma casa, é uma casinha.

IV. O futuro

Your friend says what he is doing today. You tell him you will do the same thing in the summer. Follow the model.

MODELO: (tape) Vou a Nova Iorque hoje.
                 (student) Irei a Nova Iorque no verão.
                 (confirmation) Irei a Nova Iorque no verão.
                 (repetition) Irei a Nova Iorque no verão.

V. Como expressar conjetura

Change these sentences which contain **provavelmente** into conjectural sentences with the future.

MODELO: (tape) Ela provavelmente vem agora.
                 (student) Ela virá agora.
                 (confirmation) Ela virá agora.
                 (repetition) Ela virá agora.

Written part:

1. _____

2. _____

3. _____

4. _____

LIÇÃO 18   353

Leitura—A cidade que nasceu da selva
You will hear the **leitura** twice. Write in the missing phrases.

Em Brasília tinha uma _____ para planejar uma cidade perfeita.

O que é _____ ? Na visão de Lúcio Costa é uma cidade sem

semáforos e _____ , mas onde, no entanto, os carros possam

circular livremente. É uma cidade onde _____ estejam longe do

_____ . É uma cidade organizada—uma área para residência,

outra _____ , outra para embaixadas, outra para hotéis, outra para

bancos, outra para lojas e outra para esportes como golf e vela. Há dois eixos em Brasília. O que percorre

as « _____ » é o eixo rodoviário, onde o tráfego corre velozmente.

VI. Texto de compreensão: Óscar Niemeyer, arquiteto de Brasília

Listen to the comprehension text and write answers to the questions asked.

1. _____

2. _____

3. _____

4. _____

VII. Ditado.
Do this dictation in the usual way.

_____

_____

_____

_____

_____

LIÇÃO 19—CADERNO DE TRABALHO
ASPECTOS DA CULTURA BRASILEIRA

1. O futuro composto, p. 407-08

1a. Seguindo o modelo, mude o futuro para o futuro composto.

MODELO: Eu voltarei antes do começo do novo semestre.
Eu terei voltado antes do começo do novo semestre.

1. Ela verá todo o filme antes de meia-noite.

_____

2. O porteiro abrirá a porta antes das sete.

_____

3. O aluno escreverá todas as respostas antes do fim do exame.

_____

4. A neve cobrirá a montanha durante a noite.

_____

5. Ela falará com o chefe antes das cinco.

_____

6. João trará o novo CD antes do começo da festa?

_____

1b. Conjetura no pretérito perfeito. Responda às perguntas abaixo usando o futuro composto para mostrar o que provavelmente aconteceu.

MODELO: João voltou ontem?
Sim, terá voltado ontem.

1. Ela veio sozinha à festa?

_____

2. Ele fez todos os exercícios?

_____

3. Maria da Conceição leu todo aquele romance?

_____

4. Ele disse a verdade?

_____

5. Esse filme foi bom?

_____

6. Ela pôs o carro na garagem?

_____

2. O condicional, pp. 409-12
Complete a frase abaixo de dez maneiras diferentes, usando sempre um condicional:

MODELO: *Scott prometeu a Sônia que... ligaria antes das seis.*

1. _____

2. _____

3. _____

4. _____

5. _____

6. _____

7. _____

8. _____

9. _____

10. _____

2b. Construa frases usando um condicional e os elementos abaixo.

MODELO: Nora / querer saber / vocês / estar em casa / hoje
              Nora quis saber se vocês estariam em casa hoje.

1. professor / dizer / dar / boas notas

_____

2. Gustavo / prometer / vir / esta noite

_____

3. Lúcia / perguntar / vocês / precisar / alguma coisa

_____

4. Carlos / decidir / não ir / praia / domingo

_____

5. Minha tia / achar / não dever / comprar carro

_____

6. Médico / sugerir / ser bom / nós / descansar

_____

2c. Torne as frases abaixo mais corteses usando o condicional em vez do imperativo.

1. Me traga um guaraná!

_____

2. Me diga a verdade!

_____

3. Me compre dez selos!

_____

4. Me ligue no sábado!

_____

5. Me pegue às quatro!

_____

6. Me lave a roupa!

_____

7. Me empreste seu livro!

_____

8. Me faça um favor!

_____

9. Me ponha a mesa!

_____

10. Me leve ao museu!

_____

3. Conjetura no condicional, pp.414-15

Responda às perguntas usando o verbo da pergunta no condicional para indicar conjetura. Siga o modelo. Algumas respostas precisarão de *sim* ou *não*.

MODELO: Que horas *eram* quando eles chegaram?
Seriam duas horas da manhã quando eles chegaram.

1. O que eles traziam quando você os viu?

_____

2. Eles estavam no Rio em junho?

_____

3. Que filme eles queriam ver?

_____

4. O presidente sabia o que acontecia no Oriente?

_____

5. O que aqueles jornalistas escreviam durante o programa?

_____

_____

INSTANTÂNEOS BRASILEIROS—
AS TRIBOS PERDIDAS DA AMAZÔNIA

Pelo menos quarenta grupos de índios vivendo na Amazônia não tiveram ainda contato com as entidades oficiais e encontram-se em extremo perigo de ser eliminados pelos garimpeiros e madeireiros [*lumberjacks*]. (Há pouco tempo, na Rondônia, uma tribo foi completamente exterminada durante um período de quatro anos.) Tudo o que se sabe sobre estes grupos resulta de vestígios deixados por eles e de fotografias aéreas.

A rápida expansão para a floresta em busca de ouro e de terras próprias para a criação de gado é a grande ameaça para a sobrevivência destes índios. Além da violência exercida contra eles, a destruição do ambiente e as doenças trazidas pelo homem branco, sobretudo a malária, contribuem para a sua erradicação.

1. O que são os garimpeiros? E os madeireiros? Por que pretendem estes últimos cortar as árvores da floresta?

_____

2. De que modo a ação do homem branco afeta o estilo de vida dos índios da floresta?

_____

3. O que você pensa que se pode fazer para proteger os índios?

_____

O SERVIÇO SOCIAL

Nos Estados Unidos é comum que o serviço social sirva como pena de alguns condenados. Algo pareci-do acontece no Brasil. Foi em 1984 que duas leis alteraram o Código Penal permitindo penas de prestação de serviços à comunidade. Dentre outras razões, o alto custo da manutenção de presos nas pen-itenciárias colaborou muito para essa alteração.

Uma das penas envolvidas nestas leis pode ser a assistência a reuniões dos alcoólatras anônimos. Um juiz condenou um réu a assistir à missa de domingo por dois anos. Outro juiz determinou que um réu tinha que ler seis versículos da Bíblia por dia e ao fim do mês apresentar um resumo de sua leitura. Um homem acusado de negligência num acidente de trânsito teve de passar um ano trabalhando numa creche. Mas houve um caso em que o sistema não funcionou muito bem. No Leblon, no Rio de Janeiro, alguns presos foram condenados a trabalhar como manobristas junto a um teatro — e alguns deles fugi-ram nos carros que deviam estar guardando.

1. O que você pensa do sistema de serviço à comunidade em substituição a uma pena de prisão?

_____

2. Você concorda com as penas aplicadas pelos juizes brasileiros? Por quê?

_____

3. Dentro desse sistema que pena você acha que devia ser aplicada nos casos abaixo?

    a. Uma mulher roubou uma blusa numa loja.

_____

    b. Um marido quebrou o nariz de sua mulher.

_____

    c. Um homem dirigia embriagado e chocou contra a vitrina de uma loja.

_____

    d. Um homem de vinte anos foi encontrado com duas trouxinhas de cocaína.

_____

    e. Uma dona de casa encontrou um cartão de crédito de outra pessoa e passou a o usar para seu próprio proveito.

_____

    f. Um rapaz brigou com a namorada e esvaziou os quatro pneus do carro dela.

_____

LIÇÃO 19

Um problema de palavras cruzadas

Horizontais:

1. A prospeção do ouro é chamada de ____
6. O ____ é a segunda letra do alfabeto.
7. As duas primeiras sílabas de **amuleto**.
8. A Avenida ___ Branco é uma das mais importantes do Rio de Janeiro.
9. ____ é o oposto de **eclesiástico**
11. ____ é a abreviatura de **Note Bem**.
13. ____ é um nome de mulher
14. ____, Esperança e Caridade são três virtudes.
15. "Amai-vos uns ____ outros"
17. **Et** ____, abreviado para **et al.** significa **e outros**.
19. Brasileiro come pão ____ manteiga.
21. Três letras de **amêijoa** são ____.
22. ____ é um prato baiano.
24. Um ____ é um espaço onde se realizam práticas de macumba.
27. Em inglês **uma mentira** se diz ____
28. Muitos animais têm ____.
30. Na Igreja Católica ____ corresponde a São Lázaro e São Roque
31. ____ é o mesmo que **gostas muito**.

Verticais:

1. Um ____ é uma barco antigo.
2. Jorge ____ é um famoso romancista brasileiro
3. ____ é o oposto de **bons**
4. ____ foi um famoso líder chinês
5. Um ____ é um espírito bom
6. A igreja de Nosso Senhor do ____ é uma das mais famosas de Salvador
10. ____ é o mesmo que **aqui**
12. *Dona* ____ é uma famosa novela da tevê brasileira
16. Mãe Menininha do Cantois ____ em 1985.
20. A ____-de-santo é uma espécie de sacerdotisa da macumba.
18. Os cachorros ____ quando um desconhecido se aproxima de casa.
19. ____ é um tempero indiano.
22. ____ é o mesmo que **amarram**.
23. ____ Horizonte é uma cidade moderna.
25. ____ é o futuro de **vai**.
26. ____ é uma exclamação brasileira.
29. ____ é o masculino de **as**.

Nome_____ Date_____ Aula_____

EXERCÍCIOS SUPLEMENTARES

A. Uma estudante americana, Susan Smith, escreve a sua amiga brasileira Sônia perguntando sobre os costumes dos homens brasileiros.

Fort Worth, 10 de julho de 2003

Querida Sônia

Chego ao Brasil em setembro e estou supercuriosa sobre os hábitos da sociedade brasileira. Desejaria sobretudo saber como são e como reagem de uma maneira geral os homens brasileiros em relação às mulheres estrangeiras. Diga alguma coisa, sim?

Muito obrigado — um abraço.

Susan

P.S.: Escreva logo, pois demora onze dias para esta carta chegar ao Brasil e mais onze para a sua chegar aqui aos Estados Unidos.

Sônia responde à carta de Susan no mesmo dia em que a recebe.

São Paulo, 21 de julho de 2003

Querida Susan

Apesar de esse assunto "Homem Brasileiro" ser uma questão muito complicada e individual, vou-te dar algumas dicas. Se você for ao centro da cidade, você vai ser paquerada por todos ou pelo menos quase todos os homens que estiverem passando. Nos ônibus, muitos vão tentar chegar bem perto de você, pois os seus cabelos louros, que não são comuns no Brasil, os vão encantar. Nas suas aulas na USP seus colegas provavelmente vão se interessar por você. Afinal você vem dos "States," país fascinante para os brasileiros. Tenha certeza, você vai receber muitos convites para sair. Você vai se divertir muito! Não se preocupe.

Um beijo,
Sônia

Como se compara a situação que Sônia descreve com a dos Estados Unidos?

1. _____

2. _____

3. _____

4. _____

5. _____

LIÇÃO 19 361

B.

O calendário das festas baianas

31 de dezembro/1º de janeiro – Bom Jesus dos Navegantes
3/6 de janeiro – Festa de Reis, ou Festa da Lapinha
10 de janeiro – Lavagem do Bonfim, Festa de São Lázaro
Janeiro/Fevereiro – Regata de Saveiros João das Botas
2 de fevereiro – Festa de Iemanjá
Fevereiro – Lavagem da Igreja de Itapoã e da Igreja da Luz
15/19 de fevereiro – Carnaval
29 de março – Fundação de Salvador
22/25 de junho – São João em Cachoeira
2 de julho – Independência da Bahia
Julho – Festival de Arte da Bahia
2ª quinzena de agosto – Festa da Boa Morte, em Cachoeira
Setembro – Festa do Cacau, em Ilhéus e Itabuna
8/14 de setembro – Jornada Brasileira do Curta-Metragem
27 de setembro – Festa de São Cosme e São Damião
4/6 de dezembro – Festa de Santa Bárbara
29 de novembro/8 de dezembro – Festa de Santa Luzia
10/13 de dezembro – Bom Jesus dos Navegantes

1. Quando em Salvador a festa do Bom Jesus dos Navegantes se celebra?

_____

2. Realiza-se na cidade algum festival de cinema? Quando?

_____

3. O Carnaval e o São João também se celebram em Salvador?

_____

4. Você sabe o que são saveiros?

_____

5. Em que dias a festa de Reis se celebra? Qual é exatamente o dia de Reis?

_____

6. A festa de Iemanjá é um festival católico?

_____

7. Deste calendário você pode deduzir qual é a cultura predominante em Ilhéus e Itabuna?

_____

8. Em que época do ano tem mais festas em Salvador?

_____

C. Esta é a primeira estrofe do hino nacional brasileiro:

HINO NACIONAL
I

Ouviram do Ipiranga as margens plácidas
De um povo heróico o brado retumbante,
E o sol da Liberdade, em raios fúlgidos,
Brilhou no céu da Pátria nesse instante.
Se o penhor dessa igualdade
Conseguimos conquistar com braço forte,
Em teu seio, ó Liberdade,
Desafia o nosso peito a própria morte!
Ó Pátria amada,
Idolatrada,
Salve! Salve!

1. O que é o Ipiranga?

_____

2. O que aconteceu lá?

_____

3. Quando?

_____

4. Qual foi o "br ado retumbante"?

_____

5. Por que se diz que o sol da Liberdade brilhou então?

_____

6. Qual foi o "penhor dessa igualdade" que então se conseguiu conquistar?

_____

D.

Cartões de Natal LBA

Na frente, uma obra de arte; por trás, uma obra social.

Ao enviar os cartões de Natal da LBA você estará colaborando para que mais crianças recebam assistência médica-dentária, orientação pedagógica e alimentação adequada evitando a desnutrição e futura marginalização.

A Legião Brasileira de Assistência, ao lançar estes Cartões, tem como objetivo ampliar a sua rede de Creches-Casulo, que assistem crianças de 0 a 6 anos de idade em todo o território Nacional.

Pense duas vezes antes de enviar seus cartões de Natal.

Pense nos amigos... e nas crianças carentes.

Maiores informações pelos telefones:

SP: (011) 229-5700
RJ: (021) 263-4178
Demais estados:
(011) 262-7977
PRONAV/LBA   Ramal 127

1. O que você acha que seja a Legião Brasileira de Assistência?

_____

2. Por que você deve usar os cartões de Natal da LBA?

_____

3. O que são as creches-casulo?

_____

4. Por que você deve pensar duas vezes antes de enviar seus cartões de Natal?

_____

5. Se você estiver no Rio e quiser mais informações sobre a LBA, para que número deve ligar?

_____

6. E se estiver em São Paulo? E em Recife? Neste último caso, que ramal deve pedir?

_____

Nome_____ Date_____ Aula_____

E.

1. Qual é a finalidade deste anúncio?

_____

_____

2. Com que idade uma moça se pode inscrever numa escola militar?

_____

_____

3. E um rapaz?

_____

_____

4. Que preparação acadêmica se exige?

_____

_____

5. Você pode freqüentar uma escola militar brasileira em regime de externato?

_____

6. Que vantagens econômicas oferecem as escolas militares?

_____

7. Tem aulas também aos sábados e domingos?

_____

8. Quantas vezes por ano tem férias?

_____

9. Que vantagens o aluno tem quando chegar a sargento ou oficial?

_____

10. Quais são alguns dos cursos que se oferecem nas escolas militares?

_____

11. Se você tivesse que fazer um destes cursos, qual preferia? Por quê?

_____

12. A sua escola ou universidade oferece cursos de preparação militar?

_____

13. Quais são as vantagens e desvantagens de fazer um desses cursos?

_____

14. Você se inscreveu / se inscreveria em um destes cursos? Por quê? / Por que não?

_____

LIÇÃO 19—LABORATÓRIO
ASPECTOS DA CULTURA BRASILEIRA

I. Pronúncia: Revisão I. Textos para pronunciar.
These last two lessons are to review the whole pronunciation program for the year. Repeat these texts, following the printed versions below, phrase by phrase, after the tape.

Como acontece pelo mundo inteiro, uma grande cidade brasileira tem quase insolúveis problemas de transporte. Os brasileiros compreendem que se torna necessário priorizar o transporte coletivo em detrimento do automóvel particular mas mesmo assim as dificuldades são gigantescas. Hoje em dia o trânsito é absolutamente caótico no Rio e em São Paulo. É pois necessário remediar esta situação e planejar para o futuro.

II. O Futuro composto
In this exercise you will change the future tense phrase into a phrase with the future perfect, and begin your response with **Quando você chegar, eu já...**

    MODELO: (tape) Falarei com o chefe.
                (student) **Quando você chegar, eu já** terei falado com o chefe.
                (confirmation) **Quando você chegar, eu já** terei falado com o chefe.
                (repetition) **Quando você chegar, eu já** terei falado com o chefe.

Written section:

1. _____

2. _____

3. _____

Vozes brasileiras—Salvador—Centro histórico do Brasil
Write in the missing words. The **Voz** will be repeated once.

A história do Brasil começou em Salvador. _____ Salvador é uma cidade

muito interessante, tem uma _____ muito antiga, desde o início do Brasil.

Nós temos alimen tos típicos, _____ da África. Nós temos o acarajé, o abará,

por exemplo, e as comidas do mar— _____ , a moqueca, a famosa moqueca.

Temos um folclore muito _____ , temos a capoeira que é um tipo de uma

_____ , mas hoje é também uma dança muito bonita, também vinda da

        LIÇÃO 19   367

África, _____ pelos africanos, né? E temos uma música muito tradicional na

_____ . Também nós temos muitos _____

baianos—Caetano Veloso, Gal Costa, Maria Bethânia, etcétera.

III. O condicional
The first part of this exercise is just to give you practice with the forms.

      MODELO: (tape) Você põe.
                        (student) Você poria.
                        (confirmation) Você poria.
                        (repetition) Você poria.

Now use the conditional by changing the commands into conditional sentences. A written part follows the oral part.

      MODELO: (tape) Me ajudem!
                        (student) Me ajudariam?
                        (confirmation) Me ajudariam?
                        (repetition) Me ajudariam?

Written section:

1. _____

2. _____

3. _____

Vozes brasileiras—Mais sobre Salvador
You will hear the **voz** twice. Circle the words below that don't correspond to what is said.

Então nós temos realmente uma tradição assim muito grande em termos de arte, né? Além disso temos também um artesanato muito bonito, em plástico que é também da região. Outra coisa em tradições de cultura também muito interessante, é a igreja, a forma de construir as casas, desde o século dezessete, dezoito. São construções muito antigas. Temos o pelourinho, várias ruas que foram destruídas. Diferentes cores, aquelas cores bastante vivas, como o amarelo e o vermelho.

IV. Conjetura no condicional

Use clues from your manual to answer the questions asked using the conditional for conjecture in the imperfect. The model uses **número um**.

Modelo: (tape) Quantos anos tinha Joãozinho quando o vimos?
                    (student) Teria oito anos.
                    (confirmation) Teria oito anos.
                           (repetition) Teria oito anos.

1. 8
2. estudar
3. no Palácio da Alvorada
4. escutar o novo CD.

5. não saber as respostas
6. nos dias feriados
7. tênis
8. ver as estrelas

Vozes brasileiras—Festas em Salvador

You will hear the **voz** twice. Write in the missing phrases.

O interessante é que _____ nós temos... A Bahia começa com festa popu-

lar. Festa popular é o que eles chamam lá de « _____ ». É um tipo

de festa de Carnaval, só que ela _____ , oito de dezembro.

_____ que é comemorado na Bahia tem uma festa. Então nós temos a festa

do _____... a Festa da Nossa Senhora da Conceição, outra

festa. Então estas festas começam em dezembro e _____ o Carnaval, que é

em fevereiro. E _____ é de festa em Salvador.

V. Se eu estudasse muito, teria uma boa nota

Transform the model to a conditional plus past subjunctive sentence to express a contrary-to-fact situation in the present.

MODELO: (tape) Tenho tempo. Irei ao cinema.
Se tivesse tempo, iria ao cinema.

1. _____
2. _____
3. _____
4. _____
5. _____

VI. Texto de compreensão: Capoeira

Listen to the comprehension text and write answers to the questions asked.

1. _____
2. _____
3. _____
4. _____

VII. Ditado.

You will hear this dictation three times. The first time, just listen attentively. The second time, write what you hear during the pauses. The third time it will be read with no pauses so that you can verify your work.

_____

_____

_____

_____

_____

LIÇÃO 20—CADERNO DE TRABALHO
GUGA, GUGU E XUXA

1. O discurso indireto, pp. 425-26
1a. Mude as frases abaixo para o discurso direto.

1. O professor disse que na sexta-feira iam ter uma prova de biologia.

_____

2. Magali disse que o professor não devia fazer isso.

_____

3. O professor disse que a prova ia ser muito fácil.

_____

4. Paulo disse que eles tinham também uma prova de história na sexta.

_____

5. O professor disse que eles iam ter tempo para estudar para as duas provas.

_____

6. Érico disse que a prova de história ia ser muito difícil.

_____

7. O professor disse que todos eles eram bons em história.

_____

8. Tamara disse ao professor que por culpa dele ela não ia poder dormir na noite de quinta.

_____

9. O professor disse que ela era muito exagerada.

_____

10. João disse que duas provas no mesmo dia era uma crueldade.

_____

LIÇÃO 20

1b. Passe para o discurso indireto do **presente**:

Scott diz que…

  1. "Amanhã mato a aula de literatura."

  _____

  2. "Vou convidar Sônia para ir à praia comigo."

  _____

  3. "Sônia vai me dizer que não gosta de matar aula."

  _____

  4. "Mas eu insisto um pouquinho com ela."

  _____

  5. "Ela vai acabar por aceitar."

  _____

  6. "Então partiremos para Santos bem cedo."

  _____

  7. "Passamos a manhã na praia."

  _____

  8. "Almoçamos num restaurante que conheço lá."

  _____

  9. "Regressamos por volta das seis."

  _____

10. "Vamos curtir [_enjoy_] bem o dia."

  _____

1c. O que disseram eles? (Mude para o discurso indireto do **passado**.)
1. Napoleão: "Do alto destas pirâmides quarenta séculos vos contemplam."

_____

2. Galileu: "E contudo move-se!"

_____

3. John F. Kennedy: "Não pergunte o que seu país pode fazer por você mas o que você pode fazer por seu país."

_____

4. Júlio César: "Cheguei, vi e venci!"

_____

5. O Príncipe Dom Pedro: "Fico!"

_____

6. Maria Antonieta: "Que comam bolo!"

_____

7. Pero Vaz de Caminha: "Plantando, tudo dá."

_____

8. A Rainha Vitória: "Não estamos divertidos."

_____

9. Stanley: "Eu presumo que o senhor é o Dr. Livingstone."

_____

10. O General Douglas Mac Arthur: "Voltarei!"

_____

3. O Presente Composto, pp. 440-43

Preencha os espaços com uma forma adequada do pretérito simples [*fui*] ou do pretéritocomposto [*tenho ido*]. Sempre que possível, dê preferência ao pretérito composto.

1. Scott já _____ ao Rio três vezes.
2. Sônia _____ muito nas últimas semanas.
3. Gustavo e Pedro _____ bastante ultimamente.
4. De vez em quando Maria Lúcia _____ na lanchonete.
5. Você _____ Zélia na festa de sábado?
6. Mário _____ doente por três semanas.
7. Edite _____ Clara para irem ao cinema hoje à noite.
8. Que livro vocês _____ o trimestre passado?
9. Nelson _____ uma motocicleta ontem.
10. O professor _____ provas bastante difíceis.
11. Papai _____ num banco até 1991.
12. Marco Aurélio não _____ nos últimos tempos.
13. Marina sempre _____ em São Paulo.
14. Você _____ ontem com aquela gatinha que estava na festa?
15. Tio Cláudio _____ com Tia Antonieta em 1979.

4. Diga o que disser…, pp. 468-69

4. Use o verbo entre parênteses para formar uma espressão como *diga o que disser* e volte a escrever a frase.

MODELO: (*Cantar*) aquele cantor, não gosto dele!
Cante o que cantar aquele cantor, não gosto dele.

1. (*Tocar*) João Gilberto, sempre é bom.

_____

2. (*Fazer*), eu não posso aprender chinês.

_____

3. (*Saber*), eles não sabem tanto.

_____

4. (*Estudar*), nunca aprendemos tudo.

_____

INSTANTÂNEOS BRASILEIROS—
SUPERSTIÇÕES

Você passava por baixo de uma escada? Muitos brasileiros também não - acham que é mau agouro. Talvez seja. Mas de qualquer modo é precaução. No topo da escada pode estar um pintor desajeitado com uma lata de tinta vermelha na mão. Outros brasileiros pensam que se você disser uma mentira enquanto atravessar uma ponte, a ponte cai. Portanto, seja absolutamente sincero se algum dia visitar San Francisco. A Golden Gate é uma atração turística de primeira grandeza e você não vai querer que por sua culpa ela acabe no fundo da baía.

Nunca tire uma fotografia a três pessoas porque a do meio vai morrer. Isto é um fato cientificamente provado. A pessoa do meio vai inevitavelmente morrer. E as dos lados também. Mais tarde ou mais cedo. Outra crença brasileira é que chover no dia do casamento traz sorte ao novo casal. Você está para casar? Não se apresse! Espere pela época das chuvas. Ou vai acabar se divorciando.

Você não acredita nestas coisas? Mas nunca se sabe o que a sorte pode trazer. Pelo sim pelo não é boa idéia colocar uma cruz à entrada da casa para o demônio não entrar?

Você conhece outras superstições relacionadas com…

1. o número 13?

_____

2. tocar em madeira?

_____

3. quebrar um espelho?

_____

4. entornar sal?

_____

5. o lado esquerdo?

_____

6. a sexta-feira?

_____

7. acender três cigarros com o mesmo fósforo?

_____

8. o arco-íris?

_____

9. o mau olhado?

_____

10. uma pata de coelho?

_____

11. o pé direito?

_____

12. um gato preto?

_____

Que outras superstições você pode mencionar?

Dá sorte

1. _____

2. _____

3. _____

Dá azar [bad luck]

1. _____

2. _____

3. _____

Um problema de palavras cruzadas

Horizontais:

1. Para as viagens entre o Rio e São Paulo se pode utilizar a ____ Aérea
5. É verdade que ver um ____ negro dá azar?
7. Quando pego o telefone digo: "____!"
8. As três primeiras letras de **miúdo** são ____
10. ____ é um prefixo que significa **outra vez**
11. O Guia Quatro ____ é muito útil
14. O ____ é um réptil que se encontra em muitos rios brasileiros
15. O primeiro vôo internacional da PanAm foi entre Miami e ____
16. A praia da ____ é uma das mais famosas do Rio
18. O oposto de **duro** é ____
19. ____ é um prefixo que significa **dentro**
20. A ____ é o país mais populoso do mundo
22. As duas últimas letras do alfabeto são ____
24. Santos ____ foi um dos pioneiros da aviação
26. As duas vogais de **Leme** são ____
27. ____ é a abreviatura do estado de **Massachusetts**
28. ____ é uma saudação brasileira muito comum
30. As consoantes de **Manaus** são ____
31. ____ é o mesmo que **utiliza**

Verticais:

1. O ____ é um estado no norte do Brasil
2. ____ é uma exclamação que se ouve nas praças de touros
3. **Em** mais o dá ____
4. Foi com muita ____ que Scott partiu do Brasil
5. ____ é o aeroporto internacional de São Paulo
6. ____ é uma abreviatura de **televisão**
9. Muitas vezes é conveniente comprar um bilhete de ____ e volta
11. Um ____ é um sacerdote judaico
12. ____ é um dos verbos mais freqüentes em português
13. ____ era a deusa da caça entre os romanos
14. ____ é um apelido masculino brasileiro
15. ____ é a abreviatura de **Califórnia**
17. Quando o avião levanta vôo temos que apertar os ____ de segurança
18. Otto Ernst ____ foi o fundador da VARIG
20. As consoantes de **camas** são ____
21. As iniciais do estado de **Indiana** são ____
23. ____ é um apelido para **José**
24. As consoantes de **dominó** são ____
25. As três últimas letras de **duas** são ____
29. O imperfeito de **vou** é ____

EXERCÍCIOS SUPLEMENTARES

A. Cada uma destas pequenas notícias de jornal contém uma ou mais incoerências. Explique quais são.

1. O navio *Oslo*, com um carregamento de bananas norueguesas para o Brasil, incendiou-se na semana passada pouco depois de ter entrado no porto de Belo Horizonte e acabou por se afundar. Toda a tripulação se salvou.

_____

_____

_____

2. A última representação de *Macbeth* no Teatro Municipal do Rio de Janeiro, no passado dia 20, foi um autêntico êxito. Toda a companhia foi entusiasticamente aplaudida pelo público e ao autor da obra foram oferecidos vários ramos de flores.

_____

_____

_____

3. O governo brasileiro reuniu-se ontem em Caracas para decidir os rumos da futura política do país. O consenso geral foi que se deveria optar por uma orientação mais liberal.

_____

_____

_____

4. A economia do Brasil colonial assentava na importação de produtos manufaturados como tecidos, armas, instrumentos vários, máquinas a vapor e outros e na exportação de produtos agrícolas e minerais como madeiras, açúcar, ouro, diamantes e urânio.

_____

_____

_____

5. O compositor brasileiro José Carlos Mendonça nasceu em Porto Alegre a 31 de abril de 1920 e faleceu

no Rio de Janeiro a 18 de março de 1919. A sua composição mais conhecida é a ópera *Amazônia*.

_____

_____

_____

6. Num leilão (*auction*) em Londres, um cidadão japonês, cujo nome não se divulgou, adquiriu por três milhões de euros doze cartas trocadas entre o Imperador Dom Pedro I e o presidente Getúlio Vargas. Foi uma das mais importantes transações deste gênero que jamais teve lugar.

_____

_____

_____

7. Vitimada pela metempsicose, de que havia longos anos sofria, faleceu ontem a cantora argentina de ópera Carmen Miranda. Carmen Miranda ficou famosa por ter participado no filme *Fantasia*, de John Huston.

_____

_____

_____

8. Um avião da linha aérea colombiana VIASA chocou no domingo passado com uma montanha dos Andes, no norte do Brasil. Não está ainda anunciada a data do funeral dos 234 sobreviventes, entre tripulantes e passageiros.

_____

_____

_____

Agora é a sua vez de compor três textos semelhantes. Depois, na aula, pergunte aos seus colegas em que consistem as incoerências.

_____

_____

_____

_____

_____

_____

_____

_____

_____

_____

_____

_____

B. Tennis fans! Before Guga won the French Open, he had to go through a number of matches. Here are two newspaper stories about a couple of those matches. Don't look up anything, and see if you can answer the questions.

Jogo entre Guga e Medvedev é interrompido no quinto set

A partida entre o brasileiro Gustavo "Guga" Kuerten (Banco Real / Diadora) e Andrei Medvedev, da Ucrânia, que vale uma vaga nas quartas de final de Roland Garros, um dos quatro torneios mais importantes do mundo, foi interrompida, por falta de luz natural, quando o placar marcava 5/7 6/1 6/2 1/6 2/2 no quinto e decisivo set. O jogo terá continuação amanhã (02/06/97), não antes do meio-dia, em Paris (07h00 Brasília).

Guga poderia ter levado a primeira série, mas teve seu serviço quebrado no décimo-primeiro game e não se recuperou. Nos dois sets seguintes o tenista jogou solto, e como descreve seu irmão Rafael, com muita garra e sorriso no rosto. Mas, na quarta série o catarinense ficou nervoso e começou a brigar com ele mesmo, perdendo a concentração. Ciente das chances de avançar às quartas de final do único torneio de Grand Slam em terra batida, Kuerten voltou a jogar bem e garante que tem chances de vencer.

Ao sair da quadra às nove e meia da noite na França, o tenista número um do Brasil e número 66 na ATP, ligou para mãe Alice, que está em Florianópolis, pedindo uma mentalização muito forte, pois tem chances de ganhar. "Estou jogando bem e com confiança," disse Guga, que seguiu direto para o hotel onde está hospedado, para descansar.

Se vencer o vigésimo melhor jogador do mundo, o jovem tenista enfrentará o russo Yevgeny Kafelnikov, terceiro colocado no ranking mundial, na terça-feira.

Guga vence Dewulf e luta pelo troféu de Roland Garros

Gustavo "Guga" Kuerten (Banco Real / Diadora), está a uma vitória do troféu mais charmoso do mundo, o de Roland Garros. Sexta-feira (6/6/97) ele derrotou o belga Filip Dewulf, na semi-final, por 6/1 3/6 6/1 7/6(4) e agora se prepara para enfentar, no domingo, Sergi Bruguera, da Espanha.

Diferentemente das outras partidas, em que jogou contra adversários mais experientes e com um ranking bastante acima do seu, Guga teve que lutar contra um belga, mais zebra ainda do que ele, além de valer a vaga na final de um Grand Slam. "Foi um jogo diferente. Era a semi-final e estava mais nervoso do que nos outros dias, mas com certeza não foi o mais difícil deles," comentou Guga.

O primeiro set foi bastante rápido e Guga saiu jogando muito bem. Seu técnico, Larri Passos, conta que nesses momentos sabia que Kuerten ganharia a partida. "É duro prever, mas do jeito que ele começou o jogo não tinha dúvida que a vitória seria dele." Na segunda série, no entanto, depois de quebrar o serviço do belga no quarto game, Guga não esteve bem e permitiu que o adversário reagisse e fizesse cinco games seguidos, motivo suficiente para que o catarinense acordasse e rapidamente vencesse o terceiro set, em vinte minutos. No quarto set, Kuerten conseguiu a quebra de serviço no oitavo game e na hora de sacar para o jogo teve o seu saque perdido e a disputa foi para o tie-break. "Nesse momento me lembrei dos tie-breakers que venci lá em Curitiba e isso me deu muita força para acreditar que poderia ganhar mais um," declarou o mais colorido dos tenistas de Paris. E ganhou, com 7/6.

Guga fechou os olhos, olhou para cima, parecendo não acreditar no que havia conquistado, a chance de levar um título de Grand Slam. Ao sair da quadra ele foi direto dar uma entrevista na televisão francesa e com lágrimas nos olhos disse: "É um sonho para mim. Acho que todo jogador, quando criança, sonha em chegar à final de um Grand Slam. Não tenho palavras para expressar o que estou sentindo, mas estou muito bem, feliz e curtindo estar aqui."

Para a maioria das pessoas pode parecer que já ter chegado à final é uma grande conquista. E de fato é. Mas, Kuerten declarou que está muito feliz, mas não satisfeito. "Agora eu quero ganhar ainda mais. Estou na final e tenho chance de vencer."

Quando o brasileiro, número 66 no ranking mundial, e Larri Passos deixaram o complexo de Roland Garros, a partida de semi-final entre Patrick Rafter e Sergi Bruguera ainda não havia terminado, portanto nenhum dos dois sabia o que viria pela frente. "Acho que desde que comecei a jogar aqui, não esperei jogar contra ninguém. Somente espero para ver quem será o meu adversário e como tenho que jogar. Os dois estão bem e se quiser vencer vou continuar concentrado e jogando o meu melhor tênis. É a única chance que tenho," adiantou Guga.

A avó: Dona Olga, a avó de Guga, vem atraindo mais a atenção dos jornalistas do que o próprio técnico, Larri Passos. Isso porque há alguns dias, numa entrevista coletiva, o brasileiro contou que sua avó dá algumas dicas de jogo e conhece todos os tenistas da ATP. A vovó chegou ontem à noite a Paris e logo depois da partida do neto foi passear pela capital francesa. Kuerten contou que desta vez preferiu ouvir os conselhos de Larri, que ainda brincou perguntando se ainda tinha o emprego.

Responda às seguintes perguntas:

1. Por que razão foi interrompida a partida entre Guga e Medvedev?

2. Como Guga jogou da primeira à quarta série?

_____

3. O que fez Guga ao sair da quadra? Para quê?

_____

4. Como foi o jogo com Dewulf?

_____

5. Como se sentiu Guga quando chegou à final depois de derrotar Dewulf?

_____

6. Por que razão a avó de Guga, Dona Olga, atraiu tanto a atenção dos jornalistas?

_____

C. One of the things that Xuxa is most proud of is her Foundation. Read about it and answer the questions.

Fundação Xuxa Meneghel

Fundação Xuxa Meneghel

A Fundação Xuxa Meneghel é uma das entidades destinadas a crianças carentes melhor aparelhadas do Brasil. Xuxa se dedica a ela com enorme carinho. Costuma querer saber de tudo o que se passa ali e está sempre junto de seus "afilhados".

A Fundação está situada em uma área de 10 mil metros quadrados, na localidade de Pedra de Guaratiba, distante 50 quilômetros do centro do Rio de Janeiro. Xuxa costuma dizer que neste local está a sua "maior criação", tamanha é a emoção que sente quando se refere às crianças que lá são atendidas. A Fundação costuma ter, normalmente, cerca de 250 crianças carentes que ali recebem educação básica, atendimento médico e dentário, alimentação adequada.

Elas praticam esportes, participam de gincanas e torneios, se divertem aprendendo diversos ofícios educativos.

Xuxa se diverte com seus amiguinhos da Fundação e sempre que pode vai até lá participar das brincadeiras, bancando às vezes a "professora" e outras vezes, se transformando numa autêntica criança no meio deles. Quando isso acontece é uma alegria só. A emoção toma conta da artista e das crianças. É como se o mundo fôsse feito somente de magia e de encantamentos.

Xuxa adora estar ali junto a seus amigos da Fundação, olhando nos olhos de cada criança, fazendo um carinho, dando uma palavra de estímulo, dando apoio e um sorriso de alegria e de esperança a cada um deles.

A Fundação existe desde 1990. Seu objetivo, desde o início, foi atender às necessidades básicas das crianças carentes, oferecendo-lhes chances de ampliar o conhecimento, melhorar a convivência social, aprender atividades diversas e ajudá-las a se tornar cidadãos úteis e com capacidade de enfrentar o futuro. Tudo o que elas aprendem na Fundação tem influência direta na formação da personalidade de cada uma delas. A Fundação atende crianças entre 3 e 10 anos de idade. São cerca de 250 ao todo. No horário entre 7 horas da manhã às 6 horas da tarde, a Fundação realiza um trabalho social de alto nível e que já se tornou modelo para o país.Além das atividades educacionais, a Fundação Xuxa Meneghel oferece às crianças enorme espaço, com jardins, pomar, dormitórios, salas de aulas, sala de audiovisual, de estudo coletivo, lavanderia, cozinha industrial, vestiários, enfermaria, piscina, consultório médico e dentário.

As crianças usam estes espaços com total liberdade e adoram estar ali junto de Xuxa e, é claro, "protegidas" por ela. Mais recentemente, a Fundação ampliou suas atividades atuando junto à comunidade local com o objetivo de ajudar a melhorar a qualidade de vida da população e da região. Com este objetivo, a Fundação de Assistência Xuxa Meneghel, passou a oferecer cursos profissionalizantes noturnos, além de promover distribuição de remédios. A Fundação possui também uma ambulância para transporte de pessoas doentes aos hospitais, mantendo uma equipe de profissionais capacitada a aplicar vacinas à população carente.

Seis anos depois de instalada e, a cada ano ampliando seus serviços sociais, a Fundação Xuxa Meneghel é um dos

maiores orgulhos da artista e um de seus maiores motivos de felicidade.

Complete as frases abaixo.

1. A Fundação Xuxa Meneghel se destina a…

_____

2. O interesse de Xuxa pela Fundação se revela pelo fato de ela…

_____

3. Em relação aos seus "afilhados" Xuxa sente…

_____

4. O atendimento às 250 crianças consiste em…

_____

5. As crianças passam o seu tempo…

_____

6. Quando vai à Fundação Xuxa…

_____

7. Além das salas de aula, a Fundação conta com…

_____

8. A Fundação começou a atuar junto da população local com o objetivo de…

_____

9. Entre os serviços oferecidos pela Fundação à comunidade local estão…

_____

10. Em relação às vitórias conseguidas pela Fundação, Xuxa se sente…

_____

D. Here are the results of four Brazilain surveys (which you can participate in—www.vanguardia.net/cgi-bin/web723). **Maconha** is marijuana, **união civil** is marriage, **doação** is donation. What are your views?

Qual é sua posição sobre a descriminalização da maconha?

A favor — 56.9%
Contra — 23.4%
A favor mas com restrições — 19.6%

Qual é sua posição sobre o aborto?

Deve ser permitido também em outros casos — 46.9%
Deve ser permitido apenas nos casos já previstos na lei brasileira (estupro e risco de vida para a mãe) — 33%
Deve ser proibido em todos os casos — 20%

Com relação à doação de órgãos, você achava melhor o sistema antigo (a pessoa não era doadora a não ser que se manifestasse neste sentido) ou prefere o sistema novo (todo mundo é doador, a não ser que se manifeste em contrário)?

Sistema novo — 65.3%
Sistema antigo — 34.6%

Qual é sua posição sobre a união civil entre homossexuais?

A favor — 52%
Contra — 44%
A favor mas com restrições — 4%

1. Você pensa que estas quatro questões, descriminalização da maconha, aborto, união civil entre homossexuais e doação de órgãos são importantes? Por quê?

_____

_____

_____

2. Você acha que os resultados obtidos por estas enquetes no Brasil são idênticos aos que seriam obtidos nos Estados Unidos? Quais acha que são as atitudes predominantes nos Estados Unidos a respeito de estas quatro questões?

_____

_____

_____

3. Que comentários pessoais pode fazer sobre cada uma das quatro questões?

_____

_____

_____

_____

_____

_____

LIÇÃO 20   385

LIÇÃO 20—LABORATÓRIO
GUGA, GUGU E XUXA

I. Pronúncia: Revisão II. Textos para pronunciar
'Repeat this text, trying to mimic the intonation as well as the pronunciation, following the printed versions phrase by phrase, after the tape.

> O caso da Grande São Paulo é caraterístico. Cada dia cerca de vinte milhões de pessoas utilizam ônibus, trens e metrôs. Na eventualidade de uma greve, mesmo parcial, como aconteceu há pouco só com uma linha de ônibus, a Viação São Luiz, que serve a Zona Sul, duzentas mil pessoas podem ficar sem transporte para o trabalho. As empresas particulares prestam melhor atenção às linhas mais rentáveis—as mais curtas e as que servem as áreas mais ricas. As linhas longas, com baixa renovação de passageiros durante o trajeto já não interessam tanto.

II. O discurso indireto
This is an exercise in several parts to get you used to reporting what people say. Since its most common use it to report what was said, use past indirect discourse.

1. Reporting statements:

MODELO: (tape) Iara disse: "Augusto, meu cachorro está doente."
(student) Iara disse para Augusto que o seu cachorro estava doente.
(confirmation) Iara disse para Augusto que o seu cachorro estava doente.
(repetition) Iara disse para Augusto que o seu cachorro estava doente.

2. Reporting questions:

MODELO: (tape) Frederico perguntou: "Onde está o meu carro?"
(student) Frederico perguntou onde estava o seu carro.
(confirmation) Frederico perguntou onde estava o seu carro.
(repetition) Frederico perguntou onde estava o seu carro.

3. Reporting answers:

MODELO: (tape) Anita respondeu: "Não, não tenho cinco dólares."
(student) Anita respondeu que não tinha cinco dólares.
(confirmation) Anita respondeu que não tinha cinco dólares.
(repetition) Anita respondeu que não tinha cinco dólares.

4. Reporting commands:

        MODELO: (tape) Alberto mandou: "José, chegue às seis!"
                              (student) Alberto mandou para José que chegasse às seis.
                              (confirmation) Alberto mandou para José que chegasse às seis.
                              (repetition) Alberto mandou para José que chegasse às seis.

5. Written part:

1. _____

2. _____

3. _____

4. _____

Leiturinha—Guga, campeão brasileiro de tênis

Write in the missing words. The **Leiturinha** will be repeated once.

      Guga passa a maior _____ do ano fora no país, participando em torneios,

de janeiro a _____ . Durante os campeonatos ele _____ pratica-

mente o dia todo treinando, _____ musculação e se preparando para os jogos. Nas

sus poucas horas livres Guga _____ para jogar fliperama, cartas com os amigos e

_____ pela Internet. Quando volta para o Brasil, Guga _____ de ficar em

casa, com a sua família e com os amigos. Os dias de _____ são poucos, por isso ele

aproveita ao _____ .

III. O present composto

        MODELO: (tape) Estive em Goiânia uma vez.
                              (student) Tenho estado em Goiânia muitas vezes.
                              (confirmation) Tenho estado em Goiânia muitas vezes.
                              (repetition) Tenho estado em Goiânia muitas vezes.

Nome_____ Date_____ Aula_____

Written part:

1. _____

2. _____

3. _____

4. _____

Leiturinha—O Gugu, super-apresentador brasileiro
You will hear the **Leiturinha** twice. Circle the words below that don't correspond to what is said.

A história de Gugu na TV acabou cedo. Nascido em São Paulo, em dez de maio de 1959, ele nunca foi um apaixonado por gincanas, corridas e programas de auditório. Aos quinze anos conseguiu uma vaga de chefe de escritório no SBT. Sem medo de escrever, vez e outra enviava para Silvio Santos sugestões para seus atores, e algumas delas foram aceitas. Atuou como assistente de atuação, redator e repórter do "Programa Silvio Santos." Em 1982, lançou o "Viva o Dia," primeiro projeto totalmente feito por ele.

IV. Diga o que disser
Here is a writing exercise using this construction. Use the verb suggested by the tape to make up a phrase to begin the sentences in your manual.

MODELO: [Dizer] *Diga o que disser*, eu não acredito nada do que diz.

1. _____, eu não posso entender o japonês.

2. _____, não vamos ir ao concerto dele.

3. _____, não podemos responder.

4. _____, não gosto dessa comida.

Leiturinha—As memórias de Xuxa
You will hear the **Leiturinha** twice. Write in the missing phrases.

Fui uma criança com problemas _____alimentar.

Sempre tive horror a leite. O que gostava mesmo era de_____. Em casa, normalmente, só tinha banana e laranja. Quando dava. _____ de carne,

mas não por opção. _____, mesmo. Parei totalmente aos

treze anos. Em Santa Rosa, morávamos a uns quarenta quilômetros do rio Uruguai que faz fronteira com

a Argentina. Quando eu_____, deixamos Santa Rosa. Meu pai

_____ um subúrbio do Rio. Meu pai também comprou

uma casa em Coroa Grande, uma praia do litoral sul do Estado do Rio.

_____ semana e lá passamos dias muito felizes. Toda

segunda- feira eu começava _____ até chegar sexta-feira.

V. Texto de compreensão: As memórias de Xuxa

Listen to the comprehension text and write answers to the questions asked.

1. _____

2. _____

3. _____

4. _____

VI. Ditado.

Do the dictation in the usual way.

_____

_____

_____

_____

_____

_____